KINDLER KOMPAKT
DEUTSCHE LITERATUR
20. JAHRHUNDERT

Ausgewählt von Hermann Korte

Verlag J.B. Metzler

Kindler Kompakt bietet Auszüge aus der dritten, völlig neu bearbeiteten Auflage von *Kindlers Literatur Lexikon*, herausgegeben von Heinz Ludwig Arnold. – Die Einleitung wurde eigens für diese Auswahl verfasst und die Artikel wurden, wenn notwendig, aktualisiert.

Dr. Hermann Korte, Professor an der Universität Siegen; er war Fachberater bei der 3. Auflage von *Kindlers Literatur Lexikon*.

Inhalt

HERMANN KORTE
Die deutsche Literatur im 20. Jahrhundert 7

HUGO VON HOFMANNSTHAL
Das lyrische Werk 29 | Jedermann 33

ELSE LASKER-SCHÜLER
Das lyrische Werk 36

ARTHUR SCHNITZLER
Reigen 42

RAINER MARIA RILKE
Neue Gedichte 45

GEORG TRAKL
Das lyrische Werk 50

GERHART HAUPTMANN
Die Ratten 53

GOTTFRIED BENN
Das lyrische Werk 56

THOMAS MANN
Der Tod in Venedig 65 | Der Zauberberg 68 | Doktor Faustus 72

BERTOLT BRECHT
Leben des Galilei 78 | Das lyrische Werk 81

FRANZ KAFKA
Die Verwandlung 87 | Der Process 89

HEINRICH MANN
Der Untertan 94

KURT PINTHUS
Menschheitsdämmerung 97

KARL KRAUS
Die letzten Tage der Menschheit 100

HERMANN HESSE
Der Steppenwolf 103

ALFRED DÖBLIN
Berlin Alexanderplatz 106

JOSEPH ROTH
Radetzkymarsch 109

ANNA SEGHERS
Das siebte Kreuz 112

PAUL CELAN
Das lyrische Werk 116

ROBERT MUSIL
Der Mann ohne Eigenschaften 125

MAX FRISCH
Stiller 131

FRIEDRICH DÜRRENMATT
Der Besuch der alten Dame 134

GÜNTER GRASS
Die Danziger Trilogie 136

UWE JOHNSON
Mutmassungen über Jakob 143 | Jahrestage 144

MARTIN WALSER
Anselm-Kristlein-Trilogie 150

PETER HANDKE
Das dramatische Werk 155 | Langsame Heimkehr 159

THOMAS BERNHARD
Das dramatische Werk 162 | Alte Meister 171 | Auslöschung 174

ARNO SCHMIDT
Zettels Traum 177

HEINRICH BÖLL
Gruppenbild mit Dame 183

HEINER MÜLLER
Deutschland-Stücke 185

CHRISTA WOLF
Kindheitsmuster 193

THOMAS KLING
Das lyrische Werk 195

HERTA MÜLLER
Herztier 202

ELFRIEDE JELINEK
Ein Sportstück 205

Die deutsche Literatur im 20. Jahrhundert

Hermann Korte

Es gibt, je näher die Gegenwart rückt, keinen stabilen, festen Kanon, weil viele der Autorinnen und Autoren des vorigen Jahrhunderts immer noch mit Gewinn gelesen, aufgeführt und diskutiert werden und zum Glück keine verbindliche Wertungshierarchie die Auswahl der Werke regelt. Sicher: Man kann sich leicht darüber verständigen, dass große Namen wie Thomas Mann, Bertolt Brecht und Günter Grass ihren Platz in einer auf zweihundert Seiten begrenzten Werkauswahl haben sollten. Aber schon die Frage, welche ihrer Werke denn nun konkret auszuwählen sind, ist kaum ohne Widerspruch zu beantworten. Daher kann das Auswahlverfahren nur ein *exemplarisches* sein: Es wird nicht der Anspruch erhoben, dass die Werktitel die einzigen Kanontexte des 20. Jahrhunderts darstellen; aber sie sind doch ein aussagekräftiger Teil davon.

Es ist schwierig, die deutschsprachige Literatur des 20. Jahrhunderts nach literarischen Epochen zu gliedern. Zwar sticht vor allem in den ersten Dekaden eine Reihe von Ismen hervor (u.a. Ästhetizismus, Symbolismus, Impressionismus, Expressionismus, Dadaismus, Surrealismus). Gravierendere Einschnitte jedoch sind die politischen Zäsuren, die das Jahrhundert rhythmisierten: Der Erste Weltkrieg 1914 und das Ende des Kaiserreichs 1918; die tiefe Zäsur des Jahres 1933, als eine große Zahl von Autorinnen und Autoren ins Exil ging; das Jahr 1945, das literarisch zwar keinen radikalen Neubeginn bewirkte, aber doch divergente politische Systeme mit entsprechenden kulturellen Fundamenten schuf, so dass Literarhistoriker die deutschsprachige Literatur zwischen 1949 und 1990 als vier Literaturen begriffen haben: die Literatur der Bundesrepublik Deutschland, der DDR, der Republik Österreich und der Schweiz.

Nun haben politische Schlüsselereignisse wie Kriege, Niederlagen, Phasen des Wohlstands und des Niedergangs stets Einfluss auf literarhistorische Prozesse gehabt, im 20. Jahrhundert aber auf besonders nachhaltige Weise: Der Blutzoll des Ersten Weltkriegs dezimierte vor allem die Zahl junger Schriftsteller erheblich; das Kriegsende und die Republik bedeuteten für viele eine neue politisch-kulturelle Orientierung, wie etwa bei Thomas Mann, der erst in den frühen Jahren der Weimarer Republik ein erklärter Anhänger der Demokratie wurde, während er im Weltkrieg den Einmarsch deutscher Truppen ins neutrale Belgien vehement verteidigt hatte. Eine gewisse Einheit bildeten die 1920er Jahre, eine kulturelle Blütezeit; und doch gab es unter dem Signum der Moderne eine Fülle konkurrierender Richtungen, Stile, Gruppierungen und selbstverständlich auch Leserinteressen und Publikumsvorlieben.

Die Einheit zerbrach zwischen 1933 und 1945 vollends, und sie wurde auch nach 1945 nicht wieder hergestellt, zumal der Kalte Krieg in West und Ost nicht nur unterschiedliche Selbstverständnisse und ästhetische Haltungen der Autorinnen und Autoren beförderte, sondern auch zur Etablierung eines gegensätzlichen Literaturbetriebs führte (in der DDR mit Staatsverlagen, Zensurmechanismen, kontrollierter und reglementierter Literaturkritik, Praktiken des politischen Drucks auf die Literaturproduzenten, und zwar derart intensiv, dass zuletzt in den 1980er Jahren eine Welle der Ausreise von DDR-Autoren in den Westen einsetzte).

Die Signifikanz des Politischen ist im 20. Jahrhundert derart hervorstechend, dass die Frage nach genuin literarisch-ästhetischen Zäsuren kaum gestellt wird. Und doch gibt es eine Reihe spezifisch literarischer Zäsur-Daten. Einen frühen Einschnitt bringt das Jahr 1910, als in Deutschland und Österreich eine junge literarische Generation sich mit erstaunlicher Geschwindigkeit und Resonanz durchzusetzen beginnt: die Gruppe der in den 1880er Jahren Geborenen, die schon vor Ausbruch des Weltkriegs als ›Expressionisten‹ bezeichnet wurden. Der Expressionismus entwickelte eigene Zentren in großen Metropolen wie Berlin, München, Leipzig, Wien und Prag, brachte eigene erfolgreiche Verlage hervor, produzierte schon bis zum Kriegsausbruch 1914 Hunderte von Werken, schuf ein Netz mit Dutzenden von Literaturzeitschriften und eroberte sogar mit einigen Stücken das Vorkriegstheater, um dann nach 1918 den großen Durchbruch an den bedeutendsten Bühnen zu erzielen. Erst in den frühen 1920er Jahren verebbten der Enthusiasmus und die öffentliche Präsenz expressionistischer Schriftsteller.

Wer den Expressionismus im europäischen Kontext wahrnimmt, erkennt schnell, dass zumindest ein Teil der Autoren mit ihrem Anspruch auf literarische Modernität und mit der radikalen Ablehnung des durch Kaiser Wilhelm II. repräsentierten politisch-gesellschaftlichen Systems zur europäischen Avantgarde gehörten. Diese produzierte Manifeste, trat mit provozierenden Aktionen in der Öffentlichkeit auf, experimentierte mit neuartigen literarischen Formen und öffnete sich sogar neuen Medien wie dem Film und der Fotografie; manche der Zeitschriften-Namen wurden zum Programm (»Die Aktion«, »Der Sturm«, »Revolution«, »Das Neue Pathos« etc.). Mit dem Untergang des Kaiserreichs wurden für paar Jahre avantgardistische Bewegungen deutlich aktiver, grenzten sich als ›Dadaisten‹ strikt vom Expressionismus ab und formulierten ihre Kunst-, Gesellschafts- und Kulturkritik mit kompromissloser, radikaler Ablehnungsgeste.

Um 1930 verlor die Avantgarde erkennbar an Kraft. Fast dreißig Jahre, von 1930 bis 1960, dominierte der Traditionalismus im gesamten deutschsprachigen Raum: in der Schweiz, in Westdeutschland und Österreich ebenso wie in der DDR, wo beispielsweise in der Lyrik – trotz Brecht – klassizistische Gedichte und konventionelle Naturgedichte bei Autoren wie beim Publikum beliebt waren. Erst um 1960, mehr als ein Jahrzehnt nach dem Krieg, verschaffte sich eine junge Literatur-Generation Gehör – und dies in Ost und West gleichermaßen. Man entdeckte nicht nur den Expressionismus, Dadaismus und Surrealismus neu, sondern gab sich – weniger allerdings im literarischen als im bildkünstlerischen Milieu – als neoavantgardistische Bewegung. Der Bruch mit Traditionen und Konventionen ging mit der Entwicklung neuartiger Schreibformen, radikal veränderter – oft politisch geprägter – Selbstverständnisse und einem emphatischen Bekenntnis zur literarisch-künstlerischen Moderne einher. Wie ein Paukenschlag erschienen seit Ende der 1950er Jahre die ersten großen Werke dieser neuen Generation; die Auswahl präsentiert daher Namen wie Friedrich Dürrenmatt und Max Frisch, Heinrich Böll und Günter Grass, Christa Wolf und Heiner Müller, Paul Celan und Peter Handke. Ihnen gelang in kurzer Zeit nicht nur die Abkehr von traditionalistischen Strömungen und Positionen, sondern auch der Durchbruch zu einer eigenständigen, an Stimmen und Richtungen reichen Nachkriegsliteratur. Dieser Paradigmenwechsel der 1960er Jahre entfaltete eine literarische Energie, welche die letzten vier Jahrzehnte des 20. Jahrhunderts entscheidend prägen und den Literaturkanon mit einer großen Anzahl von Werken und Schriften erweitern sollte.

Zwei Eigenarten prägten schon die deutschsprachige Literatur des frühen 20. Jahrhunderts: eine besondere Sensibilität für gesellschaftliche, politische und kulturelle Krisen, die sie früher und bewusster wahrnahm als viele Zeitgenossen, und eine kritisch-distanzierte, oft sogar ablehnende Haltung zum bestehenden Herrschaftssystem und dessen Repräsentanten. Während sich um 1900 eine zweite industrielle Revolution im Zeichen der Elektrifizierung vollzog und die technisch-ökonomische Modernisierung beflügelte, setzten Kunst und Literatur seit 1900 deutlich andere Akzente – im Zeichen eines entgegengesetzten Verständnisses von Moderne. Damit war ein Spannungsprozess zwischen der literarischen Moderne und der technologischen Modernisierung der Gesellschaft eingeleitet, der das gesamte Jahrhundert andauern sollte. Die großen Romane des frühen 20. Jahrhunderts reflektierten diesen Prozess mit eigenen, der literarischen Moderne verpflichteten Erzählverfahren. So gelang es Heinrich Mann im satirisch-karikaturistischen Roman *Der Untertan*, den deutschen Wilhelminismus als einen übersteuerten, unkontrollierten, aggressiv-militanten Nationalismus zu entlarven, der autoritäre Strukturen im Denken und Verhalten des Bürgertums erzeugte. Der Text war 1914 bereits fertig geschrieben, konnte aber wegen der im Krieg vorherrschenden Zensur erst später erscheinen: als literarische Bilanz einer Epoche. Der Anspruch des modernen Zeit- und Gesellschaftsromans, der politischen und sozialen Realität auf den Grund zu gehen und im pathologischen Psychogramm des Anti-Helden nicht nur den Untertan, sondern auch den Kaiser und seine Repräsentanten zu karikieren, veranschaulicht eine bedeutsame Funktion der modernen Erzählgattung, die ein breites Publikum fand.

Eine weitere groß angelegte Bilanz der Vorkriegszeit, die vorherrschende philosophische und politische Strömungen kritisch reflektierte, war Thomas Manns Zeitroman *Der Zauberberg* (1924), der damit ähnliche Ambitionen verfolgte wie in den *Buddenbrooks* (1901). Diesmal ging es nicht um eine Patrizierfamilie, an deren Verfall die Krisenlage des ausgehenden 19. Jahrhunderts exemplifiziert wurde, sondern um einen Typus aus dem Kontext der technologisch-gesellschaftlichen Modernisierung, den jungen Schiffsingenieur Hans Castorp. Mann konzentriert das Geschehen auf einen zentralen Ort, ein Lungensanatorium im Schweizerischen Davos, das wie in einem Brennspiegel die Zeitdiskurse zum Gegenstand mitunter scharfer Debatten und konfliktreicher Dialoge erhebt. Zugleich fügt Mann literarische Motive des Verfalls in seinen Roman – Morbidität und Krankheit, Todessehnsucht und Dekadenz, Wagnersche Musik und romantizistische Landschaftsbilder. Die Leitmotiv-Technik, unmittelbar an die *Buddenbrooks* anschließend, ist Ausdruck einer genuin modernen Erzählkunst, die eine vielschichtige Symbolstruktur umfasst und bereits im Erzähleingang selbstreferenziell die Kunst des Erzählens thematisiert. Gerade diese Reflexionen über die Möglichkeiten der epischen Konstruktion von Zeitstrukturen (mit dem Erzähler als dem »raunenden Beschwörer des Imperfekts«) sind seither charakteristische Kennzeichen des modernen Erzählens, das sich selbst innerhalb von Romanen und Erzählungen zum Gegenstand macht.

Für Hans Castorp im *Zauberberg* ist der Erste Weltkrieg das Ende seiner Davos-Aufenthalts; der Erzähler, der sein Erzähltempo stark beschleunigt, verliert ihn buchstäblich aus den Augen: auf einem der Schlachtfelder, auf dem Castorp sein Leben verliert. Die politische Zäsur von 1914 wird zu einem signifikanten Roman-Datum. Das gilt auch für einen anderen großangelegten Versuch, die Vorkriegszeit zum Ausgangspunkt einer umspannenden Romanhandlung werden zu lassen, für Robert Musils *Der Mann ohne Eigenschaften*. 1930 bis 1932 erschienen die ersten Bücher; indes blieb das Projekt, eines der ambitioniertesten der literarischen Moderne, am Ende ein Fragment und wurde nicht fertig gestellt. Aber gerade das Fragmentarische ist keineswegs ein Ausdruck individuellen Scheiterns des Autors an seiner Romankonzeption, sondern in der Entgrenzung selbst ein Zeichen künstlerischer Modernität, die mit ihrem allumfassenden, universalen Anspruch an ein Ende gekommen war. Wie Thomas Mann hat auch Musil eine Figur ausgewählt, die einen Epochentypus repräsentierte: Ulrich, den Mann ohne besondere Eigenschaften in einer Welt, die ihren sinnerfüllten Mittelpunkt und ihre rationalistische Zweckmäßigkeit längst verloren hat. Zielte Thomas Mann auf die wilhelminisch-deutsche Gesellschaft, so analysiert Musils Roman die österreich-ungarische Monarchie, die dem drohenden Untergang nichts mehr entgegenzusetzen hat. Musils Roman enthält eine Fülle von Personen, verknüpft vielfältige Haupt- und Nebenstränge der Handlung, greift philosophische Reflexionen und kulturkritische Themen auf und dringt zuletzt zu einem mythisch-mystischen Fundament vor, das – mit Anspielungen auf den Isis- und Osiris-Mythos, Schriften deutscher Mystiker, das Inzest-Tabu und den antiken Hermaphroditismus – die Realitätsebenen des Ganzen dekonstruiert. Musil experimentiert mit Erzählverfahren der Multiperspektivität und arbeitet mit Formen der Ironie und Satire, etwa wenn er den expressionistischen Lyriker Franz Werfel als berühmten Dichter Feuermaul auftreten lässt.

Der Roman der Moderne hat sich von der Realismus-Konzeption des ausgehenden 19. Jahrhunderts weitestgehend gelöst. Seine Struktur kennt Dissonanzen und Brüche, wird nicht mehr durch einen das Geschehen verbürgenden Erzähler zusammengehalten und produziert ein derart komplexes Spannungsgefüge, das dem Romanpublikum keinen leichten Zugang zum Werk mehr ermöglicht. Wo aber keine Identifikationsangebote und keine der Alltagserfahrung entsprechende Handlungsmuster dem Leser eine Orientierungshilfe anbieten, bleibt zunächst eine gewisse Entfremdung zwischen Autor, Werk und Leser zu konstatieren. Erst als die Leserschaft die multiperspektivischen Erzählstrukturen auch als Chance verstand, mit entsprechender Eigenaktivität sich einen individuellen Weg durch die komplexe moderne Romanwelt zu bahnen und die Texte als Freiräume zu eigenen Assoziationen und Reflexionen zu nutzen, wuchs ein modernes Romanpublikum heran.

In diesem Zusammenhang präsentiert die Auswahl zwei weitere Romanschriftsteller: Joseph Roth und Hermann Hesse. Roths großer Roman *Radetzkymarsch* schildert am Beispiel der aus Slowenien stammenden Familie von Trotta den allmählichen Untergang der habsburgischen Doppelmonarchie. Zwei große Schlachten bzw. zwei Niederlagen markieren die historischen Eckpunkte: die Schlacht bei Solferino (1859), die den Aufstieg des bäurischen Geschlechts in den Adel bewirkt, und der beginnende Erste Weltkrieg, in dem der jüngste Spross der Familie, Leutnant von Trotta, umkommt – nicht im Kampf, sondern beim Wasserholen für die Kameraden. Indem Roth zwei Romangenres miteinander verknüpft, den Familien- und den Zeitroman, rekonstruiert er nicht nur die Verfallsmotivik des Kaiserreichs, sondern auch die verpassten Chancen einer multiethnischen Gesellschaft, die freilich ihre eigenen Möglichkeiten nicht reflektiert und sich stattdessen, wie in Deutsch-Österreich, dem aufkommenden Nationalismus und Antisemitismus öffnet.

Roths unverkennbare politische und kulturkritische Sympathie für den alten Kaiser und seinen ›Vielvölkerstaat‹ markiert einen gewissen Widerstand gegen eine von politischen Kalkülen und Vorurteilen bestimmte Gegenwart. Entschieden ›antimoderner‹ jedoch war ein Roman Hermann Hesses; seinen *Steppenwolf*, der nach 1945 zeitweilig international zur ›Bibel‹ einer Aussteiger-Generation wurde, konzipierte er so, dass er kompromisslos der kulturellen Modernisierung, die im Zeichen ›neuer‹ Medien standen, den Kampf ansagte. Harry Haller, Hesses Protagonist, hält Film, Kino, Schallplatten, Radio, Jazz-Musik aus den USA, Zeitungen und selbstverständlich auch moderne Vergnügungsstätten für den Ausdruck eines kulturellen Zerfalls; er hat sich in die geschützte Enge kleinbürgerlicher Wohnkulturen zurückgezogen, deren Ordnungs- und Sauberkeits-Ideologie er zwar ablehnt, aber ihre Regression der kulturellen Modernisierung vorzieht. Hesse setzte der Moderne den klassischen musikalischen Kernkanon entgegen: Mozart und die ›Unsterblichen‹.

Das erste Drittel des 20. Jahrhunderts, in dem große, heute in viele Sprachen übersetzte Romanwerke entstanden, war zunächst von der Spannung zwischen moderner Epik und traditionsbestimmter Leserschaft bestimmt, während die Literaturkritik und ein kleiner bildungsbürgerlich geprägter Publikumskreis die Autoren hoch schätzten. Nicht zufällig konnte der deutsche Nationalsozialismus im breiten Publikum seine aufreizende Polemik gegen die moderne Kunst und Literatur entfalten – mit einer so gewaltigen Wirkung, dass ins Exil gegangene Romanciers wie Alfred Döblin nach 1945 nicht ansatzweise ihre frühere Bekanntheit wiedererlangten. Manche Romanautoren, heute weltbekannt, wurden zu Lebzeiten nicht einmal mit dem Wenigen, was sie veröffentlichten, wahrgenommen. Ein exemplarisches Beispiel dafür ist Franz Kafka, der erst lange nach seinem Tod entdeckt und dessen Erzählkunst zum Inbegriff moderner Epik schlechthin wurde. Galten der *Prozess*-Roman und die (schon zu Kafkas Zeiten erschienene) Erzählung *Die Verwandlung* zunächst als kaum einem größeren Publikum zugänglich, so hat sich im Laufe der Jahrzehnte – parallel zur Entwicklung einer modernen Leserschaft, die sich ihren Zugang zur literarischen Moderne verschaffte – die Resonanz Kafkas verstärkt. Dabei spielt die Vielfältigkeit der Deutungs-, Interpretations- und Rezeptionsweisen eine wesentliche Rolle: Die Freiheit des modernen Lesepublikums hat sich von der simplen Schulmeisterfrage, was denn der Dichter und sein Roman uns ›sagen‹ wolle, gelöst – bis hin zur Kafka-Lektüre als surrealer, phantastischer, unterhaltsamer Lesestoff ohne Sinnzwang-Suche und jenseits akademischer Deutungsrituale, die im Falle Kafkas ohnehin nur die Grenzen und Aporien der eigenen Interpretationspraxis aufzeigten.

Die großen deutschsprachigen Romane des frühen 20. Jahrhunderts folgten keiner verbindlichen Roman-Poetik. Vielmehr dokumentiert jeder dieser panoramaartig ihre Zeit umspannenden Werke einen höchst individuellen, eigenwilligen Poetik-Ansatz. Das gilt insbesondere auch für einen Roman, der avantgardistische Züge hatte und voller Experimentalkraft war: Döblins *Berlin Alexanderplatz* (1929). Auch Döblin entwickelt keinen einheitlichen Erzählstrang, sondern rhythmisiert und fragmentiert die sich um den gerade aus dem Zuchthaus entlassenen Franz Biberkopf entfaltende Handlung, indem er sie aus unterschiedlichsten Perspektiven erzählt und dabei als einer der ersten Schriftsteller Möglichkeiten moderner Medien einsetzt: filmische Erzählverfahren. Dazu gehören scharfe Schnitttechniken und erzählerische Umsetzungsversuche von Kameraeinstellungen, bis hin zur unmittelbaren Wiedergabe von Gedankenassoziationen und Bewusstseinsströmen der Figuren. Der Roman ist einer der bedeutendsten Großstadtromane, weil er nicht nur die Handlung und das Personen-Ensemble dem subproletarischen Milieu des Berliner Ostens entnimmt, sondern die Metropole mit ihrem Stimmengewirr und ihren bunten Reklame- und Bildwelten unmittelbar in die Textur des Romans einbezieht: als Montage von Radionachrichten und Wettervorhersagen und Textcollagen, die – wie Fahrschein-Informationen der Berliner Verkehrsbetriebe, politische Propaganda der aufkommenden NSDAP, Werbung und Redeausschnitte – den Erzählvorgang immer wieder unterbrechen bzw. einen anspruchsvollen modernen Erzählstil produzieren. Die Modernität der Erzählexperimente und die Darstellung der modernen Großstadtwelt ergeben bei Döblin ein spannungsreiches Gesamtpanorama, das einem Collagenbild der 1920er Jahre in Deutschland mit allen politischen und kulturellen Widersprüchen gleicht. Und doch lässt sich der Roman keineswegs als eine Art des modernen Realismus verstehen; denn – wie bei Thomas Mann und Musil – zeigt sich am Schluss eine rätselhafte mythologische Welt, in der die deutsche Metropole, eben noch in handlungsstarken Mord- und Verbrechensgeschichten präsent, als modernes Babylon erscheint. Mythos und Moderne gehen im Roman des frühen 20. Jahrhunderts eine neue Einheit ein, die im Falle Döblins an ausländische Vorbilder anschließt, an *Ulysses* von James Joyce und John Dos Passos' *Manhattan Transfer*, zwei große Werke, die, 1927 erschienen, zusammen mit Döblins Roman die Internationalität der modernen Romankunst repräsentieren.

Diese Moderne-Tradition, im nationalsozialistischen Deutschland verpönt und auf dem Buchmarkt nicht vertreten, war seit 1933 in Vergessenheit geraten und kam, wie die Werke der Exilzeit (beispielsweise Anna Seghers' Roman *Das siebte Kreuz*), erst wieder im Verlaufe der 1950er Jahre in den Blick. Junge Autorinnen und Autoren waren es, die einen Paradigmenwechsel einleiteten, der sich als Fortsetzung der 1920er

Jahre interpretieren lässt. Die Auswahl konzentriert sich auf besonders markante Beispiele. So hat Heimito von Doderer schon 1951 mit seinem Roman *Die Strudlhofstiege oder Melzer und die Tiefe der Jahre* ein Werk geschaffen, das der Autor als ›totalen Roman‹ verstanden wissen wollte: mit einer Fülle von Handlungs- und Ereignissträngen, die ein fast undurchdringliches, ein kaum zu ordnendes Gewirr darstellen, episch gestaltet in der Tradition Musils und Gustav Flauberts.

Zum Repräsentanten einer gesellschaftskritisch geprägten Romankunst der Nachkriegszeit wurde Heinrich Böll, der spätere Nobelpreisträger, der sein Werk im politischen Kontext der Geschichte der Bundesrepublik Deutschland entfaltete und in der Rezeption des Auslands – in Ost wie in West – deren kritisches politisches Gewissen verkörperte. Das Auswahlbeispiel *Gruppenbild mit Dame* (1971) stammt aus Bölls später Schaffensphase und umgreift in seiner epischen Verdichtung den politisch-gesellschaftlichen Anspruch des kritisch-realistischen Autors als einer der bedeutendsten Stimmen der literarischen Nachkriegszeit.

Wie weit gespannt die Romankunst war, illustriert Arno Schmidt, der im Vergleich zu Böll deutlich stärker mit epischen Experimenten und komplexen Kompositionsformen arbeitet. Schmidts Erzähltechnik und sein hoher ästhetischer Anspruch kulminierten im Schlüsselwerk *Zettels Traum* (1970), dessen Monumentalität sogar die großen Romanformen Döblins und Musils mühelos übersteigt, sichtbar in der Wahl des Formats: *Zettels Traum* ist im DIN A3-Format erschienen, mehrspaltig, versehen mit Anmerkungen, Zeichnungen und vielen intertextuellen Anspielungen, die ein breites Spektrum europäischer Literatur- und Kulturgeschichte umfassen. Schon der Romantitel verweist auf Shakespeares *Sommernachtstraum*, in dem eine Figur namens Zettel einer der Agierenden des ›Theaters im Theater‹ ist.

Das Interesse an groß angelegten Romanform-Strukturen war charakteristisch für die Orientierung der Romanciers der Nachkriegszeit. Es ging aber nicht einfach um Formexperimente, sondern zugleich um eine genuin politische Auseinandersetzung mit dem Faschismus, der vor allem in der restaurativen Adenauerzeit weitgehend tabuisiert war. Ein exzeptionelles Beispiel für die Kombinatorik von Erzählexperimenten und politischem Engagement ist Günter Grass' *Danziger Trilogie*, die weltweit beachtet und seit der Verfilmung des Romans *Die Blechtrommel* auch einem breiten Publikum bekannt wurde. Die Aktualität moderner Erzählkunst zeigte sich schon früh auch beim Schweizer Schriftsteller

Max Frisch. Sein Roman *Stiller* spielt mit der Identität der Ich-Erzähler-
figur, so dass der Leser vom Erzähleingang an sich aufgefordert fühlt,
ein (immer wieder im Leseakt revidiertes) Bild der Hauptperson zu entwickeln. Frisch löste die Konsistenz seiner Figuren auf und ermöglichte
so eine multiperspektivische Sicht auf die erzählte Welt; der Vorgang
des Erzählens selbst wurde bei Frisch zum Romanthema. Damit schuf er
Grundlagen der Erzählkunst, deren Spuren bis heute nachwirken.

Analoge Entwicklungstendenzen gab es auch in der DDR-Literatur.
Dabei waren Formexperimente und Modernismen bei der offiziellen,
der Einheitspartei verpflichteten Literaturkritik völlig verpönt. Umso
bemerkenswerter waren die Erzählverfahren, die Christa Wolf und Uwe
Johnson erprobten. Johnson hatte mit dem Roman *Mutmaßungen über
Jakob* in Ost und West gleichermaßen Aufsehen erreget und ein Erzähl-
experiment gewagt, das im Durchbrechen der Maximen des ›sozialistischen Realismus‹ einen politisch-kritischen Akzent setzte. Wie bei
Grass hatte auch bei Johnson die moderne Erzählkunst eine politische
Bedeutung. Johnson verließ schon früh die DDR, ging nach England und
formte sein Erzähltalent noch weiter aus, indem er mit seinen *Jahrestagen*
einen umfassenden, auf Joyce und Döblin verweisenden ›Großroman‹
schrieb, der – von Rückblenden auf die frühen Jahre der DDR immer
wieder unterbrochen – in New York spielt. Der Autor selbst hatte dort
umfangreiche Recherchen angestellt und seinen Roman entsprechend
materialreich ausgestaltet.

Von Christa Wolf, einer der größten DDR-Autorinnen, repräsentiert
die Auswahl den Roman *Kindheitsmuster*, der 1976 nach langjährigen Vorarbeiten und Skizzen erschien. Charakteristisch für die Schriftstellerin
ist ihre Durchmischung von fiktionalen und autobiographischen Elementen; Kern ihrer Roman-Poetik ist die Konzeption literarischer Erin-
nerungs- und Gedächtnisarbeit, die zugleich der Ausdruck einer gesellschaftlichen und kulturellen Verantwortung ist. Wie Grass und andere
greift auch Wolf auf die NS-Zeit zurück; sie kombiniert unterschiedliche
Ebenen der Rückblenden und entfaltet einen aus unterschiedlichen Zeitebenen bestehenden Romanzusammenhang. Die Erzählfigur verbürgt
sich für das Erzählte, aber so, dass sie nicht für ein Kollektiv spricht oder
gar einer offiziellen Geschichts- und Gegenwartsdeutung folgt, sondern
nur einem literarischen, allein im Moment des Erzählens existierendem,
subjektivem Authentizitätsmodell verpflichtet ist. Unterschiedliche
Perspektiven sollen Spannungen auslösen, welche die Autorin nicht

ordnen will, sondern die dem Lesepublikum entsprechende Freiheiten lassen, eigene Zugangsweisen zum Roman und seinem Erzählstoff zu erschließen.

Im Unterschied zu einer Reihe anderer Autoren hat Peter Handke die ästhetische Durchstrukturierung seiner Romane so forciert, dass sie die Sujets und Themen in den Hintergrund drängen. In der Auswahl vermittelt die Tetralogie *Langsame Heimkehr*, bestehend aus der Titelerzählung *Langsame Heimkehr* sowie den Texten *Die Lehre der Sainte-Victoire*, *Kindergeschichte* und *Über die Dörfer*, im Genre einer groß angelegten Reiseerzählung den poetologischen Anspruch der Erzählkunst der Jahre 1979 bis 1981. Die vier Werke sind einzeln erschienen und lassen sich auch für sich lesen und verstehen. Damit wird zugleich der Unterschied zu österreichischen Romanciers der klassischen Moderne wie Musil und Doderers Modell des ›totalen Romans‹ deutlich. Handkes Tetralogie testet die Grenzen der literarischen Moderne aus und verlangt eine gründliche Lektüre; ein Text wie *Die Lehre der Sainte-Victoire* gibt mit seinem Thema – französische Malerei (vor allem Cézanne) im Umkreis der provenzalischen Landschaft um das gleichnamige Gebirgsmassiv – einen Eindruck davon, was genaue Beobachtung und ästhetische Wahrnehmung leisten sollen. Diese Art des Erzählens erinnert an Stifters Detailrealismus, der nicht auf forcierte Handlungsdramatik setzt, sondern auf zeitverzögernde, auf Präzision und Exaktheit bedachte Reflexion. Wie selbständig eine solche Beobachtungskunst sein kann, offenbart sich in der schlicht gehaltenen *Kindergeschichte*, in der Handke einen Erzähler wählt, der seine Erwachsenenperspektive bewusst zurückstellt und das Kind in seiner dem Erwachsenen nicht mehr zugänglichen Selbständigkeit und Autonomie zeigt – mit deutlicher Distanz zum zeitgenössischen Erziehungsdiskurs, der suggeriert, dass Erwachsene genau wissen, was Kinder lernen und erfahren sollen wie sie sich zu verhalten haben.

Handkes Prosa ist ein Beispiel für die vielfältigen epischen Möglichkeiten, die im ausgehenden 20. Jahrhundert für die österreichische Dichtung charakteristisch sind und so ästhetische Maßstäbe für die gesamte deutschsprachige Literatur setzen. In diesen Kontext gehört auch Thomas Bernhards teils komödiantisches, teils tief depressives, von Verzweiflung und Tod handelndes Werk. Es kulminiert im Auswahl-Beispiel *Die Auslöschung* (1986), dessen Untertitel – »Ein Zerfall« – bereits die Erzählrichtung des Romans andeutet. Bernhards episches Verfahren baut nicht auf Handlungsepisoden und Schlüsselereignisse, sondern auf durchgehende, stets bis zum Äußersten ausgereizte Kommentare, in denen die österreichische Gegenwart – Kultur, Geschichte, Gesellschaft – unnachsichtig kritisiert wird. Bernhards Verfahren hat eine poetische Dimension, welche die Inhalte der boshaftesten, schwärzesten Kritik auf eine poetische Ebene hebt: die endlos variierten Wiederholungsmuster von Aussagen, Sprachbildern, Satzphrasen und Beschimpfungsformeln. Der Autor, studierter Musiker des Salzburger Mozarteums, nutzt auf diese Weise ein auf die Erzählkunst übertragenes musikalisches Formenrepertoire. Ohne die Dechiffrierung der ästhetischen Romanstruktur würde der Text – so haben ihn viele Zeitungskritiker und große Teile des Lesepublikums zunächst verstanden – als eine Art gewaltig aufgeschwemmter Österreich-Schelte wirken – und missverstanden. Im Übrigen lässt sich die ›poetisch-musikalische‹ Erzähltechnik auch am zweiten Auswahlbeispiel genauer studieren, an Bernhards Roman *Alte Meister* (1985), der im Untertitel einen auch für *Auslöschung* geltenden Deutungshinweis gibt: *Komödie*.

Vor diesem Hintergrund war es kein Zufall, dass Thomas Bernhard auch einer der bedeutendsten Dramatiker des ausgehenden 20. Jahrhunderts wurde. In seinem dramatischen Werk hat er viele unterschiedliche Aspekte der Theater- und Bühnengeschichte der Moderne vereint. Deren Anfänge reichen noch, wie Gerhart Hauptmanns Theaterschaffen zeigt, ins ausgehende 19. Jahrhundert zurück, in dem Dramen wie *Vor Sonnenaufgang* und das sozialkritische Stück *Die Weber* große Resonanz erzielten. 1911 kam die »Berliner Tragikomödie« *Die Ratten* dazu. Das Erfolgsstück spielt auf dem Dachboden eines Berliner Mietshauses und skizziert mit sprachlicher Prägnanz ein kleinbürgerlich-proletarisches Milieu. Indem er einen Nebenhandlungsstrang einbezieht – Theaterdirektor Hassenreuther unterrichtet einen Schauspielschüler und räsoniert über das Pathos verstaubter Klassiker – ironisierte Hauptmann tradierte, vom Illusionstheater bestimmte Aufführungsstile und legitimierte den eigenen, auf die soziale Wirklichkeit rekurrierenden Theaterrealismus. Das moderne Theater wurde zu einem Ort der Gesellschaftskritik und die Bühne zum unverklärten Bild einer tristen sozialen Realität. Das Stück vermischt Elemente der Groteske, des Trauerspiels und des Komödiantischen und experimentiert mit neuartigen Formen der Simultanbühne. Allerdings beließ Hauptmann die dramaturgische Grundstruktur weitgehend im tradierten Rahmen, arbeitete also mit

Akt- und Szenen-Einteilungen und konzipierte die Handlung aus einer Abfolge von Dialogen, die auf einen pointierten Schlusspunkt – den Selbstmord der Heldin – zuläuft.

Einen wichtigen Schritt zur Modernisierung der dramatischen Formensprache wagte Arthur Schnitzler, dessen bis 1918 verbotenes Stück *Der Reigen* aus einer lockeren, Ort, Zeit und Handlung auflösenden Abfolge von kleinen, abgeschlossenen Dialog-Szenen besteht. Paare begegnen sich im immer neuen Wechselspiel, bis zuletzt, der Logik eines Reigens entsprechend, die Ausgangsperson wieder erscheint. Thematisch illustriert Schnitzer eine von jeglichem moralisierenden Sinn befreite, auf Sexualität beruhende Liebe, was in der prüden, von Sexualtabus geprägten Vorkriegszeit scharfe Kritik hervorrief. Schnitzlers Stück nimmt eine Tendenz des modernen Dramas vorweg: die zugespitzte Auseinandersetzung mit der zeitgenössischen Gesellschaft, in diesem Fall mit deren bigotter Moral und verlogenen Werten. Das Theater des 20. Jahrhunderts provoziert wie kaum eine andere literarische Gattung die Zeitsituation und führt dem konservativ-bürgerlichen Theaterpublikum in einer schonungslosen Analyse ihre eigenen Widersprüche und dubiosen Denk- und Verhaltensweisen vor. Auch der Theaterskandal um den *Reigen* war daher eine Vorwegnahme der Skandalgeschichten, an denen das Theater des 20. Jahrhunderts reich war und die seine Lebendigkeit und große Wirkung bewiesen.

Kritische Schärfe war eines der Kennzeichen des modernen Dramas im frühen 20. Jahrhundert. Sie konnte so fundamental sein, dass es in seiner Monumentalität schon vom Umfang her kaum als Ganzes aufführbar war, wie das die dramatische Gattung aufsprengende Stück des Wiener Journalismus-Kritikers und Dichters Karl Kraus, der in seinem voluminösen Werk *Die letzten Tage der Menschheit* noch während des Ersten Weltkriegs eine vernichtende, apokalyptische Vision des Untergangs entwarf. Es gibt bei Kraus keinen die Handlung bestimmenden Helden mehr, dessen Schicksal den Zuschauern vor Augen geführt wird, sondern eine Vielzahl von Handlungen, in denen gewisse Figuren leitmotivisch auftreten. Die 220 Szenen sind in sich abgeschlossen – mit Hunderten von Akteuren, deren Dialoge Kraus zum Teil wörtlich aus Presse-Veröffentlichungen entnahm und zu einer groß angelegten Montage ausformte. Das einzigartige ästhetische Verfahren und das Ziel einer durch Sprachreflexion vorangetriebenen Epochen-Analyse bilden eine Einheit und zeigen anschaulich, welchen Anspruch die literarische Moderne hatte:

Kraus verband Sprach- und Medienkritik, demonstrierte im journalistischen Jargon den allgemeinen Sprachverfall und die völlige Deformation des Zeitbewusstseins und schuf ein Werk, das nicht nur den Untergang des österreichischen Kaiserreichs, sondern auch den Zusammenbruch der politischen und gesellschaftlich-kulturellen Systeme der Vorkriegszeit in einem dramatischen Szenen-Panorama festhielt. In der Auswahl repräsentiert Karl Kraus daher die sprachkritische Tradition der österreichischen Literatur zu Beginn des 20. Jahrhunderts.

In der Spannweite zwischen Hauptmann und Kraus kennt das moderne Drama keinen verbindlichen Darstellungsstil mehr, keine vorherrschenden dramaturgischen Regeln und keinerlei Themenbegrenzung. Experimente waren geradezu erwünscht, und auch die Schauspielkunst erprobte immer neue Möglichkeiten des Ausdrucks und der Bühnensprache. Damit steigerten Drama und Theater ihre Attraktivität auf innovative Weise. Es gab schon um 1900 eine Fülle von Möglichkeiten, dramatische Genres auszuprobieren: Lyrische, handlungsarme, aus wenigen Szenen bestehende, kunstvoll gestaltete Dramen, Gesellschaftskomödien in der Tradition französischer Boulevardstücke, schwere Historiendramen, aber auch Geschichtskomödien, sozialkritisches Theater im naturalistischen Stil – und sogar einen mit dem Nobelpreis ausgezeichneten Gerhart Hauptmann, der alle Stile und Genres beherrschte und sein Publikum immer wieder neu überraschte.

Im Hinblick auf die dramatische Produktivität kam ihm Bertolt Brecht sehr nahe, auch wenn er einen Dramatiker-Typ mit gänzlich anderem Selbstverständnis repräsentierte. Brechts rascher Aufstieg erfolgte in den literarisch äußerst experimentierfreudigen 1920er Jahren. Seine epochale Bedeutung betraf nicht nur seine Stücke, sondern auch die konsequente Ablösung alter Bühnenstile und deren Ersetzung durch eine gänzlich veränderte, neue Dramaturgie. Zugleich war Brecht ein Theaterpraktiker, der an sich fertige Stücke – auch die eigenen – immer wieder veränderte, aktualisierte und überarbeitete. Er setzte damit Traditionen fort, wie sie für Goethe und Schiller bereits galten: Die Theaterpraxis – der Aufführungscharakter eines Stücks – steht im Mittelpunkt, nicht das bloße Umsetzen eines vorgegebenen, nicht mehr veränderbaren Textes. Brecht wurde der erfolgreichste Dramatiker und Theatermann des 20. Jahrhunderts, gerade weil er das einzelne Stück als Bearbeitungspartitur verstand. Ein wesentlicher Teil seiner Darstellungsideen wurde inzwischen längst gängige Theaterpraxis, auch wenn die politischen

Implikationen und die forcierte Lehrhaftigkeit des Brechtschen Theaters keine wesentliche Rolle mehr spielen.

Sein Schauspiel *Leben des Galilei* repräsentiert den für Brecht charakteristischen Stücke-Typus, dem der Autor den Namen »episches Theater« gegeben hat. Brecht löste die geschlossenen Strukturen des traditionellen Dramas auf, wie es seit zwei Jahrhunderten bestanden hatte, und öffnete die dramatische Form, so dass nun auch längere Zeitprozesse in einer Folge locker verknüpfter Bilder möglich wurden. Den *Galilei* gliederte er in 15 Bilder, die sich keineswegs eng an die Biographie und das Forscherschicksal des historischen Galilei orientierten: Brecht ging es um die gesellschaftliche Verantwortung des Wissenschaftlers in einer Zeit, in der technologische Fortschritte und naturwissenschaftliche Entdeckungen unmittelbare Auswirkungen auf die Gesellschaft hatten. Auch dieses Stück war Gegenstand langwieriger Arbeiten an einer optimalen Bühnenfassung; erst 1955 erschien es als Buch, nachdem der Autor das Stück in den 1930er Jahren begonnen und unter dem Einfluss der Erfindung der Atombombe aktualisiert hatte.

Die Rezeption Brechts bestimmte in Ost und West das Drama und Theater der Nachkriegszeit seit 1945. Dabei wurde vor allem die optimistische Annahme Brechts, das Publikum sei lernfähig, in Frage gestellt. In der vorliegenden Auswahl repräsentieren Friedrich Dürrenmatt und Heiner Müller die Unterschiedlichkeit der Perspektiven einer Brecht-Nachfolge. Besonders der Schweizer Dürrenmatt stand dem Glauben an eine didaktische Funktion des Theaters skeptisch gegenüber, wie sein Stück *Der Besuch der alten Dame* zeigt. Ein harmloser, behäbiger, wohlhabender Ort erhält Besuch von einer ehemaligen Mitbürgerin, der man übel mitgespielt hatte. Dürrenmatt Stück führt vor, wie schnell Menschen in der Aussicht auf noch mehr Wohlstand und Reichtum ihre hehren Moralvorstellungen über Bord werfen und zu Verbrechern und Mördern werden können. Der rasche Schritt von der Wohlanständigkeit zum brutalen Handeln ist keineswegs ein Ausdruck tragischer Notwendigkeiten; daher nannte Dürrenmatt sein Stück (wie Hauptmann sein Schauspiel *Die Ratten*) eine Tragikomödie, bei der freilich den Zuschauern das Lachen im Halse stecken bleibt. Dürrenmatts Konzeption aktualisierte und veränderte Brechts Theaterideen, indem er sie zu einem Paradoxon ausformte: zu einem Lehrtheater ohne Lehre.

Auch Dürrenmatt war ein Theaterpraktiker, der gern mit Schauspielern arbeitete und diese Erfahrungen in seine Produktionen einbrachte.

Zudem erlaubte er den Regisseuren Gestaltungsfreiheiten. Endgültig durchgesetzt hat sich das so genannte ›Regietheater‹ allerdings erst in den 1970er und 1980er Jahren, als die Stücke zur formbaren Textpartitur wurde und die Bühnen große Projekte zu realisieren versuchten. In diesen Kontext gehören auch die Deutschlandstücke des DDR-Dramatikers Heiner Müller, an denen der Autor von den 1950er Jahren an bis 1989 arbeitete, als der letzte Teil dieser Stücke erschein, *Germania 3 Gespenster am Toten Mann*. Heiner Müller wollte Brechts Theaterkonzeption weiterentwickeln, indem er dessen Verständnis vom Theater als einem genuin politischen Ort aufnahm. Wie stark Müller von der offiziellen Parteilinie der SED abwich, zeigte sich sehr früh in seiner Auffassung von Geschichte. Auch sein Revolutionsverständnis wich stark von den starren Doktrinen des Historischen Materialismus ab; Revolution war für Müller der antiimperialistische Aufstand der unterdrückten Kolonialvölker gegen die kapitalistischen Metropolen, vor allem gegen den Westen Europas und die USA. Apokalyptische Endzeitvisionen gingen in dieses Bild der blutigen Rebellionen und Revolutionen ein. Historie sei, so Müller, stets ein blutiges, von Grausamkeit und Terror bestimmtes Geschehen. Sein Geschichts- und Revolutionsverständnis blieb nicht ohne dramaturgische Konsequenzen: Müller griff auf Antonin Artauds surrealistisches ›Theater der Grausamkeit‹ zurück und aktualisierte antike Tragödienelemente wie den mythischen Schrecken, der die Zuschauer überwältigen und übermächtigen solle. Von Brecht übernahm Müller die offene Form lockerer Bildfolgen, allerdings so, dass er Szenen oft nur fragmentarisch ausführte und das Spieltempo durch eine regelrechte Bild-›Überschwemmung‹ rasant steigerte.

Im ausgehenden 20. Jahrhundert entstand eine neue Dramatik mit aktuellen Impulsen; das Theater trat endgültig aus Brechts Schatten. Exemplarisch für diesen Prozess präsentiert die Auswahl drei österreichische Beispiele: Thomas Bernhard, Peter Handke und Elfriede Jelinek. Alle setzen in ihren Stücken die sprachkritische Ausrichtung des österreichischen Theaters fort. So bestehen Handkes frühe Dramen *Publikumsbeschimpfung, Selbstbezichtigung* und *Kaspar* nicht aus einer Abfolge dramatischer Handlungen; vielmehr wird in Handkes Konzeption so genannter ›Sprechstücke‹ die Sprache und der mit komplexen, oft schmerzhaften Identitätsbildungen verknüpfte Prozess der Sprach-Aneignung zum Thema. Auch in Thomas Bernhards Stücken steht das Handlungsgeschehen nie im Mittelpunkt. Die Sprache seiner Protagonisten ist häufig ein in ständigen Wiederholungsschleifen fortgesetztes Monologisieren, hinter dem Zerrissenheit, Einsamkeit, Depression, aber auch hartnäckige Widerständigkeit und oppositionelle Beharrung sichtbar werden. Dass in Stücken wie *Heldenplatz* (1988) ein drei Stunden währendes Dauer-Räsonnement über Österreich, das mit Beschimpfungen nicht geizt, schon bei der Uraufführung im Wiener Burgtheater das Publikum naturgemäß massiv herausforderte, darf nicht darüber hinwegtäuschen, dass es bei Bernhard nie um bloße Provokationen geht, sondern dass stets auch das Komödiantische der Übertreibungskunst und die ungenierte Freude an der bühnenwirksamen Sprachlichkeit von Beschimpfungsritualen in seinen Stücken durchschimmern.

Ebenso wenig wie Bernhard lässt sich auch Jelinek nicht einen ›Österreich-Schmäh‹ reduzieren. So zielt Jelinek mit ihrem *Sportstück* – 1998 am Burgtheater uraufgeführt – auf ein allgemeines Massenphänomen, das sie kritisch reflektiert: als »Organisation menschlicher Unmündigkeit«. Sie entzieht dem medial inszenierten Sport-Diskurs seine selbstverständliche Legitimation und verknüpft ihn mit aktuellen Gesellschaftstendenzen wie Fremdenfeindlichkeit, Nationalismus, Alltagsaggression und Gewalttätigkeit. Jelineks Interesse gilt dabei stets der Sprache, die zeichenhaft die Spuren der Zurichtung und Deformierung menschlicher Körper durch Sport bewahrt. Entsprechend inszeniert das Stück eine komplexe Bildstruktur, bei der die Bühne zeitweilig von Sport-Chören beherrscht wird, die sich sprachlich und artistisch bis zur Erschöpfung verausgaben. Im Horizont der Dramengeschichte des 20. Jahrhunderts wird bei Jelinek die originäre Funktion des Theaters als selbständige, in ihrer Kritik kompromisslose, die Zeitdiskurse zuspitzende Institution noch einmal exemplarisch deutlich.

Literarhistorisch waren Drama und Theater nicht die einzigen Literaturgattungen, die schon früh den Paradigmenwechsel zur Moderne vollzogen. Als erste Gattung stand nämlich die Lyrik im Zeichen eines schroffen Traditionsbruchs, der konsequent mit dem konventionellen Erlebnisgedicht und dem epigonalen Romantizismus des 19. Jahrhunderts aufräumte. Einer der ersten und entschiedensten Dichter, die den Weg zur lyrischen Moderne beschritten, war Rainer Maria Rilke, dessen *Neue Gedichte* gleich im ersten Jahrzehnt des 20. Jahrhunderts eine historische Zäsur in der Geschichte der Lyrik setzten. Er überwand nicht nur die bis dahin vorherrschende sentimental-gefühlvolle Stimmungspoesie, sondern entwickelte auch ein neues ästhetisches Programm, das von der modernen Kunst – von Bildhauern wie Auguste Rodin und Malern wie Paul Cézanne – beeinflusst war. Es gab für Rilke keine thematischen Begrenzungen mehr: Alles konnte ›Gedicht‹ sein. Der Bogen reicht von biblischen (»Der Ölbaum-Garten«) und antiken Themen (»Früher Apoll«, »Archaischer Torso Apolls«) über alltägliche Objekte der Welt der Dinge (»Der Ball«, »In einem fremden Park«) und der Natur (»Der Panther«, »Der Schwan«) bis zu Sujets, die in der Lyrik des 19. Jahrhunderts noch keinen Platz hatten (»Morgue«, »Die Irren«, »Leichen-Wäsche«). Rilke begann mit strengen Strophenformen zu experimentieren, bevorzugte komplexe Genres wie das Sonett und löste konventionelle Vers-Konstruktionen auf, indem er mit Rhythmen und Reimen zu spielen begann und sie effektvoll in ein Spannungsverhältnis setzte zu Syntax und Grammatik.

Das Lyrik-Publikum hatte sich an die neue Stimme zu gewöhnen, indem es, in Bann gezogen durch eine neuartige, Assoziationen und Bild-imaginationen erzeugende Verssprache, einen eigenen Zugang zu Rilkes Gedichten finden musste. Von nun an galt Lyrik als eine für Leserinnen und Leser, Hörerinnen und Hörer durchaus mühsame, zugleich aber die Mühe lohnendes Literaturgattung und verschaffte dem modernen Gedicht das Image einer ›schwierigen‹, anspruchsvollen, bis ins Einzelne durchkomponierten und sprachlich durchgearbeiteten Dichtung.

Die Faszination der lyrischen Moderne zeigte sich schon kurz nach Rilkes *Neuen Gedichten*. Von 1910 an begann eines der produktivsten Jahrzehnte deutschsprachiger Lyrik, die im Zeichen des Expressionis-mus stand. Als 1920 der Lektor und Literaturkritiker Kurt Pinthus eine Auswahl expressionistischer Gedichte unter dem Titel *Die Menschheits-dämmerung. Symphonie jüngster Dichtung* veröffentlichte, hatte er Texte aus der Feder hoch begabter Talente vereinigt. Seine Sammlung wurde so berühmt, dass sie oft neu aufgelegt wurde. Mit der Wiederentdeckung des Expressionismus nach dem Zweiten Weltkrieg begann eine zweite, lang anhaltende Wirkungsgeschichte der *Menschheitsdämmerung*, die zur erfolgreichsten Lyrik-Anthologie der deutschen Literaturgeschichte wurde. Sie hat für die Verbreitung des Expressionismus gesorgt und so der modernen Lyrik des frühen 20. Jahrhunderts den Weg geebnet, ohne den sie eine Literaturgattung für einen kleinen, exklusiven Kreis von Rezipienten geworden wäre.

Die älteste Autorin in der *Menschheitsdämmerung* war Else Lasker-Schü-ler (Jg. 1869), die bereits um 1900 Gedichtbände veröffentlicht hatte. Sie entstammte einer jüdischen Familie aus Wuppertal und war, nachdem sie 1894 nach Berlin kam, mit vielen Literaten und Künstlern befreundet. Ihr Werk spiegelt die Intensität und Produktivität dieser Vernetzung; selten verbinden sich autobiographische und literarisch-künstlerische Quellen derart eng und lassen Werk und Lebensgeschichte als Einheit erscheinen. Lasker-Schülers Lyrik ist vom ersten Gedichtband an (*Styx*, 1902) Ausdruck melancholischer, teils sogar düsterer Lebens- und Weltanschauungen. Während des Expressionismus (1910–1923) schrieb sie viele Widmungsgedichte, die einen offenen, dialogischen Charakter hatten; sie demonstriert in ihnen ihre Liebe und Verbundenheit, spricht aber auch Verletzungen und Enttäuschungen an. Ihre ›Beziehungsgedichte‹ und ihre Liebeslyrik geben aus heutiger Sicht einen Eindruck von den schwierigen Geschlechterbeziehungen innerhalb der künstlerisch-literarischen Avantgarde des frühen 20. Jahrhunderts.

Lasker-Schülers lyrisches Werk umfasst eine Spanne von fast fünfzig Jahren Gedichtproduktion, die sie zu einer der großen Dichterinnen des 20. Jahrhundert werden ließen. Dabei musste sie stets um Anerkennung, ja auch um finanzielle Unterstützung ringen. In der Weimarer Republik geriet sie immer stärker an den Rand des literarischen Feldes; ihre Gedichte hatten immer weniger Resonanz. Vollends lebensbedrohlich wurde die Situation für die Dichterin jüdischer Herkunft mit dem Sieg Hitlers Anfang 1933. Wie viele andere entschloss sie sich zur Flucht. Weil die Schweiz sich ihr 1939 verschloss, ging Lasker-Schüler nach Palästina und lebte bis zu ihrem Tod in Jerusalem. Das Exil hat sie immer als Fremde angesehen, auch wenn sie dort einflussreiche Freunde hatte und nicht isoliert war. Fern von ihren Leserinnen und Lesern hat sie sich als eine aus Deutschland Vertriebene gesehen und ihre Exilsituation zum Thema ihrer späten Dichtung gemacht.

Schon ein Vergleich Rilkes mit Lasker-Schüler macht deutlich, dass moderne Lyrik keinen vorherrschenden Zeitstil kennt, sondern umgekehrt einen breiten Entfaltungsraum bietet, der sprachlich wie thematisch einen ausgeprägten Individualstil ermöglicht. Das gilt auch für die Phase des Expressionismus; es gibt daher nicht ›das‹ typische expressionistische Gedicht, sondern eine Vielzahl lyrischer Stimmen, Positionen und Selbstverständnisse. Die Spannweite des Möglichen zeigt sich exemplarisch an zwei weiteren Dichtern aus der *Menschheitsdämmerung*, an den im November 1914 im Krieg umgekommenen österreichischen Lyriker Georg Trakl, der die melancholischsten Natur- und

Landschaftsgedichte des Expressionismus verfasste, und an den Arzt und Dichter Gottfried Benn, dessen provozierendes Gedicht-Heft *Morgue* von einem Teil der Literaturkritiker als ›medizynisch‹, geschmacklos und antibürgerlich abgelehnt, von anderen aber als größtes lyrisches Genie seit Rilke gefeiert wurde. Trakl hatte zu Protagonisten der Wiener Moderne, etwa zu Karl Kraus, enge Kontakte, fand aber nach 1910 sehr schnell zu einer eigenen Dichtersprache, die zunehmend rätselhafter und dunkler wurde. Trakls Chiffren sind derart vieldeutig, dass sie wie poetische Traumsequenzen wirken und fragmentarische Züge haben. Sie nehmen biblisch-religiöse Sprachelemente auf, transformieren sie aber in einen Dichtungszusammenhang, der sich verbindlichen Weltanschauungen entzieht. Auch Trakls Landschaften, durchzogen von Trauer und Verlorenheit, sind aus Versatzstücken komponiert, die psychologische Spannungen und Problemlagen erkennen lassen und sich der Realistik herkömmlicher Naturgedichte ebenso verweigern wie der konventionellen Stimmungspoesie. Trakls letzte Gedichte, schon unter der ihn psychisch vernichtenden Fronterfahrung des Ersten Weltkriegs geschrieben, lösen in einem dem schweren Pathos Hölderlins verwandten, klagenden Sprachduktus alle utopischen Bildreste im Vorschein einer untergehenden Welt auf: »Alle Straßen münden in schwarze Verwesung«, heißt es im Gedicht »Grodek«, das im Titel auf einen der vielen Schlacht-Orte des Ersten Weltkriegs anspielt und erst nach Trakls Tod erschien.

Steht Trakl stellvertretend für eine Vielzahl von Expressionisten, denen nur eine kurze Zeit der dichterischen Produktion vergönnt war und die im Kriege umkamen (Ernst Stadler, Alfred Lichtenstein, August Stramm u.v.a.), gehört Benn zu den Antipoden: Sein lyrisches Werk reicht über fast fünf Jahrzehnte und über eine Reihe von Zäsuren und Schaffensphasen hinweg. Umstritten war Benn schon zu Beginn seiner Laufbahn, und er blieb es in den 1920er und 1930er Jahren, wo er, gerade avanciert zum Mitglied der Preußischen Akademie der Künste – Sektion Dichtung –, aufgrund einer merkwürdigen Loyalität zum nationalsozialistischen Regime den Zorn von Exilschriftstellern auf sich zog, aber ab 1936 von der SS-Zeitschrift »Das schwarze Corps« als ›entarteter Künstler‹ denunziert und 1938 aus der Reichsschrifttumskammer ausgeschlossen wurde. Schon bald nach 1945 erlebte Benn eine zweite Phase des literarischen Ruhms, der weit über das Todesjahr 1955 hinausreichte: Viele Nachkriegslyriker, wie Enzensberger und Rühmkorf, sahen in ihm einen Wegbereiter und eine Portalfigur der lyrischen Moderne.

Der Lyriker, Essayist und Prosa-Autor Benn hat sich schon bald nach dem Erscheinen der neun *Morgue*-Gedichte von deren Sprachstil und Themen entfernt. Und doch misstrauten große Verlage ihm, so dass seine Gedichtbände den Charakter von schmalen Heften behielten. Benn blieb zeitlebens Arzt, konnte von seiner Dichtung nicht leben und erhielt erst im letzten Lebensjahrzehnt einige Literaturpreise. Als der große Einzelgänger hat hat er jedoch wie kaum ein anderer der deutschsprachigen Lyrik des 20. Jahrhunderts wichtige Impulse gegeben: als Dichter, der über ein schier unbegrenztes Form- und Sprachrepertoire verfügte und der als Literaturtheoretiker, Kulturkritiker und Essayist seinen geistes- wie naturwissenschaftlich und medizinisch-psychiatrisch geprägten Wissensfundus für seine Werke und Schriften zu aktivieren verstand. Er repräsentierte als einer der ersten den Typus des *poeta doctus*, des gelehrten Dichters, der sein poetisches Metier ebenso souverän beherrschte wie die gerade anstehenden Diskurse seiner Zeit. Noch im 21. Jahrhundert sind Dichter wie Durs Grünbein ohne intensive Benn-Prägung nicht denkbar, so dass Benns Wirkungsgeschichte bis in die aktuelle Gegenwart ungebrochen anhält.

Eine der wichtigsten Nachkriegsstimmen deutschsprachiger Lyrik wurde Paul Celan, weil er die Traditionslinie der frühen Moderne auch in ihrer Internationalität für sein Werk zu aktivieren wusste – von Baudelaire und Mallarmé über den französischen Surrealismus bis hin zu Rilke und Trakl. Celan jedoch entfaltete seine Ansprüche nicht auf der Basis von Nachahmungen, sondern schuf eine eigene, originäre Poetologie. Diese löste sich von allen bloß konventionellen Reproduktionen der Sprache; das Gedicht sollte das Gerede und das mediale Wortgetöse mit einem prägnanten »Gegenwort« erwidern. An einem zentralen Thema der Nachkriegszeit, das freilich noch weitgehend tabuisiert wurde, arbeitete Celan seine oft als dunkel und hermetisch missverstandene Lyrik durch: Ist der Holocaust, die massenhafte Mordmaschine des Deutschen Reiches, nicht ›unsäglich‹ und ›unsagbar‹, so dass der Versuch, darüber ein Gedicht zu schreiben, von vornherein scheitern muss? Aus dieser Grenzsituation der Sprache entwickelt er seine Konzeption einer ›Sprache am Rande des Verstummens‹ auf äußerst produktive Weise in Gedichtbänden wie *Sprachgitter* (1959), *Die Niemandsrose* (1963), *Atemwende* (1967) und *Fadensonnen* (1968).

Mit einem Verzögerungseffekt von fast zwei Jahrzehnten wurde die herausragende Stimme Celans wahrgenommen. Es waren vor allem die in den 1960er Jahren geborenen Dichterinnen und Dichter, die sich an Celan und dessen Reden zur Poesie zu orientieren begannen. Ein aktuelles Beispiel, wie die Auseinandersetzung mit Celan die eigene Position schärft, ist der 2005 früh verstorbene Thomas Kling, der inzwischen selbst für die jüngere Lyriker-Generation eine Orientierungs- und Vorbildfunktion hat. Am Ende des 20. Jahrhunderts repräsentiert sein Werk die ungebrochene Dominanz der sprachreflexiven, bis ins Detail durchgearbeiteten, gründlich recherchierten, auf Vortrag und Performance hin angelegten Gedichte. Mit der Rückgewinnung der Stimme als Ausdrucksmedium des Lyrikers und der professionellen Akzentuierung des Auditiven hat Kling nicht nur der tradierten, herkömmlichen Dichter-Lesung einen Stoß versetzt, sondern zugleich eine bis in die phonetische Feinstruktur der Verse durchkomponierte und durchstrukturierte Schreibpraxis gefördert, die der gefühlig-erlebnishaften, aus bloßer Emotion entstandenen Poesie eine deutliche Absage erteilt. In dieser poetologischen Grundhaltung Klings kehrt in den 1990er Jahren

auf aktualisierte Weise der Anspruch zurück, den die lyrische Moderne zu Beginn des 20. Jahrhunderts formulierte: als ihren bedeutsamsten, produktivsten Ausgangsimpuls.

Hugo von Hofmannsthal

* 1. Februar 1874 in Wien (Österreich)
† 15. Juli 1929 in Rodaun bei Wien (Österreich)

(Pseudo. Loris, Theophil Morren) – 1884–1892 Akademisches Gymnasium
Wien; 1890 erste Gedichtveröffentlichungen, ab 1890 Bekanntschaft
mit A. Schnitzler, R. Beer-Hofmann, H. Bahr und F. Salten (Kreis ›Jung-
Wien‹ im Café Griensteidl); 1891 Freundschaft mit S. George (Bruch
1906); 1882–1894 Jurastudium in Wien; 1893 lyrisches Drama *Der Tor und
der Tod*; 1894 Juraexamen, Freiwilligenjahr im Dragonerregiment 6; 1885
Beginn des Romanistik-Studiums, 1897 Dissertation, 1900 Habilitation
über Victor Hugo; 1906 Beginn der Zusammenarbeit mit R. Strauss; 1909
Uraufführung der *Elektra*, 1911 *Rosenkavalier*; 1912 *Ariadne auf Naxos*; 1916/17
Vortragsreisen in Europa; 1920 Eröffnung der Salzburger Festspiele mit
Jedermann; 1927 Münchner Universitätsrede; 1929 Tod zwei Tage nach dem
Selbstmord des Sohnes Franz; Dramatiker, Erzähler, Essayist, Librettist
und Übersetzer.

29

Das lyrische Werk

Mit den Gedichten, die der junge Hofmannsthal unter dem Pseudonym
»Loris« veröffentlichte, wurde er schnell zum »Idol einer Generation«
(R. Borchardt). Das Bild des Autors in der literarischen Öffentlichkeit
blieb, auch nachdem sich Hofmannsthal ab 1910 von der Sprachmagie des
Lyrischen abgewandt hatte und kaum mehr Gedichte schrieb, weiterhin
von diesem lyrischen Frühwerk geprägt, das 1903 in den *Ausgewählten
Gedichten* in 300 Exemplaren im Verlag der *Blätter für die Kunst* und 1907 in
Die gesammelten Gedichte erschienen ist.

Die ersten Gedichte, seit 1887 entstanden – etwa der an Nietzsche
geschulte »Gedankenspuk« (1890) –, bekunden Epigonalität. Im Lauf des
Jahres 1891 zeigen sich Tendenzen des Impressionismus und des Symbolismus, die Hofmannsthals weiteres Schaffen bestimmen. Zwischen
1894 und 1897 entstehen dann Gedichte wie »Weltgeheimnis« (1894),
»Ein Traum von großer Magie« (1895) und »Lebenslied« (1896), die in Hofmannsthals Selbstdeutungen im Zentrum seines Frühwerks stehen. Sie
werden ihm, vor allem in den ab 1916 niedergeschriebenen Aufzeichnungen »Ad me ipsum«, zum Zeugnis eines »glorreichen, aber gefährlichen
Zustandes« der Präexistenz, in dem sich Poesie in magischer Einheit mit
der Welt ereigne.

Die frühen Gedichte berufen sich auf die Tradition romantischer Schöpfungspoetik. In der an Ferdinand von Saar gerichteten »Widmung« erscheint der Dichter als der Messias der Welt. Dieser Rückgriff auf die Romantik ist als Affront gegen jenen Wirklichkeits- und Sprachzerfall der modernen Welt konzipiert, als dessen literarisches Symptom der Naturalismus gilt. Forciert durch Nietzsches Kritik der Historie erfasst das Trauma der Epigonalität, dem Hofmannsthal eigens das Sonett »Epigonen« (1891) widmete, über die Kunst hinaus das »Leben« selbst. Die Notwendigkeit einer »schönen Wahrheit« für wenige erwächst aus der Beliebigkeit der massenhaft vervielfältigten, historischen Lebens- und Literaturformen: »Lüge, dein Amt liegt in der Form: Schule, Gewohnheit, Tradition«. Die Reihe »Sonette« (1891), inspiriert von Schopenhauer und Richard Wagner, lehrt, dass der Dichter in vorsprachlichem »Mitleid« wohl die Gemeinschaft aller Kreatur fühlen und damit die lebensfremde Kunst überwinden könne. »Reden« allerdings muss er »in Bildern [...] und in Symbolen«, Zeichen, die gerade, weil sie nicht »Leben« sind, auf das Abwesende verweisen.

Konstitutiv für die Lyrik des jungen Hofmannsthal wurde die Begegnung mit Stefan George (1891), die Hofmannsthal jene Formensprache der Moderne erschließt, an der sich sein eigener Stil bilden sollte. George hatte Hofmannsthal mit dem französischen Symbolismus, den Gedichten Baudelaires, Verlaines und Mallarmés, vertraut gemacht. Das George gewidmete Gedicht »Einem, der vorübergeht« (1891) bezeugt mit seinen ungewöhnlich zahlreichen Varianten, wie intensiv der junge Dichter den faszinierenden und beängstigenden Eindruck der Persönlichkeit des nur wenig Älteren zu verarbeiten hatte: »Du hast mich an Dinge gemahnet, / Die heimlich in mir sind, / Du warst für die Saiten der Seele / Der nächtige flüsternde Wind.« Mit der Titelanspielung auf den Abschnitt »Vom Vorübergehen« in Nietzsches Also sprach Zarathustra (1884) ist dem Erweckungserlebnis, wie es die erste Strophe des Gedichtes für George schildert, jedoch bereits die Grenze gezogen: Das »Vorübergehen« ist die Haltung der Lieblosigkeit angesichts der modernen städtischen Massenzivilisation und der geistfremden Sprache der Zeitungen. Es erinnert an Baudelaires Gedicht »A une passante« (»An eine, die vorüberging«) aus den »Tableaux parisiens« der zweiten Ausgabe der Fleurs du mal (1861) mit der ersten Zeile: »La rue assourdissante autour de moi hurlait.« (»Betäubend heulte die Straße rings um mich.«)

Das Fehlen der »Liebe«, von George in seiner brieflichen Reaktion auf Hofmannsthals Gedicht enttäuscht vermerkt, wurde dort also durch Nietzsches Text aus dem autobiographischen in einen poetologischen Zusammenhang versetzt. Deutlicher schildert Hofmannsthals zweites George-Gedicht, »Der Prophet« (1891), das Tödliche an Georges Ästhetizismus, und die beiden Gedichte »Mein Garten« und »Die Töchter der Gärtnerin« kontrastieren die »künstlichen Paradiese« symbolistischer Poesie mit dem fruchtbaren Paradies der Natur wie den raffinierten Tod mit einem rauschhaften Leben und der Unschuld des Kindes.

Ein Vergleich der Gedichte »Wolken« und »Vorfrühling«, die beide Ende 1892 im Organ des George-Kreises, den *Blättern für die Kunst*, erschienen, belegt freilich Hofmannsthals Schulung an den ästhetischen Mitteln des Symbolismus. Im ersten Gedicht werfen die Impressionen der Außenwelt ihre »Schatten« auf die »Seele«, so dass ein klar bestimmter, metaphorischer Bezug hergestellt ist. »Vorfrühling« gibt dagegen in der ersten Strophe gleichsam das Programm des Gedichts: »Es läuft der Frühlingswind / Durch kahle Alleen, / Seltsame Dinge sind / In seinem Wehn.« Der »Wind« stiftet den Zusammenhang all jener im Folgenden aufgezählten »seltsamen« – zunächst in fremder Vereinzelung existierenden – »Dinge«; doch wird damit der antike Topos zitiert, der den »Wind« mit der Dichtung gleichsetzt, ohne im Gedicht als Bild ausgeführt zu sein.

Zentralthema der Lyrik Hofmannsthals ist das Verhältnis von Ich und Welt. Dass der Dichter den verlorenen »Zusammenhang der Welt«, das epochale Wunschziel der Totalität bei Nietzsche wie in der Dichtung des Realismus, keineswegs mit souveräner Schöpfungsgeste wiedergewinnt, mochte noch für den späten Hofmannsthal in der Lektüre seiner Jugendgedichte »das furchtbar Autobiographische« ausmachen. Jedenfalls reflektieren diese Gedichte Rollen-Facetten einer poetischen Existenz in Erfüllung und Gefährdung und enthalten eine Dichtungslehre.

Gefährdet ist das Ich in seiner Zeitlichkeit. Die Einheit des Selbst wird in der ersten der »Terzinen« (1894) – »Über Vergänglichkeit« – in eine Folge unverbundener Momente aufgelöst. So ist diese poetische Existenz gespalten in ein »Leben ohne Gnade« – fern dem All-Zusammenhang – und in »ekstatische Zustände der Erhöhung«. In den Komplementärgedichten »Ballade des äußeren Lebens« und »Traum von großer Magie«, beide in den *Blättern für die Kunst* 1896 erschienen, sind diese Zustände gespiegelt. Mündet in jenem der »Taumeltanz« (ital. ballata) der unverbundenen, äußeren Dinge in das Zutrauen zu einem traumhaften

»Zauberwort«, so kreist dieses insgesamt um »das Wort, das selber Gott ist; die unmittelbare Magie«; der Magier wird zur Figuration des Dichters inmitten des Zusammenhangs der Welt: »Er fühlte traumhaft aller Menschen Los.« Ähnlich beruht in den Gedichten »Welt und Ich« (1893) und »Der Kaiser von China spricht« (1897) der Bestand der Welt auf dem schaffenden, zentralen Ich. Die Zeit erscheint als »eine bloße Anschauungsform unseres Geistes« und wird im zeitlosen, geistig-schöpferischen Bild aufgehoben. In »Versen nach S. T. Coleridge« (1902) wird die Verwandlung des Lebensprozesses in ein allegorisches Bild einmal im poetologischen Modell vorgeführt.

Geheimnisvoll verschlüsselt entfaltet sich das Thema der Verwandlung im Gedicht »Reiselied« (1898), das aus einem 1897 entstandenen fragmentarischen Versgespräch erwuchs. Im Topos der Lebensreise werden die Naturvorgänge der Außenwelt erst bezogen auf den Menschen zur Gefahr, die freilich zugleich das Rettende erahnen lässt – so wie es die kunstvoll doppelsinnige Aussage zum Schluss der ersten Strophe abbildet: Die »Vögel« dort mögen eine weitere Gefährdung bedeuten, während zugleich die Poesiesymbolik des »Wassers« fortgeführt und der dichterische »Aufschwung« eingeleitet wird. Als dessen Resultat präsentiert sich jetzt im »Blick von oben«, der ein Leitmotiv dichterischer Wahrnehmung in Hofmannsthals Lyrik ist, eine aus den Elementen deutscher Italientopik montierte Landschaft, mit beruhigten »Spiegeln« des »Wassers«; zuletzt schafft der »Wind«, also wiederum die Poesie, den Zusammenhang all dieser Dinge: Die Lebensreise und der Schaffensprozess im Dichter, Außen und Innen, sind verschmolzen und eins geworden.

Einmal verloren gegangen, lässt sich das erhöhte Dasein nur noch in Rollen und Zitaten, in der Zeichensprache einer mythisierten und ins scheinbar ursprüngliche Bild verwandelten Literaturtradition ausdrücken. In der Überwindung des Historismus wird das Historische keineswegs verworfen, sondern raffiniert ins Mythische verfremdet. Das berühmte »Lebenslied« (1896) vollzieht solche Verwandlung der Tradition in die Poesie des geheimnisvollen Weltzusammenhanges: »Den Erben laß verschwenden / An Adler, Lamm und Pfau / Das Salböl aus den Händen / Der toten alten Frau!« Der Anlass dieses Gedichts – eine merkwürdige Erzählung einer Bekannten, aber ebenso der Schock des Todes von Josefine von Wertheimstein, die für den jungen Hofmannsthal die Fülle österreichischer Kultur verkörperte – wird in traditionsreiche Bilder gefasst, obgleich deren ererbter Sinn verrätselt wird; so sind »Salböl« und die Tiere, jene »eigentlichen Hieroglyphen«, nur dem Eingeweihten als Chiffren von Hofmannsthals Weltpoesie zu entschlüsseln. Dem »Erben« wird, in der Verschwendung des Ererbten, die Fülle der Schöpfung zuteil. Damit wird zum Inhalt des Gedichts sein eigenes Verfahren.

Wiederum mit einer inszenierten Anspielungskunst entwirft das Gedicht »Die Beiden« (1896) eine Parabel nichtsprachlicher Kommunikation, die ein menschliches Selbst voraussetzt: Die Flüssigkeit, das Element »magischer« Welteinheit, wie eine »Perle« zum »Tropfen« gebannt, »rollt« verloren am Boden; gerade im Misslingen der Gebärde aber werden »die Beiden« ihrer Gemeinschaft in Liebe gewahr. Und ebenso wird die menschenferne Präexistenz im Reminiszenzstil von »Manche freilich…« (1895) unter dem Einfluss östlichen Denkens als eine Gemeinschaft allen Schicksals fassbar, die sich der »schmalen Leier« eines bloß erlesenen Ästhetizismus entzieht. WALTER SCHMITZ

Jedermann

Das Spiel, an dem Hofmannsthal seit 1903 gearbeitet hatte, wurde 1911 veröffentlicht und am 1. Dezember im Zirkus Schumann in Berlin erstmals aufgeführt. Den *Jedermann*-Stoff, der das Thema von der Hinfälligkeit der irdischen Besitztümer und der Heilsnotwendigkeit der Buße mit der Parabel vom Freund in der Not verbindet, fand Hofmannsthal in einer englischen Bearbeitung, der anonym überlieferten Moralität *The Somonynge of Everyman* (Erstdruck 1509). Als weitere wichtige Stoffquelle stand ihm die *Comedi von dem reichen sterbenden Menschen, der Hecastus genannt* (1549) von H. Sachs zur Verfügung, eine Übertragung des neulateinischen Schuldramas *Hecastus* (1539) von G. Macropedius. Mit seiner Bearbeitung wollte Hofmannsthal die alte »Geschichte von Jedermanns Ladung vor Gottes Richtstuhl«, die er als zeitloses, allgemein menschliches und daher »nicht einmal mit dem christlichen Drama unlöslich« verbundenes »Märchen« auffasste, neu beleben. Berühmt wurde das Stück vor allem durch die Salzburger Festspiele, die am 22. August 1920 mit seiner Aufführung auf dem Domplatz der Stadt eröffnet wurden.

Nachdem ein Herold das »geistlich Spiel« von der »Vorladung Jedermanns« angekündigt hat, beginnt das Vorspiel: Gott der Herr, der einen Gerichtstag halten will über alle Menschen, die durch die ständige Missachtung seiner Gebote »in Sünd ersoffen« sind, beauftragt den Tod, »Jedermann« vor den göttlichen Richtstuhl zu bringen, damit dieser Rechenschaft ablege über sein irdisches Leben. Der Hauptteil zeigt eingangs Jedermann als besitzstolzen und selbstgerechten Verwalter seines Reichtums; er will sich einen »Lustgarten« anlegen, jeder Gedanke an das Jenseits ist ihm fremd; weder der verarmte Nachbar noch der Knecht, der wegen seiner Schulden ins Gefängnis muss, können sein Mitleid rühren. Nur unwillig vernimmt er auch die Mahnung seiner Mutter, an sein ewiges Heil zu denken; seine verdüsterte Stimmung hellt sich auf, als seine Geliebte, »Buhlschaft«, erscheint, umgeben von Spielleuten und Freunden, um alle zu einem festlichen Bankett zu versammeln. Aber Jedermann kann nicht unbekümmert an der Ausgelassenheit seiner Gäste teilhaben, die ihn vergebens durch Wein, Lieder und Späße aufzuheitern suchen. Von der wachsenden Verstörtheit und den Vorahnungen Jedermanns angekündigt (»Was ist das für ein Glockenläuten! / Mich dünkt, es kann nichts Guts bedeuten«), erscheint mitten im Festtrubel der Tod und fordert Jedermann auf, ihm vor Gottes Thron zu folgen. Das Einzige, was er sich noch ausbitten kann, ist eine Frist von einer Stunde, in der er einen Gefährten für seinen letzten Weg suchen will. Aber weder sein ihm bislang so treu ergebener Freund und »Gesell« noch seine beiden Vettern sind bereit, ihn zu begleiten. »Buhlschaft« und die anderen Gäste haben bereits beim Erscheinen des Todes fluchtartig das Fest verlassen.

Da lässt Jedermann seine Schatztruhe holen, damit er auch auf der letzten Strecke seines Lebens nicht auf Macht und Selbstsicherheit verzichten muss. Der Truhe aber entsteigt »Mammon« (»Dein Reichtum bin ich halt, dein Geld, / Dein eins und alles auf der Welt«), und klärt Jedermann mit derselben zynischen Offenheit, mit der dieser sich einst zur Macht des Geldes bekannt hat, über das wahre Verhältnis von Besitzendem und Besessenem auf: Nicht Jedermann ist durch den Besitz des Geldes in den Rang einer »kleinen Gottheit« erhoben, Mammon selbst ist der Gott, der unerkannt von Jedermanns Seele Besitz ergriffen hat. Von allen Freunden verlassen und aller irdischen Güter beraubt, macht sich Jedermann auf den Weg zum Gericht Gottes, nur von seinen gebrechlichen »Werken« und deren Schwester »Glaube« begleitet. Die Werke freilich sind zu schwach, um Jedermanns Sache wirksam zu vertreten. Erst nachdem »Glaube« ihm den Sinn für die Erlösungstat Gottes aufgeschlossen hat, fällt von den Werken die Schwäche ab, so dass sie ihn gemeinsam dem Zugriff des Teufels entziehen können – kraft des Opfertodes Christi, der »Jedermanns Schuldigkeit« bereits für alle Ewigkeit vorausbezahlt hat. Unter den zuversichtlichen Worten von »Glaube« und dem Gesang der Engel steigt Jedermann an der Seite seiner Werke ins Grab.

Hofmannsthal hat den mittelalterlichen Grundzug des überlieferten Spiels bewahrt, ihm aber den Charakter des allegorisierenden Traktats genommen. Auch im thematischen Gefüge des Mysterienspiels setzte der Autor neue Akzente; so gehört der personifizierte »Mammon« zwar zum ursprünglichen Bestand der Überlieferung, Hofmannsthal aber rückt diese Allegorie stärker in den Mittelpunkt. Das Gegenbild zu der vom Geld beherrschten Welt stiftet hier der Glaube.

Hofmannsthals kultur- wie zeitkritische Akzentuierung des Stücks kontrastierte mit dem einerseits volkstümlichen Grundton des Stücks, andererseits mit der auf Effekte basierenden Regie Max Reinhardts. Bereits die Uraufführung in einem Berliner Zirkus vor rund 5000 Menschen fand nur geteilten Beifall. Die seit 1920 stattfindenden, nur zwischen 1939 und 1945 unterbrochenen Salzburger *Jedermann*-Aufführungen provozierten immer wieder heftige Kritikerreaktionen. Der Publikumswirksamkeit von Hofmannsthals populärster Bühnendichtung taten solche Einwände jedoch bis heute keinen Abbruch. ERNST-OTTO GERKE

Else Lasker-Schüler

* 11. Februar 1869 in Elberfeld/Wuppertal (Deutschland)
† 22. Januar 1945 in Jerusalem

1894 Heirat mit dem Hautarzt Berthold Lasker, Übersiedlung nach Berlin;
1899 erste Gedichte in Zeitschriften; Geburt des Sohnes Paul; 1903 Scheidung, Heirat mit Herwarth Walden; ab 1910 bei der Zeitschrift *Der Sturm*;
1912 erneute Scheidung, ab 1919 Leben im Hotel; 1927 Tod des Sohnes;
1933 Flucht nach Zürich, Verbot ihrer Bücher in Deutschland; ab 1934 drei
Reisen nach Palästina, 1939 nach Verweigerung der Wiedereinreise in die
Schweiz in Jerusalem.

Das lyrische Werk

Obwohl Else Lasker-Schüler auch als Dramatikerin und Prosaschrift-
stellerin hervorgetreten ist, wird sie bis heute vorwiegend als Lyrikerin
wahrgenommen. Gottfried Benns Ausspruch aus dem Jahr 1952, Else
Lasker-Schüler sei »die größte Dichterin, die Deutschland je hatte«, zielte
auf ihre Lyrik.

Durch Peter Hille in die literarische Szene Berlins eingeführt, ver-
öffentlichte Else Lasker-Schüler ab 1899 Gedichte in Zeitschriften
(*Gesellschaft, Das Magazin für Literatur*). 1902 erschien ihr erster Gedichtband
Styx. Thematisch deutlich beeinflusst vom Lebens- und Körperkult der
Jahrhundertwende, bewegen sich die frühen Gedichte um Eros und Tod,
Liebe und Tanz, um rauschhafte Leidenschaftlichkeit und Auflösung,
aber auch schon um die Verklärung der eigenen Familie, so z. B. in »Mein
Kind« oder in »Chronika«: »Mutter und Vater sind im Himmel / Und
sprühen ihre Kraft / [...] Auf mich nieder«. In zwei Gedichten (»Das Lied
des Gesalbten«, »Sulamith«) findet sich bereits die alttestamentliche
Bildsprache und jüdische Thematik, die in späteren Phasen für Lasker-
Schülers Werk prägend wird. Die zentralen Themen ihrer Dichtung sind
hier im Kern bereits vorgezeichnet.

Stilistisch ist die frühe Lyrik eher konventionell gehalten; neben
der liedhaften Form mit festem Strophen- und Versaufbau gibt es die in
Vers- und Strophenaufbau freier gestalteten Gedichte. Die Einflüsse der
bohemehaften Gesellschaft ›Die Kommenden‹, die der Autorin zunächst
eine künstlerische Heimat bot, schlagen sich in einer vor allem sprachlichen Nähe zu Nietzsche und der inhaltlichen und formalen Nähe zum
Jugendstil nieder.

Der siebente Tag, Lasker-Schülers zweiter Lyrikband, erschien 1905 und enthält, bis auf die zuvor 1904 im *Neuen Magazin* erschienenen Gedichte »Liebesflug« und »Nachklänge« sowie das bekannte, bereits 1903 in einer Gedichtanthologie gedruckte »Weltende«, ausschließlich Erstveröffentlichungen. Thematisch eng mit *Styx* verbunden, unterscheidet sich *Der siebente Tag* in vielerlei Hinsicht doch gravierend von seinem Vorgänger. Noch immer sind die jugendstilhaften Einflüsse spürbar, aber die Entwicklung zu einer lyrischen Eigenständigkeit und einem prägenden Stil treten deutlich zutage. Insgesamt gedämpfter als sein Vorgänger, finden sich ekstatische Ausbrüche wie in »Mein Liebeslied« oder »Erkenntnis« nur noch selten. Nun stellt, wie in »Weltende«, das in dieser Fassung ausdrücklich Herwarth Walden gewidmet ist, die Liebe ein Gegenstück zur Außenwelt dar. So heißt es in der ersten Strophe: »Es ist ein Weinen in der Welt, / Als ob der liebe Gott gestorben wär, / Und der bleierne Schatten, der niederfällt / Lastet grabesschwer.« Der Schluss vereint jedoch das drohende Weltende mit der Liebe: »Du! Wir wollen uns tief küssen ... / Es pocht eine Sehnsucht an die Welt, / An der wir sterben müssen.«

Stehen in *Styx* vor allem das Suchen und Verlangen, die Sehnsucht und die Angst im Vordergrund, so strahlen die Gedichte aus *Der siebente Tag* Ruhe und ein gewisses Selbstbewusstsein aus, obwohl die Welt, das Leben und die Liebe nach wie vor bedroht wirken. Wieder finden sich Gedichte aus dem religiösen Bereich, »Mein Volk«, »Ruth« und »Zebaoth«, die später unverändert in die *Hebräischen Balladen* aufgenommen werden. Während die beiden letztgenannten Liebeslieder noch alttestamentliche Motive haben, zeigt sich in »Mein Volk« ein komplett neuer Ansatz. Erstmals setzt sich die Dichterin dezidiert mit ihrer jüdischen Herkunft auseinander. Das lyrische Ich beklagt das Schicksal seines Volkes, das aus der Diaspora »schauerlich gen Ost«, also in Richtung Jerusalem, zu Gott schreit; es verweist damit gleichzeitig auf die Pogrome in Russland zu Beginn des 20. Jh.s.

Auch stilistisch bringt der zweite Lyrikband einige Neuerungen mit sich. Die für den Expressionismus typische Farbsymbolik, die das weitere Werk Else Lasker-Schülers stark prägt, lässt sich hier erstmals in Form der für die Autorin so wichtigen ›Chiffre Blau‹ finden. Neben liedhaften und frei gestalteten Gedichten tritt auch erstmalig die aus zwei Versen bestehende Kurzstrophe in Erscheinung, die der assoziativen Reihung, einem der Grundelemente in Else Lasker-Schülers Lyrik, Rechnung trägt.

Im *Peter Hille-Buch* (1906), vor allem aber in *Die Nächte Tino von Bagdads* (1907) setzt sich die in *Der siebente Tag* beginnende Entwicklung der Lyrik fort. Die assoziative Reihung wird zum stilprägenden Merkmal, in der sich die lyrische Sprache des Expressionismus endgültig herausschält. Mit der von Karl Kraus herausgegebenen *Fackel*, insbesondere aber mit der von ihrem Mann Herwarth Walden 1910 gegründeten Zeitschrift *Der Sturm*, deren Aussehen und Charakter die Dichterin maßgeblich mitprägt, ergaben sich für Else Lasker-Schüler neue Publikationsmöglichkeiten, die ihr lyrisches Werk ins Zentrum der neu entstehenden expressionistischen Bewegung rückten. Kunst war für die Künstler und Literaten um den *Sturm* eine Einheit aus Leben und Werk. Diesem Gedanken geschuldet ist sicherlich auch die Entwicklung eines neuen Motivbereichs; im Erschaffen einer phantastischen morgenländischen Welt, wie sie in *Die Nächte Tino von Bagdads* vorweggenommen sind, spiegelt sich neben der Vorliebe für das Orientalische der Versuch, die dichterische Welt auf einen reinen, unverdorbenen und unverfremdeten Ursprung zurückzuführen. In der biblischen Figur Josephs, die später zu Prinz Jussuf wird, gelingt es Else Lasker-Schüler, die orientalische Phantasiewelt mit ihren jüdischen Wurzeln zu verbinden.

1910 erschien im *Sturm* das Gedicht »Ein alter Tibetteppich«, das Lasker-Schülers lyrisches Schaffen kurz vor dem Ausbruch des Weltkriegs charakterisiert: »Deine Seele, die die meine liebet / Ist verwirkt mit ihr im Teppichtibet // Strahl in Strahl, verliebte Farben, / Sterne, die sich himmellang umwarben. // Unsere Füße ruhen auf der Kostbarkeit Maschentausendabertausendweit. / Süßer Lamasohn auf Moschuspflanzenthron / wie lange küßt dein Mund den meinen wohl / Und Wang die Wange buntgeknüpfte Zeiten schon.« In der *Fackel* wurde das Gedicht nachgedruckt, zusammen mit einer Anmerkung des Herausgebers Karl Kraus, der Lasker-Schüler als »stärkste und unwegsamste lyrische Erscheinung des modernen Deutschland« bezeichnete. Das Gedicht selbst gehört für ihn »zu den entzückendsten und ergreifendsten, die ich je gelesen habe, und wenige von Goethe abwärts gibt es, in denen so wie in diesem Tibetteppich Sinn und Klang, Wort und Bild, Sprache und Seele verwoben sind«.

Um 1912 nahm Lasker-Schülers literarische Produktion eine neue Wende. Während die »Briefe nach Norwegen« zwischen September 1911 und Februar 1912 noch im *Sturm* erschienen und das Ende der Ehe mit Herwarth Walden markieren, entstanden zunehmend Gedichte, die an ein real genanntes Gegenüber gerichtet sind, das sich allerdings häufig hinter einem chiffrierten Namen verbirgt, den die Autorin in ihre poetische Welt integriert. Die sicherlich bekanntesten Gedichte dieser Art sind jene, die sich an »Giselheer« richten, jenen burgundischen König aus dem *Nibelungenlied*, der auch in Else Lasker-Schülers Roman *Der Malik* erwähnt wird und hinter dem sich Gottfried Benn verbirgt. Zwischen Herbst 1912 und 1914 schrieb Lasker-Schüler eine Reihe Gedichte, die zunächst in Zeitschriften und später als eigener Zyklus in den *Gesammelten Gedichten* veröffentlicht wurden und auf die Benn 1913 in seinen Gedichten wiederholt Bezug nahm, so dass ein literarischer Liebesdialog entstand. Nicht nur Gottfried Benn, auch zahlreiche andere Zeitgenossen tauchten nun in Else Lasker-Schülers Lyrik auf, zum Teil unter poetisierten Namen wie Senna Hoy (Johannes Holzmann), Tristan (Hans Ehrenbaum-Degele) oder der Blaue Reiter (Franz Marc), zunehmend aber auch unter ihren wirklichen Namen (vgl. die Gedichte »Franz Werfel«, »Richard Dehmel«, »Paul Zech«, »Georg Trakl †«, »Theodor Däubler«, »Peter Baum« und viele andere mehr).

Für die Rezeption der Lyrik Else Lasker-Schülers spielt die Ende 1912 erschienene, auf 1913 datierte Sammlung *Hebräische Balladen* eine wichtige Rolle. Die hier erschienenen 15 Gedichte (in der dritten Auflage von 1920 sind es 20) mit alttestamentlichem Themenhintergrund als Auseinandersetzung mit der eigenen Herkunft sorgen dafür, dass die Autorin nun weitaus stärker als bisher nicht nur als moderne, sondern auch als jüdische Dichterin wahrgenommen wird. Die Entstehung der Gedichte reicht bis in das Jahr 1901 zurück; sie bleiben bis in die 1920er Jahre zentraler Bestandteil des lyrischen Schaffens. Mit den *Hebräischen Balladen* bemühte Else Lasker-Schüler sich in ihrer Dichtung um »eine Synthese von Deutschem und Jüdischem« (S. Bauschinger). Sie versucht den Brückenschlag zwischen den beiden Elementen der Kultur, denen sie sich zugehörig fühlt: eine Entwicklung, die sich in *Der Wunderrabiner von Barcelona* ebenso fortsetzt wie in den Arthur-Aronymus-Dichtungen.

Wenngleich neben hebräischen Balladen weiterhin auch Lyrik mit allgemeineren Themen entstand, ist zu beobachten, dass ab 1914 Else Lasker-Schülers Lyrik gegenüber der Prosa in den Hintergrund tritt. Interessanterweise gelangte aber gerade in diesen Jahren ihre Lyrik in das literarische Bewusstsein der Zeit. Für die Rezeption der Lyrik sind vor allem die *Gesammelten Gedichte* von Belang, die im Kurt Wolff Verlag zwischen 1917 und 1920 in drei Auflagen erschienen sind, sowie die beiden

Bände *Der Gedichte erster Teil* und *Die Kuppel*. *Der Gedichte zweiter Teil*, die 1920 im Rahmen einer zehnbändigen Gesamtausgabe der Werke Else Lasker-Schülers herausgegeben wurden. Das großformatige Buch *Theben*, in dem 1923 neben Gedichten (z. T. handkolorierte) passende Lithographien veröffentlicht wurden, unterstreicht zudem die intermediale Arbeitsweise, die in den Prosatexten bereits seit den »Briefen aus Norwegen« etabliert worden war, nun auch im lyrischen Bereich. In der zweiten Hälfte der 1920er Jahre ließ das Interesse an Else Lasker-Schülers Werken insgesamt spürbar nach. Dazu kam die Schwierigkeit, dass seit der Veröffentlichung der Streitschrift gegen ihre Verleger von 1925, *Ich räume auf!*, keine Verlage mehr bereit waren, ihre Arbeiten zu drucken. Letztendlich blieb ein sehr enger Kreis von Tageszeitungen und Zeitschriften übrig, in denen Else Lasker-Schüler publizierte.

Ende 1927 starb ihr Sohn Paul an Tuberkulose. Das 1928 im *Berliner Tageblatt* veröffentlichte Gedicht, das sich mit diesem persönlichen Schicksalsschlag auseinandersetzt, markiert eine weitere Wende in der
Lyrik; von nun an dominiert ein melancholischer Grundton: »Wenn der Mond in Blüte steht, / Gleicht er deinem Leben, mein Kind. // Und ich mag nicht hinsehen, / Wie der lichtspendende Falter dahinschwebt.« Als sich zu Beginn der 1930er Jahre für Lasker-Schüler die Lage auf dem Buchmarkt ein wenig entspannte und sie wieder Bücher publizieren konnte, erschienen 1932, in dem Jahr, in dem der Dichterin der Kleistpreis zugesprochen wurde, im Essayband *Konzert* eingestreute Gedichte, die zum größten Teil seit Ende der 1920er Jahre entstanden waren. Hier entwickelt sich allmählich die strenge, reimgebundene Form, die das späte lyrische Werk der Dichterin dominiert. In den Texten drückt sich eine gewisse Gottesferne aus; so endet das Gedicht »Gott hör ...« mit dem programmatischen Vers: »Und überall die Bitternis in jedem Kerne«. Deutlich zeigen sich Einsamkeit, Trauer und Enttäuschung, während die Liebe, Hauptelement der frühen und mittleren Lyrikphasen, in den Hintergrund tritt. Dennoch wirken die Gedichte nicht resigniert; hier und dort drückt sich zaghafte Hoffnung aus.

Im Exil versiegte die Lyrikproduktion Else Lasker-Schülers zunächst fast vollständig, nicht zuletzt deshalb, weil sie in der Schweiz Schreibverbot hatte. Die wenigen neuen Gedichte, die in den 1937 erschienenen Prosaband *Hebräerland* eingefügt sind, eine idealisierte Beschreibung ihrer ersten Palästinareise, sind Gelegenheitsgedichte aus diesem Anlass. Die Exildichtung kulminiert in dem 1943 in Jerusalem in einer Auflage von 330 Exemplaren erschienenen Gedichtband *Mein blaues Klavier*. Von den 32 hier zusammengestellten Gedichten sind 14 Erstveröffentlichungen, 18 waren bereits vorher verstreut erschienen. Die melancholische Stimmung ihrer letzten Jahre in Deutschland hat sich in den Gedichten der Exilzeit noch verstärkt. »Ich weiss, dass ich bald sterben muss«, heißt es in einem 1936 erstmals erschienenen Gedicht, das in *Das blaue Klavier* aufgenommen wurde. Todesahnung, Armut und Heimweh, vor allem aber die zunehmend unerträglicher werdende Einsamkeit sind Exilerfahrungen, die das späte lyrische Werk prägen. Wie in dem Titelgedicht »Mein blaues Klavier« geht der Blick zurück in jene Zeiten, als Liebe und Dichtung für die Autorin noch eins waren: »Es spielten der Sternenhände vier / – die Mondfrau sang im Boote –«. Aus dieser Rückschau heraus ist auch die Widmung des letzten Gedichtbandes zu lesen: »Meinen unvergesslichen Freunden und Freundinnen in den Städten Deutschlands – und denen, die wie ich vertrieben und nun zerstreut in der Welt, / In Treue!« Die Gegenwart aber ist in den späten Gedichten längst verloren: Das blaue Klavier steht unbenutzt im Keller, »seitdem die Welt verrohte. [...] / Nun tanzen Ratten im Geklirr. // Zerbrochen ist die Klaviatür .... / Ich beweine die blaue Tote.« STEFAN NEUMANN

Arthur Schnitzler

* 15. Mai 1862 in Wien (Österreich)
† 21. Oktober 1931 in Wien (Österreich)

Ab 1879 Medizinstudium in Wien; 1885 Promotion; Assistenzarzt; 1886
Beginn regelmäßiger Veröffentlichungen in Zeitungen und Zeitschriften; 1887 Redakteur der *Internationalen Klinischen Rundschau*; 1893 Tod des
Vaters, Eröffnung einer Privatpraxis; 1895 literarischer Erfolg mit der
Erzählung *Sterben*; ab 1895 zunehmende Bedeutung als Dramatiker im In-
und Ausland; 1901 Aberkennung des Offizierisrangs wegen der Erzählung
Lieutenant Gustl; 1912 Gesammelte Werke anlässlich des 50. Geburtstages;
1921 *Reigen*-Skandal; Liebe, Erinnerung, Einsamkeit, Tod und Antisemitismus als Hauptthemen des Werkes; einer der wichtigsten Vertreter der
Wiener Moderne.

Reigen. Zehn Dialoge

Die zehn Dialoge, entstanden 1896/97, erschienen 1900 als Privatdruck
und 1903 erstmals als Buch; die Uraufführung der Szenen 4 bis 6 fand in
München am 25. Juni 1903 statt; die Uraufführung des gesamten Stücks
erfolgte erst am 23. Dezember 1920 im Berliner Kleinen Schauspielhaus.
Die Rezeptionsgeschichte von Schnitzlers *Reigen* ist gekennzeichnet von
Skandalen und Fehlinterpretationen. Dem Autor selbst war das Skan-
dalträchtige seines Stücks von Anfang an bewusst; im Vorwort des in
200 Exemplaren hergestellten Privatdrucks, den Schnitzler im Freundes-
kreis verteilt hat, heißt es: »Ein Erscheinen der nachfolgenden Scenen ist
vorläufig ausgeschlossen. Ich habe sie nun als Manuscript in Druck gegeben; denn ich glaube, ihr Wert liegt anderswo als darin, daß ihr Inhalt den
geltenden Begriffen nach die Veröffentlichung zu verbieten scheint.«

Die Buchausgabe löste eine Woge der Empörung aus, die geltenden
Bestimmungen der Sittlichkeitszensur in der Habsburger Monarchie
versperrten dem Werk die Bühne. Die Erstaufführung durch Max Rein-
hardt wurde durch gelenkte Demonstrationen gegen das als »porno-
graphisch« diffamierte Werk gestört, der preußische Kultusminister
untersagte weitere Vorstellungen. Zwar endete im November 1921 der
Reigen-Prozess gegen die – wegen Unzucht und Erregung öffentlichen
Ärgernisses angezeigten – Schauspieler Gertrud Eysoldt und Maximi-
lian Sladek mit einem Freispruch, doch nachdem auch Aufführungen in
Wien und München zu organisierten Krawallen geführt hatten, verbot

Schnitzler weitere Inszenierungen. Erst 1982 gelangte das Werk wieder auf die Bühne.

Zehn Figuren bilden das Personal der zehn zyklisch angelegten Dialoge; zehn Mal findet sich ein Paar zu sexueller Vereinigung, nach jeder Szene wird – die gesellschaftliche Stufenleiter auf und ab – einer der Partner ausgetauscht. Der Liebesreigen nimmt seinen Anfang bei der Dirne und dem Soldaten (1), er dreht sich weiter vom Soldaten und dem Stubenmädchen (2) zum Stubenmädchen und dem jungen Herrn (3), vom jungen Herrn und der verheirateten Frau (4) zur zentralen Szene des Ehepaares (5), und über den Gatten und das süße Mädel (6), das süße Mädel und den Dichter (7), den Dichter und die Schauspielerin (8), die Schauspielerin und den Grafen (9) zum Grafen und zur Dirne der ersten Szene (10): Der Kreis ist geschlossen.

Die Dramaturgie des *Reigen* ist mit der des mittelalterlichen Totentanzes verglichen worden; im Sog ihrer Begierde werden die Personen des Stücks einander gleich wie der Kaiser und der Bettler vor dem Tod. Zehnfach variiert wiederholt sich das Ritual der Verführung: Unterwürfigkeit und Schamlosigkeit, Lust am Abenteuer und eheliche Pflichterfüllung, Verstellung und zynisches Raffinement, Frivolität und Naivität, all diese Verhaltensweisen streben ausschließlich dem Ziel sexueller Befriedigung zu. Die Darstellung des Sexualaktes selbst spart Schnitzler jedoch demonstrativ aus; gezeigt wird das jeweilige Paar bloß ›vorher‹ und ›nachher‹.

Über die Struktur des Stücks, das Verhalten der Figuren und ihre Sprache vermittelt sich Kritik an der herrschenden Sexualmoral. Der Kreislauf der Konstellationen veranschaulicht Schnitzlers These von einer Gesellschaft, die Sexualität an die ›heilige‹ Institution der Ehe bindet, diese aber durch Doppelmoral und die allgemein praktizierte Trennung von Lust und Liebe unterläuft. Im Verhalten der mit individuellen Zügen ausgestatteten, gesellschaftlich repräsentativen Figuren werden Liebesideale als hohl entlarvt: »Uns wird das, was man so gemeinhin die Liebe nennt, recht gründlich widerwärtig gemacht; denn was sind das schließlich für Geschöpfe, auf die wir angewiesen sind!« So spricht etwa der Gatte, Liebhaber des süßen Mädels, im Gespräch mit seiner Frau, die ein heimliches Verhältnis mit dem jungen Herrn unterhält.

In den meisterhaften Dialogen hat Schnitzler das Intimste auf eine sehr diskrete und zugleich enthüllende Weise gestaltet: In der Redeweise der Figuren, in uneigentlichem Sprechen, in Phrasen und rhetorischen

Posen offenbart sich der unfreie Umgang mit der eigenen Sexualität. Ein weiteres Thema des Stücks ist die Prägung sexuellen Verhaltens durch die Geschlechterrolle: Die Beziehungen zwischen Mann und Frau verlaufen grundsätzlich disharmonisch, in der gegenläufigen Gefühlskurve – die Frau wechselt von spröder Ablehnung zu zärtlicher Anhänglichkeit, der Mann von sinnlicher Erregung zu kalter Abwendung – wird die Unmöglichkeit gemeinsamen Glücks evident.

Schnitzlers *Reigen*, ein Satyrspiel des Sexus, zeigt das »Verlockende«, wie er selbst formuliert hat, »von schweren Schatten überdeckt«. Als Schriftsteller und Arzt stellt der Autor seinen Zeitgenossen die Diagnose einer grundlegenden Beziehungsunfähigkeit. Der Umgang mit Sexualität ist dafür nur das sinnfälligste Beispiel. CORNELIA FISCHER

Rainer Maria Rilke

* 4. Dezember in 1875 Prag (Tschechien)
† 29. Dezember in 1926 Val-Mont (Schweiz)

(d. i. René Karl Wilhelm Johann Josef Maria Rilke) – Kindheit in Prag;
1885–1891 traumatisierende Militärschulzeit; 1895 Studium der Philo-
sophie, Literatur- und Kunstgeschichte in Prag, ab 1896 in München;
Abbruch des Studiums, freier Schriftsteller; Reisen nach Florenz (1898)
und Russland (1899 und 1900, zusammen mit der Schriftstellerin und
Psychoanalytikerin Lou Andreas-Salomé); 1900/01 Aufenthalte in der
Künstlerkolonie Worpswede; 1901 Heirat mit der Bildhauerin Clara
Westhoff, im Dezember Geburt der Tochter Ruth; 1902 Trennung von
der Familie, erster Aufenthalt in Paris (das zeitweilig in seinem unsteten
›Wanderleben‹ sein Hauptwohnsitz war); dort 1905/06 Privatsekretär
Auguste Rodins; Reisen u. a. nach Dänemark (1904), Nordafrika und
Ägypten (1910/11) sowie Spanien (1912/13); während des Ersten Welt-
kriegs meist in München; Anfang 1916 kurze Militärdienstzeit; Mitte
1919 Abreise aus München in die Schweiz, ab Mitte 1921 Wohnsitz im
Schlossturm Muzot bei Sierre/Wallis; 1925 zum letzten Mal in Paris; nach
mehrfachen Sanatoriumsaufenthalten Tod an Leukämie in der Klinik
Val-Mont am Genfer See; begraben in Raron im Wallis.

Neue Gedichte

Rilkes *Neue Gedichte* erschienen 1907 und 1908 in zwei Bänden: Die Gedichte des ersten Bandes, *Neue Gedichte*, wurden zwischen 1903 und Juli
1907 geschrieben (das früheste, »Der Panther«, vermutlich bereits im
November 1902); die Gedichte des zweiten Bandes, *Der Neuen Gedichte
anderer Teil*, vom 31. Juli 1907 bis 2. August 1908. Die meisten der insgesamt 190 Texte entstanden in Paris, Rilkes Hauptwohnsitz ab August
1902.

Die Titel der Bände sind Programm, denn hier wird vom Autor
bewusst ein signifikant neuer Weg eingeschlagen: zum einen durch die
Abkehr von der nuancierten Evokation subtiler Gefühls- und Empfin-
dungswelten des Subjekts, die seine bisherigen Dichtungen bestimmte –
dies signalisieren bereits die Stoffe und Titel der Texte, sie reichen von
alltäglichen Gegenständen und Situationen (z. B. »Der Ball«, »Begegnung
in der Kastanienallee«), über Tiere, Pflanzen, Landschaften, Kunst- und
Kulturobjekte (z. B. »Die Parke«, »Der Reliquienschrein«, »Die Kathe-

drale«) bis zu biblischen Motiven und kulturgeschichtlich etablierten Stoffen (z. B. »Josuas Landtag«, »Orpheus. Eurydike. Hermes«, »Don Juans Auswahl«); zum anderen durch antimimetische Gestaltungsverfahren, die die beachtlichste Innovation beider Bücher vorstellen. Den bedeutendsten Einfluss auf die Poetik der *Neuen Gedichte* hatten Rodin und die Malerei Paul Cézannes.

Die intensive Auseinandersetzung mit dem Werk Rodins – Rilke begann 1902 eine Monographie über den Bildhauer (1903, erw. Fassung 1907) – schlägt sich vor allem nieder in: (1) Rilkes Anlehnung an Rodins Arbeitsethos eines »toujours travailler« (man muss immerzu arbeiten, nichts als arbeiten), das auch jede Haltung und Handlung des Künstlers umfasst, soweit sie in den kreativen Produktionsprozess einwirkt, wie z. B. die Wahrnehmungsweise der Außenwelt; für Letzteres ist in Rilkes diesbezüglichen Reflexionen der Begriff »Neues Sehen« zentral; (2) dem Arbeiten in direkter Konfrontation mit dem zu gestaltenden Objekt oder Ereignis; (3) Rilkes Auffassung vom Kunstwerk als einem durch ästhetische Komposition in sich geschlossenen ›Kunstding‹, als einer rein künstlerischen Wirklichkeit parallel zur Natur: »Das Ding ist bestimmt, das Kunst-Ding muß noch bestimmter sein; von allem Zufall fortgenommen [...], der Zeit enthoben und dem Raum gegeben, ist es dauernd geworden, fähig zur Ewigkeit« (an L. Andreas-Salomé, 8. August 1903); (4) Rilkes Übertragung von Rodins handwerksgemäßen Ausdrucksmitteln, den vielen einzelnen »Flächen«, aus denen die »Oberfläche« der Skulptur geschaffen ist, als einer »gewissenhaften Auslegung des Lebens« (*Auguste Rodin*), in die Dichtkunst: »Irgendwie muß auch ich dazu kommen, Dinge zu machen [...], geschriebene Dinge, – Wirklichkeiten, die aus dem Handwerk hervorgehen. Irgendwie muß auch ich das kleinste Grundelement, die Zelle *meiner* Kunst entdecken, das greifbare unstoffliche Darstellungsmittel für alles« (an L. Andreas-Salomé, 10. August 1903).

Diese Reduktion der Gestaltungsmittel auf Grundelemente – dem bei Cézanne vor allem die mit formhaltigem Pinselstrich nach rein künstlerischer Ordnung organisierten Farbflächen (»plans«) entsprechen – und die Konzentration auf die Gesetzmäßigkeiten des jeweiligen Kunstmediums bedingen das antimimetische Moment der *Neuen Gedichte*. Cézannes Malerei wird für Rilke ab Oktober 1907 maßgeblich, als er dessen Werk in der postumen Retrospektive des Pariser Salon d'Automne für sich entdeckte, dokumentiert in Briefen an seine Frau Clara (1952 veröffentlicht als *Briefe über Cézanne*). Sie können als indirekte Poetik zu den *Neuen*

Gedichten gelesen werden, insofern Rilke die abstrahierende Sehweise und Bildkomposition Cézannes analysiert als jene »Wendung in dieser Malerei, die ich erkannte, weil ich sie selbst eben in meiner Arbeit erreicht hatte« (an Clara, 18. Oktober 1907).

Die Einheit der Anthologien basiert auf einem bestimmten Gedichttypus. Da insgesamt das in sich geschlossene Einzelgedicht überwiegt, weisen beide Teile außer einer losen Gruppierung nach thematisch verwandten Texten keine übergreifende Struktur auf und beziehen sich auch aufeinander nur über wenige motivisch korrespondierende Texte, wie z. B. die poetologisch akzentuierten Auftaktgedichte »Früher Apollo« und »Archaïscher Torso Apollos«. Formal überwiegen traditionelle Strophenformen; bevorzugte Gattung ist das streng strukturierte Sonett, das Rilke allerdings vielfältig modifiziert. Die auffälligsten Stilmittel sind – neben einem kunstvollen Zusammenspiel von Syntax, Rhythmus und Reim als gezielt eingesetzte Mittel der ›Dingmodellierung‹ – Vergleiche, Als-ob-Fügungen und Enjambements. Ein ebenfalls häufiger Stilzug ist der sprachlich deutlich markierte Punkt eines ›Umschlags‹, einer plötzlichen Veränderung am Objekt oder in einem Geschehen, mit dem sich auch der Aspekt darauf ändert.

Trotz ihres Gegenstandsbezugs sind die *Neuen Gedichte* keine ›Dinggedichte‹ im realistischen Sinne. Weder werden mimetische Abbildungen der Objekte gegeben, noch ist das lyrische Ich deshalb getilgt, um ein Ding ohne weitere Aussageabsichten distanziert zu erfassen. Der poetische Diskurs dieser Texte lässt erkennen, dass das von Rilke begrifflich nirgends weiter spezifizierte »kleinste Grundelement« seiner Gestaltungsmittel vor allem im semantischen Potenzial der konkret gegebenen Eigenschaften der Dinge und Situationen liegt. Durch Auswahl, Arrangement und eine, oft entlegene, Bildlichkeit, durch die Rilke die realen Eigenschaften semantisch auflädt, werden die ›Dinge‹ in Sprache transformiert und dabei zumeist auch zu symbolischen Wirklichkeitserfahrungen verdichtet. Im Unterschied zu symbolistischer Dichtungsweise, deren Errungenschaften Rilkes Lyrik ansonsten viel verdankt, überlagern solch implizite Deutungsangebote die Sachebene jedoch nie so, dass der Gegenstand nicht auch um seiner selbst willen im Anschauungszentrum ›konserviert‹ würde – was in der Breitenrezeption für viele den Reiz der Texte ausmacht, auch dort, wo es sich um lebensweltlich veraltete Begebenheiten handelt – und was die *Neuen Gedichte* selbst auch zu einem kulturhistorischen Dokument macht.

Diesem dichterischen Verfahren ist bereits eine Sicht auf die Welt vorgeordnet (d.i. Rilkes ›neues Sehen‹), die subjektive, mit dem Gegenstand verbundene Erlebnisse neutralisiert und objektgebundene Eigenschaften sowie deren lebensweltliche Wertigkeiten daraufhin auswählt, dass sie den Gegenstand oder eine empirische Erfahrung im dichterischen Prozess nicht nur präzise evozieren, sondern auch, auf abstrakterer Ebene, eine die reine Gegenstandsaussage überschreitende, metaphorische Bedeutung konturieren. Rilke selbst bezeichnete die Gestaltungsweise der *Neuen Gedichte* als »sachliches Sagen« (an Clara, 19. Oktober 1907); als »harte Sachlichkeit und Ungefühlsmäßigkeit des Dargestellten«, die dem Postulat untersteht, »die Kunst nicht für eine *Auswahl* aus der Welt zu halten, sondern für deren restlose Verwandlung ins Herrliche hinein«, bei der selbst noch das in konventioneller Perspektive Hässliche und Schreckliche durch die »multiple Aktion künstlerischer Bewältigung [...] ein Dasein-Aussagendes« wird (an Baron Uexküll, 19. August 1909).

48   Die thematische Spannbreite reicht dabei von dem das jeweilige ›Ding‹ konstituierenden Wahrnehmungsprozess, als ästhetischem Weltzugang, bis zu Ansichten über die Grundmodi des Daseins. Ersteres illustriert z. B. das Gedicht »Der Turm«, in dem dieser nicht als gewusste Sache, sondern durch die dichterische Nachbildung kennzeichnender Momente einer Turmbesteigung, wie des Aufsteigens vom Dunklen ins Helle, sprachlich erschaffen wird. Den anderen, gegenstandsüberschreitenden Fall demonstrieren z. B. die Gedichte »Der Ball« oder »Das Karussell«, die mit der lyrischen Ansicht eines Ballspiels bzw. einer Karussellfahrt auch Rilkes spezifische Variante einer vitalistischen Auffassung des Lebensvollzugs figurieren, indem der jeweilige konkrete Vorgang anhand weniger signifikanter und abstrahierbarer Merkmale (hier: physikalische Charakteristika und Farbwerte) zu einer komplexen ›Sinn-Figur‹ verdichtet wird. Nicht anders verfährt Rilke bei den zahlreichen Texten, die von kulturgeschichtlich vorgeformten Themen handeln, indem er deren existenzthematischen Kern auf gleiche Weise herausschält und unkonventionell akzentuiert, wobei die Stoffe oft eine Bedeutungsmodifikation erfahren, und zwar im Sinne einer – zumeist lebensphilosophischen – Modernisierung ihres tradierten Kulturwertes (z. B. »Todes-Erfahrung«, »Der Ölbaum-Garten«).

Die kulturstiftende und sinnschaffende Potenz von Kunst, die das Textverfahren der *Neuen Gedichte* selbst demonstriert, ist überdies auch eines ihrer zentralen Themen. Formalästhetisch ragen sie weit in die ästhetische Moderne – als literarisches Parallelprojekt zu Abstraktionstendenzen der bildenden Kunst der frühen Moderne; aufgrund ihrer Sujets hat man dies lange verkannt und sie als realistische ›Dinggedichte‹, mitunter sogar einer feudal-bürgerlichen Sicht, missverstanden.

DOROTHEA LAUTERBACH

RAINER MARIA RILKE

Georg Trakl

* 3. Februar 1887 in Salzburg (Österreich)
† 3. November 1914 in Krakau (Polen)

Sohn eines Salzburger Eisenhändlers; Gymnasium in Salzburg, erste
Gedichte und Dramenfragmente, frühe Drogenerfahrungen, Abbruch
der Schulausbildung; 1905–1908 Apothekerlehre; 1906 Aufführung der
Dramen »Totentag« und »Fata Morgana« im Salzburger Stadttheater
(Manuskripte vom Autor vernichtet); 1908–1910 Studium der Pharmazie
in Wien, Beschäftigung mit Literatur, Musik, Architektur und Malerei;
1912–1915 Gedichte in der Zeitschrift *Der Brenner*; Kontakte zu Karl Kraus
(Gedichte in dessen *Fackel*), Else Lasker-Schüler und Oskar Kokoschka;
Einsatz als Medikamentenakzessist im Ersten Weltkrieg, Nervenzusammenbruch, Tod durch eine Überdosis Kokain; hermetische Lyrik mit sym-
bolistischen Einflüssen, wichtiger deutschsprachiger Frühexpressionist.

Das lyrische Werk

Noch heute gilt Trakls Dichtung weitgehend als rätselhaft und dunkel.
Sie nimmt gleichermaßen Formen einer »poésie pure« (Mallarmé) des
Symbolismus auf wie sie auch dem Expressionismus zugerechnet wird.
Doch eine literarhistorisch eindeutige Positionierung des poetischen
Werkes von Trakl ist kaum möglich. Es bieten sich unterschiedliche Tra-
ditionen für eine Zuordnung an, wobei letztlich der hermetisch-abstrakte
Stil, die schwer zu entschlüsselnde Bildlichkeit sowie das in den Entwür-
fen deutlich werdende Bestreben, Eindeutiges zu verunklaren, einen
Individualstil erzeugen, der sich einer eindeutigen Festlegung entzieht.

Trakls bedeutendste Dichtungen sind zwischen 1910 und 1914 ent-
standen, zu seinen Lebzeiten publiziert in einem Band *Gedichte*, der 1913
bei Kurt Wolff in der Reihe *Der jüngste Tag* erschien, sowie in dem Zyklus
Sebastian im Traum, der, mit dem Druckvermerk »1914«, erst 1915, wenige
Monate nach seinem Tod, ebenfalls bei Wolff, herausgegeben wurde.
Bis 1912 waren verstreut nur einige Gedichte publiziert. Im Frühjahr 1912
veröffentlichte L.v. Ficker »Vorstadt im Föhn« in seiner Zeitschrift *Der
Brenner*, in der fortan alle Dichtungen Trakls zum ersten Mal gedruckt
wurden. Rund ein Dutzend spätester Dichtungen, darunter Gedichte,
die Trakl im Krakauer Armeehospital Ficker übergab oder ihm nach
Innsbruck schickte, veröffentlichte *Der Brenner* in den Jahren 1914/15. Eine
»*Sammlung 1909*« wurde erst in die (nicht unumstrittene) historisch-kriti-

sche Ausgabe aufgenommen, die 1969 von W. Killy und H. Szklenar ediert wurde und die in einem minutiös organisierten Apparat die Lesarten der oft in bis zu vier Fassungen erhaltenen Gedichte mit den überhaupt noch ermittelbaren Datierungen vorlegt.

Bereits die frühen Gedichte (»Sammlung 1909«) machen in den Bildern des herbstlichen Verfalls, der Schwermut, der Angst und des Untergangs die Interdependenz der krisenhaft-gefährdeten Existenz Trakls mit seinem dichterischen Werk deutlich. Der erste, von Trakl selbst zusammengestellte Band *Gedichte* (1913) macht seine poetische Technik deutlich, Gegensätzlichkeiten wie positive, utopisch-sinnliche Bilder und Bilder einer abstoßenden Realität in seinen Versen zu einer Dramaturgie des Übergangs zu entfalten. Unterstützt wird dieses Verfahren in den Gedichten von 1913 durch die Häufung des Reihungsstils, wie er für den frühen Expressionismus typisch war. Dieser Stil wie auch der unübersehbare Traumcharakter, der schon in dieser Sammlung stilbildend hervortritt, lassen sich am bedeutendsten Gedicht des Bandes, »Psalm«, in weiten Phasen zeigen. »Es ist ein Licht, das der Wind ausgelöscht hat. / Es ist ein Heidekrug, den am Nachmittag ein Betrunkener / verläßt. / Es ist ein Weinberg, verbrannt und schwarz mit Löchern / voll Spinnen.« (»Psalm«, 2. Fassung) Hier erscheinen – folgerichtig für die Traumsequenz – die harten parataktischen Redefiguren, die zum wesentlichen Kunstmittel des Spätwerks werden. Einige Gedichte des Bandes nahm Trakl in den Zyklus *Sebastian im Traum* auf, der – bis auf die letzten großen Gedichte der Spätzeit, vor allem »Klage« und »Grodek« – das zentrale Werk des Autors vereint.

Sebastian im Traum wurde von Trakl noch selbst zusammengestellt, erschien aber erst postum 1915. Trauer um die verlorene Schöpfung, Wahn und Verlorenheit greifen in diesem Zyklus ebenso ineinander wie Erlösungswünsche und manifeste Hoffnungslosigkeit. So verschwinden die überwältigenden Kontraste von Sterben und Frühling, Tod und Geburt in Bildern, deren parataktische Fügung auf den späten Hölderlin verweist. Die Elemente des poetischen Verfahrens treten jetzt scharf hervor in der Substantivierung von Adjektiven (»Ein Dunkles«, »Ein Verwesendes«, »Ein Silbernes«) oder deren Steigerung (»Erscheinender stieg der Schläfer«), zugleich werden Farben zu naturfernen, allegorisch verschlüsselten Motiven: »Erscheinender stieg der Schläfer den schwarzen Wald hinab, / Und es rauschte ein blauer Quell im Grund, / Daß jener leise die bleichen Lider aufhob / Über sein schneeiges Antlitz; // Und es jagte der

Mond ein rotes Tier / Aus seiner Höhle; / Und es starb in Seufzern die dunkle Klage der Frauen.« (»Siebengesang des Todes«) Unübersehbar ist der Rekurs auf den Manierismus in der Erstarrung von Stilfiguren. Die Sprache wird zunehmend chiffriert, bricht ab, oft verschwinden die finiten Verben; sie wird zum Geheimzeichen, entzieht sich der Sprechwelt ihrer Zeit in Worten, »die in den innersten Kern des Verstummens« vorgedrungen sind, wie Walter Benjamin (in einem anderen Zusammenhang) dieses sprachliche Verfahren einmal genannt hat.

Gleichwohl suchen unaufgegebene Erlösungswünsche, etwa in jenem mit »Gesang des Abgeschiedenen« überschriebenen Unterzyklus, auch die Nähe der christlichen Mystik eines J. Tauler oder Meister Eckhart. Das wird auch in der Konfiguration biblischer Bilder manifest: »Frieden der Seele. Einsamer Winterabend, / Die dunklen Gestalten der Hirten am alten Weiher; / Kindlein in der Hütte von Stroh; o wie leise / Sank in schwarzem Fieber das Antlitz hin. / Heilige Nacht.« (»Sebastian im Traum«) Dazu tritt der archaische Mythos, der in der historisch gewordenen Gegenwelt verschwindet: »O des Menschen verweste Gestalt: gefügt aus kalten Metallen, / Nacht und Schrecken versunkener Wälder / Und der sengenden Wildnis des Tiers; / Windesstille der Seele« (»Siebengesang des Todes«).

Natur wird als Psychotopographie verstanden (»gefügt aus kalten Metallen«), wobei der mimetische Naturbegriff illusionär ist; was bleibt, sind von Trauer und Klage eingefasste Wunschbilder: »Auf schwärzlichem Kahn fuhr jener schimmernde Ströme hinab, / Purpurner Sterne voll, und es sank / Friedlich das ergrünte Gezweig auf ihn, / Mohn aus silberner Wolke.« So fasst das Gedicht »Siebengesang des Todes« wie in einer Parabel die ganze Bewegung seiner Natursicht zusammen – bis zum niederstürzenden Blick in die Nacht und den »Schrecken versunkener Wälder«.

Erst postum erschienen jene beiden Gedichte, die heute zu den bedeutendsten der deutschen Literatur gezählt werden, »Grodek« (»Am Abend tönen die herbstlichen Wälder / Von tödlichen Waffen, die goldenen Ebenen / Und blauen Seen, darüber die Sonne / Düstrer hinrollt [...]«) und »Klage«: »Schwester stürmischer Schwermut / Sieh ein ängstlicher Kahn versinkt / Unter Sternen, / Dem schweigenden Antlitz der Nacht.«

PETER SCHÜNEMANN / MARION BÖNNIGHAUSEN

Gerhart Hauptmann

* 15. November 1862 in Ober-Salzbrunn/Schlesien (Szczawno Zdrój, Polen)
† 6. Juni 1946 in Agnetendorf/Schlesien (Jagniątków, Polen)

Kurzzeitige Studien in Breslau, Dresden und Berlin; Kontakte zu naturalistischen Kreisen um W. Bölsche, M. Kretzer, Heinrich und Julius Hart;
verfasste nach dem spektakulären Theatererfolg und -skandal mit *Vor
Sonnenaufgang* (1889) in rascher Folge eine große Anzahl von sozialkritischen Stücken und Komödien, auch Erzählungen; Welterfolg mit *Die
Weber* (1892); 1912 Nobelpreis; 1914 publizistische Kriegsbegeisterung,
nach 1918 Engagement für die Demokratie; im März 1933 Loyalitäts-
erklärung für den Nationalsozialismus, private Distanz zum Faschismus;
1945/46 Ehrungen durch sowjetische Militärkreise und kommunistische
Kulturfunktionäre, u.a. Johannes R. Becher.

Die Ratten. Berliner Tragikomödie

Das Stück wurde am 13. Januar 1911 am Lessingtheater in Berlin uraufgeführt. Hauptmanns ›soziale‹ Dramen (*Fuhrmann Henschel*, 1899; *Rose Bernd*,
1903; *Vor Sonnenaufgang*, 1889; *Die Weber*, 1893) schließen sich der Tradition
des bürgerlichen Trauerspiels an, die von G. E. Lessings *Miß Sara Sampson*
(1755) über F. Schillers *Kabale und Liebe* (1784) bis zu C. F. Hebbels *Maria
Magdalene* (1844) führt und sich um die Erneuerung einer Tragödie bemüht, die den veränderten historischen und sozialen Bedingungen Rechnung trägt.

    Die Emanzipation von der bis ins 18. Jh. poetologisch relevanten
›Ständeklausel‹, derzufolge ausschließlich hohe Standespersonen tragische Helden verkörpern durften, verlagert das tragische Geschehen ins
bürgerliche und schließlich (bei Hauptmann) ins kleinbürgerlich-pro-
letarische Milieu. Standesunterschiede und -gegensätze werden damit
jedoch nicht aufgehoben, sondern jetzt erst in ihrer ganzen Schärfe sichtbar gemacht; sie sind das eigentliche Movens der neuen Tragödie: Die
Figuren, denen aufgrund ihres reduzierten Bewusstseins die Einsicht in
die Tragik ihres Schicksals versagt bleibt, sind eher reagierende Opfer als
agierende ›Helden‹; ihre tragische Konfliktsituation beruht weniger auf
individuellen Denk- und Verhaltensweisen als auf der Determiniertheit
gesellschaftlicher Verhältnisse.

    Der zunehmenden Verdüsterung dieser gesellschaftlichen Verhält-
nisse verleiht der Schauplatz des Dramas auf bedrückende Art und Weise

Ausdruck: Es sind die Räumlichkeiten einer ehemaligen Berliner Kaval-
leriekaserne, deren Mannschaftsquartiere nun als Wohnungen genutzt
werden und in deren Dachboden der erfolglose Theaterdirektor Hassenreuther seinen Kostümfundus untergebracht hat. In der verkommenen
Mietskaserne hausen einige der Hauptfiguren des Stücks: Hassenreuthers Putzfrau Jette John mit ihrem Mann, dem Maurerpolier John,
der in Altona arbeitet und nur zu kurzen Besuchen zu Hause auftaucht,
sowie die morphiumabhängige, halbseidene ›Lebedame‹ Sidonie Knobbe
mit ihrer Tochter Selma und ihrem kleinen, sterbenskranken Sohn. Frau
John, der in früheren Jahren ein Kind gestorben ist, wird seither von der
vergeblichen Hoffnung getrieben, nochmals schwanger zu werden –
nicht zuletzt, um den sehnlichsten Wunsch ihres Mannes zu erfüllen.

Sie empfindet es als einen Wink des Schicksals, als sie die ihr von
früher bekannte Pauline Piperkarcka trifft. Pauline, ein stellungsloses
Dienstmädchen, ist nach einer flüchtigen Liebesbeziehung schwanger,
steht kurz vor der Entbindung und sieht keinen Ausweg aus ihrer miss-
lichen Lage. Frau John ist entschlossen, die sich ihr bietende Chance zu
nutzen und überredet Pauline, ihr Kind auf dem Dachboden zur Welt zu
bringen. Mit der Absicht, es zu behalten und als ihr eigenes auszugeben,
bezahlt sie Pauline für das Baby. In Pauline regt sich jedoch bald das
schlechte Gewissen. Aus Angst vor den Behörden meldet sie das Kind auf
dem Standesamt als ihres an und bezeichnet Frau John als Pflegemutter.
Diese verweigert jedoch die Rückgängigmachung des ›Handels‹ und hin-
dert Pauline sogar daran, ihr Kind zu sehen. Als sich ein Fürsorgebeamter
ankündigt, gerät Frau John vollends in Panik. Sie erreicht, dass der Eindruck entsteht, Sidonie Knobbes sterbendes Kind sei Paulines Kind und
verlässt mit dem ›eigenen‹ Säugling das Haus.

Die Ereignisse jagen der Katastrophe entgegen, als der heimgekehrte
John, der, vom unerwarteten Vaterglück beflügelt, seine Stelle in Altona
gekündigt hat, angesichts der sonderbaren Situation misstrauisch wird.
Als Frau John auch noch erfahren muss, dass ihr gewalttätiger Bruder
Bruno Mechelke Pauline, die er im Auftrag seiner Schwester einschüchtern und vom Ausplaudern ihres Geheimnisses abhalten sollte, erschla-
gen hat und nun von der Polizei gejagt wird, hält sie ihre Lage für aus-
sichtslos. Sie gesteht ihrem hilflos-entsetzten Mann den Betrug (»Paul,
ick konnte nich anders, ick mußte det tun!«) und stürzt sich aus dem
Fenster.

Die epische Distanz der komisch-satirischen Hassenreuther-Handlung relativiert den tragischen Vorgang nur scheinbar, denn gerade der Kontrast zwischen Hassenreuthers nur vordergründig intakter bürgerlicher Welt und der verwahrlosten Unterwelt des Mietshauses wirft ein grelles Licht auf die gesellschaftliche Bedingtheit, die in der Tragödie zum Ausdruck kommt. Während der ehemalige Theologiestudent und jetzige Schauspielschüler Spitta, der sich auf Lessing und Diderot beruft, und der obsolete Weimaraner Hassenreuther über das Verhältnis von Kunst und Wirklichkeit diskutierten, haben sich die sozialen Verhältnisse längst ins Tragische gewendet und die ästhetische Theorie überholt.

Die groteske Scheinwelt des Theaters und die unverhüllte Tragik im Leben der verkommenen Kleinbürger gehen eine gespenstische Synthese ein, die der Begriff ›Tragikomödie‹ kaum noch deckt. Sie wird dramaturgisch sinnfällig in den zahlreichen Simultanszenen, im ›Aneinander-Vorbei-Sprechen‹ der Figuren und in Augenblicken, in denen der vordergründig reale Vorgang ins Irreale umschlägt.

Was John freilich nur dumpf ahnt, wird im leitmotivischen Sinnbild der Ratten evident: Sie sind die Chiffre einer ›unterminierten‹ und verfallenden Gesellschaft, in der die betrügerische Manipulation der Frau John paradoxerweise die einzige menschliche Regung ist. Als ›spätnaturalistisches‹ Stück erschien das Werk den Zeitgenossen als überholt. Erst in der Rückschau erweist sich, begründet auch durch die Radikalität seiner Symbolik, die Modernität des Stücks, das sich noch zu Beginn des 21. Jh.s auf den Bühnen behaupten kann. HERMANN KORTE

Gottfried Benn

* 2. Mai 1886 in Mansfeld/Westprignitz (Deutschland)
† 7. Juli 1956 in Berlin (Deutschland)

Pastorensohn; 1903/04 Theologie- und Philologiestudium in Marburg und Berlin, ab 1905 militärärztlich ausgerichtetes Medizinstudium in Berlin; 1912 Promotion; Pathologe und Serologe im Krankenhaus Charlottenburg-Westend; Aufsehen erregender erster Gedichtband *Morgue und andere Gedichte* (1912); Freundschaft mit Else Lasker-Schüler, Verbindung zu expressionistischen Dichtern im Café des Westens; 1914 Militärarzt; 1917–1935 Facharzt für Haut- und Geschlechtskrankheiten in Berlin; 1932 Mitglied der Preußischen Akademie der Künste, Abteilung Dichtung; 1933/34 Affinität zum Nationalsozialismus, dann zunehmende Distanzierung; 1937 Wehrmachtsarzt; 1938 Ausschluss aus der Reichsschrifttumskammer und Schreibverbot; 1945 Rückkehr nach Berlin, Publikationsverbot durch die Alliierten bis 1948, dann Veröffentlichung der ab 1935 entstandenen Arbeiten; Vortragsreisen und Radiointerviews, Lyriker, Essayist.

Das lyrische Werk

Als 1912 im Berliner Verlag des Schriftstellers Alfred Richard Meyer ein Heft mit neun Gedichten unter dem Titel *Morgue* erschien, begann mit dieser Lyrik eines unbekannten Berliner Arztes das Lebenswerk eines Dichters, der als »der größte europäische Lyriker seit Rilke und Valéry« (Frank Maraun) gefeiert wurde. Benns frühe Wirkung blieb auf avantgardistisch-literarische Zeitschriften (*Die Aktion, Pan*) beschränkt, deren Rezensenten als Autoren und Freunde zum Expressionismus gehörten (Stadler, Lasker-Schüler, Loerke, Sternheim). Nur wenige bürgerlich-konservative Blätter nahmen von seinen frühen Veröffentlichungen ablehnend Kenntnis (*Die schöne Literatur, Augsburger Abendzeitung*): Benn erschien als Verächter der Moral und des guten Geschmacks, als zynischer Exzentriker. In den 1920er Jahren vergrößerte sich zwar seine Bekanntheit, doch blieb sie mit wenigen Ausnahmen auf Kulturzeitschriften beschränkt (*Neue Rundschau, Querschnitt, Weltbühne*).

Auf den Zyklus *Morgue* folgte im Oktober 1913 ein zweites Heft bei Alfred Richard Meyer unter dem Titel *Söhne*. Mit ihm versuchte der Verleger an den Erstlingserfolg anzuknüpfen, wie das Titelblatt beweist: »Neue Gedichte von Gottfried Benn, dem Verfasser der ›Morgue‹«. Die Gedichte sind Else Lasker-Schüler zugeeignet. An sie ist nachweislich »Hier ist kein Trost« gerichtet, die ins Surreale gesteigerte Sprache und Bildlichkeit (»Mir träumte einmal, eine junge Birke / schenkte mir einen Sohn«) dieser Dichtungen zeigt ihren Einfluss.

Der Titel der Sammlung nimmt das für die Expressionisten typische Vater-Sohn-Problem auf, wobei die Verachtung der Vätergeneration und der Ausbruch eines gesteigerten Ich-Gefühls der Generation der Söhne (»das ganze Land / ein Grab voll Väter«, in »Schnellzug«), das an den Sturm und Drang des 18. Jh.s anknüpft (»Ich bringe Pest. Ich bin Gestank«, in »Räuber-Schiller«), sich verbinden mit der völligen Absage an die vorhergehende Nuancenkunst der Impressionisten und Symbolisten in dem Programmgedicht »Der junge Hebbel« (»Ich bin mir noch sehr fern. / Aber ich will Ich werden«). In den Visionen südlich-antiken Glücks am Mittelmeer (»Dämmert ein Tal mit weißen Pappeln / ein Ilyssos mit Wiesenufern«, in »Hier ist kein Trost«), in der Pathetik der Sprache und im ersten Auftauchen des Nihilismus-Begriffs wird der Einfluss der Lyrik Nietzsches, vor allem seiner *Dionysos-Dithyramben*, deutlich.

In der Folgezeit ließ die lyrische Produktion nach, die Gedichtzyklen »Morgue II« und »Finish« (1913) zeigen bereits die Gefahr bloßer Wiederholung der krassen Zeitkritik. Diese schöpferische Krise ist zum Teil durch äußere Umstände bestimmt: Benn wurde 1914 als Sanitätsoffizier eingezogen und arbeitete bis 1917 als Oberarzt im besetzten Brüssel. Hier setzte seine dichterische Arbeit wieder ein. Bis 1916 entstanden die fünf bedeutenden »Rönne«-Novellen der Sammlung *Gehirne*. Der lyrische Ertrag der Brüsseler Jahre war eher spärlich: Etwa 20 neue Gedichte, vereint mit der Lyrik seit 1917, erschienen im Verlag der Aktion unter dem Titel *Fleisch. Gesammelte Lyrik*.

Schon der einleitende Gedichtzyklus »Der Arzt I–III« mit seiner lapidaren Feststellung: »Die Krone der Schöpfung, das Schwein, der Mensch« schlägt den Ton einer Menschenverachtung an, der die ganze Sammlung bestimmt und Benns Reaktion auf die Gräuel des Krieges zeigt, eine ähnliche Abrechnung wie bei anderen Expressionisten (Franz Werfel, Wilhelm Klemm, Albert Ehrenstein). Die Sammlung wird beherrscht vom Prinzip der Kontrastierung gegensätzlicher Bilder und Stimmungen. Auf die Klage über Leiden und Tod der Mutter und die »Gesänge« mit ihrer regressiven Sehnsucht (»Oh, daß wir unsre Ur-ur-ahnen wären. / Ein Klümpchen Schleim in einem warmen Moor«) folgt das zynisch-desillusionierende »Da fiel uns Ikarus vor die Füße«, das den ekstatischen Aufschwung als bloß fleischliche Erregung entlarvt. Das aggressive Gedicht

»Der Psychiater« leitet den dritten Teil ein, der die Gedichte der Brüsseler Zeit sammelt. Die ersten vier (»Das Instrument«, »Notturno«, »Das Plakat«, »Ball«) drücken ihre Menschenverachtung durch die Reduktion der Phantasien auf den Geschlechtsverkehr aus (»Der Mann im Sprung, sich beugend vor Begattung, / Straußeneier fressend, daß die Schwellung schwillt«, in »Das Instrument«). Mit dieser krassen Mäkelei kontrastiert Benn eine Reihe stiller, monologischer Gedichte, in denen sich weiterführende Themen ankündigen: die stärkere Einbeziehung des lyrischen Ichs, das Hervortreten antiker Mythen als Anlass dichterischer Visionen (»Kretische Vase«), schließlich die Drogenwirkung im Erlebnis der Ich-Erhöhung (»O Nacht«) und des Ich-Zerfalls (»Kokain«).

Von 1918 bis 1920 erschienen keine neuen Gedichte und nur noch wenige Prosa-Arbeiten. Benn scheint also 1917 gespürt zu haben, dass er zum Epigonen seiner selbst werden würde, wenn er sich nicht vor der leeren Wiederholung seiner 1912 gefundenen Ausdrucksformen bewahrte. Als verspäteter Nachklang der expressionistischen Phase ließ Benn 1921 in der Zeitschrift *Der Anbruch* zwölf Gedichte erscheinen (»Curettage«, »Café«, »Der späte Mensch 1–3«, »Puff«, »Innerlich 1–6«), deren Form regelmäßiger geworden ist: Alle bestehen aus vierzeiligen Strophen, die metrisch frei behandelt werden, aber durchweg nach dem Reimschema abab gebaut sind. Benn überarbeitete einige dieser Gedichte – was für ihn ungewöhnlich war und den Beginn einer neuen Entwicklungsphase anzeigte – und nahm sie in die *Gesammelten Schriften* (1922) auf. Diese Ausgabe bildete den endgültigen Abschluss der expressionistischen Phase. Als sie ausgeliefert werden sollte, erhob der Verleger Kurt Wolff gerichtlich Einspruch, die »Rönne«-Novellen mussten entfernt werden. In der zweiten Ausgabe ist an deren Stelle der Zyklus »Schutt« (1922) aufgenommen worden, dem vorausweisende Bedeutung zukommt. Denn Benn fand nun einen neuen Gedichttypus von achtzeiligen Reimstrophen mit weiblich-männlich alternierenden Kreuzreimen (ababcdcd) und wechselnder Taktfüllung bei fallendem Rhythmus, der sich durch stärkere Formstrenge und größere Geschlossenheit auszeichnet. Das in dem kurzen, dreiteiligen Zyklus »Schutt« stichwortartig angeschlagene Thema von archaisch-mythischem Daseinsglück des Ichs in exotischen Südseekulturen (»Palau«) entfaltet sich in den Gedicht-Zyklen der folgenden Jahre, wobei Benns Fremdwort-Ekstasen (» – Schluchzend Hyper-malade / Letztes Pronom jactif«, in »Spuk«) bereits die Grenze der Selbstparodie streifen.

Die expressionistische Phase endete mit einer Krise, die Benn im »Epilog« der *Gesammelten Schriften* auf die Formel gebracht hat: »Wie soll man da leben? Man soll ja auch nicht. Fünfunddreißig Jahre und total erledigt, ich schreibe nichts mehr – man müßte mit Spulwürmern schreiben und Koprolalien.« Aber 1925 erschienen das Heft *Spaltung. Neue Gedichte* und der Zyklus *Betäubung*, in dem Benn zum ersten Mal im Gedicht selbst die Frage nach dem Ursprung des dichterischen Schaffensprozesses stellte. Er erreichte, ähnlich wie Valéry und Rilke zur gleichen Zeit, sein Ideal absoluter Poesie. Die *Gesammelten Gedichte*, die 1927 im Verlag Die Schmiede erschienen, enthalten eine repräsentative Auswahl aus der expressionistischen Lyrik und fast alle Gedichte seit 1912. Im ersten Teil (1912–1920) eröffnet der lange »Prolog 1920« nochmals eine zusammenfassende Montage, die die provokanten Motive und Themen der Frühzeit zusammenfasst. Der zweite Teil (1922–1927) zeichnet sich durch thematische Vielseitigkeit und vor allem durch strenge formale Einheitlichkeit aus. Von den 42 Gedichten gehören 39 zum Typus der achtzeiligen Reimstrophe aus dem Problemkreis des Mythischen und Absoluten (»Trunkene Flut«, »Osterinsel«, »Mediterran«). In ihnen trägt Benn die Ergebnisse seiner geistigen Auseinandersetzung mit den Geschichtstheorien Oswald Spenglers, dem »kollektiven Unbewußten« C. G. Jungs sowie ethnologischen Studien in der von ihm neu geschaffenen Form des monologisch-didaktischen Ideen-Gedichts vor.

Zwischen 1928 und 1933/34 ruhte die lyrische Produktion. Benn entwickelte in diesen Jahren in seiner Essayistik die Auseinandersetzung mit der modernen Medizin und Naturwissenschaft, konzentrierte seine geschichtsphilosophische Zeitkritik auf das Nihilismus-Problem und fasste seine Essays in den Sammlungen *Fazit der Perspektiven* (1930) und *Nach dem Nihilismus* (1932) zusammen. Zum idealen Vorbild einer Synthese von Dichter und Naturwissenschaft wurde ihm Goethe, den er im April 1932 mit einem Essay, der Benns Rang als Essayist festigte, in der *Neuen Rundschau* ehrte (»Goethe und die Naturwissenschaften«).

Nach 1930 räumten auch Tageszeitungen (*Vossische Zeitung, Berliner Tageblatt*) für Besprechungen der Werke Benns Platz ein. Anlass war hauptsächlich die Uraufführung des von Paul Hindemith vertonten Oratoriums *Das Unaufhörliche* (1931). Der musikalische Erfolg war groß, während Benns geschichtsphilosophischer Text von der linken wie der rechten Tagespresse als zu nihilistisch abgelehnt wurde; doch äußerten sich etwa Peter Hamecher und Klaus Mann anerkennend. Auch Benns Wahl in die Preußische Akademie der Künste und seine Auseinandersetzungen mit der politischen Linken (Egon Erwin Kisch, Werner Hegemann) um das Verhältnis von Politik und Kunst verschafften ihm größere Publizität. Schließlich rief sein Eintreten für den »Neuen Staat« (»Der neue Staat und die Intellektuellen«, 1933) und die Rundfunkansprache »Antwort an die literarischen Emigranten« (1933) eine beachtliche Zahl von Stellungnahmen in regionalen und überregionalen Zeitungen sowie in einigen wichtigen Publikationsorganen der Emigranten (*Die Sammlung*, Amsterdam; *Neue Deutsche Blätter*, Prag; *Das Wort*, Moskau) hervor.

»Mit meiner ganzen brutalen Energie, die ich im Geistigen zur Verfügung habe, versuche ich durchzustoßen zu einem neuen Gedicht, einer neuen lyrischen Strophe, aber vorläufig vergeblich«, schrieb Benn resigniert am 31. Juli 1933 an Käthe von Porada. Im Oktober 1933 ließ er jedoch in der Zeitschrift *Die Literatur* zwölf neue Gedichte erscheinen, die eine Entwicklungsphase mit deutlichem Formwandel einleiteten: Die achtzeilige Strophe tritt immer mehr zugunsten der vierzeiligen zurück, angeregt vielleicht durch Stefan George, mit dessen Werk er sich zu dieser Zeit beschäftigte. Der Ton der Untergangsbestimmtheit alles Menschlichen in Geschichte, Kultur und Glauben bleibt weitgehend erhalten: »Über allem steht die Doppelschwinge / einer zehrenden Unendlichkeit: / Welten-, Werke-, letzte Dinge –: / totgeweiht« (Entwürfe zum Oratorium *Das Unaufhörliche*). Daneben finden sich Aufforderungen zur Schicksalsbejahung (»Dennoch die Schwerter halten«) und zur männlich-heroischen Größe (»schweige und habe gelitten, / sammle dich und sei groß!«, in »Mann«). Im Zeichen dieses heroischen Nihilismus wird Nietzsche als heldenhaft Leidender gefeiert (»Sils-Maria I–II«), 1936 aber als der in hoffnungslosem Wahnsinn Versinkende (»Turin«) gesehen. Im Zyklus »Am Brückenwehr« (1934) gelingt es Benn zum ersten Mal, die Antinomie zwischen der Sehnsucht nach Auflösung und der Begrenzung durch formale Disziplin im Gedicht selbst zu bewältigen.

1935 verließ Benn Berlin und trat in Hannover als Sanitätsoffizier wieder in die Wehrmacht ein: Der Weg in die »innere Emigrierung« (an Oelze, 18. November 1934) hatte begonnen. Er war in Hannover stationiert. Zu seinem 50. Geburtstag (2. Mai 1936) legte die Deutsche Verlagsanstalt die *Gesammelten Gedichte* vor. Das Buch löste am 7. Mai eine Kritik der SS-Zeitschrift *Das Schwarze Korps* aus (»widernatürliche Schweinereien«), die am 8. Mai im *Völkischen Beobachter* in verkürzter Form nachgedruckt wurde. Der Verlag musste die Gedichte »Mann und Frau gehen durch die Krebsbaracke«, »D-Zug«, »Untergrundbahn«, »O, Nacht« und »Synthese« herausnehmen und durch andere ersetzen. (»Wer allein ist«, »Spät im Jahr«, »Anemone«, »Einsamer nie«). Danach durfte der Band »stillschweigend und ohne Propaganda« weiter vertrieben werden. Benns Kommentar: »Mir wäre es lieber, sie verböten es ganz.« Unter dem Einfluss der Auseinandersetzungen mit dem Regime arbeitete Benn immer deutlicher jene theoretischen Begriffe heraus, die dann die Grundlage seines Spätwerks bildeten: »Der Geist und die Kunst kommt nicht aus sieghaften, sondern aus zerstörten Naturen, dieser Satz steht für mich fest, u. auch, daß es eine Verwirklichung nicht gibt. Es gibt nur die Form u. den Gedanken. Geist und Macht [...] es sind zwei Reiche« (an Ina Seidel, 30. September 1934). Dem Reich der Macht – an anderen Stellen spricht Benn von Geschichte, Handeln, Leben oder Werden (im Gegensatz zum Sein) – setzt er das autonome Reich des Geistes, der Kunst oder auch die »Ausdruckswelt« entgegen. Einige Naturgedichte, die Benn in der Hannoverschen Stadthalle verfasste (»Tag, der den Sommer endet«, »Astern«, »Die weißen Segel«), gehören zu den schönsten und berühmtesten Strophen aus der Zeit des »Doppellebens«, das Benn als Militär und Dichter führte.

Am 18. März 1938 wurde Benn – obwohl er außer sechs Gedichten im Januarheft 1937 der Zeitschrift *Die Literatur* nichts mehr veröffentlicht hatte – aus der Reichsschrifttumskammer ausgeschlossen »und verlor das Recht zu jeder weiteren Berufsausübung«. Der Ausschluss wurde betrieben durch Wolfgang Willrich (*Säuberung des Kunsttempels*, 1937). Da Benn 1943 nur noch einen illegalen Privatdruck (*Zweiundzwanzig Gedichte. 1936–1943*) herstellen ließ, blieb er bis zum Zusammenbruch des NS-Staats aus dem Bewusstsein der literarischen Öffentlichkeit verschwunden.

Benns These von der »Statik« des Kunstwerkes ist das Ergebnis der Zeit seiner ›inneren Emigration‹ ab 1935, in der er seine Lyrik auf eine neue Stufe hob. Am Anfang dieser Entwicklungsstufe stehen einfache, meist nur drei- oder vierstrophige Reimgedichte, die in herbstlichen Bildern negative Daseinserfahrungen von Melancholie und Todesgefühlen fassen. Am 21. Dezember 1941 schickte Benn an den Bremer Freund Dr. Friedrich Wilhelm Oelze ein Typoskript von sieben »biographischen« Gedichten (darunter »Verse«, »Ein Wort«, »Abschied«). Sie sind die Keimzelle der späteren Sammlung *Statische Gedichte* und zeigen bereits das Nebeneinander verschiedener Formen: Die achtzeilige und die vierzeilige Strophe sind gleichmäßig vertreten. Wichtiger ist aber, dass fünfhebige jambische Verse dominieren (»Im Namen dessen, der die Stunden spendet«, in »Gedichte«), die Benn früher nur sehr selten gebraucht hat. Im Vergleich zur früheren Lyrik mit ihren extremen Darstellungen zeigt sich nun eine Begrenzung in Ausdrucksformen und Themen: Die Kunst selbst und ihr Verhältnis zur Wirklichkeit sind der eigentliche Gegenstand, den Benn in sieben Variationen lyrisch darstellt.

Im August 1943 ließ Benn illegal *Zweiundzwanzig Gedichte* drucken, die er als den Abschluss seines lyrischen Werks ansieht. Der Umfang der Gedichte reicht vom einstrophigen Vierzeiler (»Asphodèles«) bis zu Gedichten von acht Strophen (»Verlorenes Ich«), die Länge der Verse von zwei bis fünf Hebungen. Die Sammlung ist eine Erweiterung der »Biographischen Gedichte« um so wesentliche Texte wie »Verlorenes Ich«, in dem die Situation des modernen Menschen im Zeitalter der Atomphysik, des Völkermordens und des Nihilismus mit der Geborgenheit des mittelalterlichen Menschen in der religiösen Bindung konfrontiert wird. Das Hassgedicht »Monolog« gegen den Nationalsozialismus (»Den Darm mit Rotz genährt, das Hirn mit Lügen – / erwählte Völker Narren eines Clowns«) steht zwischen Gedichten, die rein individuelle Stimmungen und Erinnerungen an erfülltere Jahre behandeln.

Die lyrische Ernte der Landsberger Zeit (August 1943 bis Dezember 1944) schließlich, die Benn als Sammlung von 14 Gedichten am 3. Januar 1945 an Oelze sandte, war besonders beachtlich durch das Bekenntnis zur strengen Form. Das Titelgedicht »Statische Gedichte« definiert Statik als »Entwicklungsfremdheit«: »Statik also heißt Rückzug auf Maß und Form, es heißt natürlich auch ein gewisser Zweifel an Entwicklung und es heißt auch Resignation, es ist antifaustisch« (an Peter Schifferli, 23. November 1947).

Die beiden Sammlungen von 1943 und 1944 bilden den Grundstock der *Statischen Gedichte*, die im September 1948 im Schweizer Arche Verlag erschienen und Benns späten Ruhm begründeten. Benn versuchte auch in dieser Sammlung von 44 Gedichten das Kompositionsprinzip der Kontrastierung und Stimmungsbrechung anzuwenden, musste sich aber den Vorbehalten des Verlegers fügen, der »alles Düstere und Kalte« eliminierte, so die Gedichte »Monolog«, »Clemenceau« und »1886«. Das dadurch entstehende einseitige Bild der späten Lyrik konnte Benn erst in der deutschen Ausgabe (1949) korrigieren, indem er »Tragik und Schärfe« durch die 1946 entstandenen »Gewisse Lebensabende« (Rembrandts und Shakespeares) und die Totenklage »Acheron« betonte.

Die Statischen Gedichte bilden ein geschlossenes Werk: Sie sind nach dem Ausschluss aus der Reichsschrifttumskammer entstanden und gehören derselben Stilphase an. Liebesmotive und Gefühlsaussagen fehlen in dieser gedanklich geprägten Lyrik fast völlig, die Naturmotive (»Anemone«) dienen als Kontrast zur Selbstdarstellung des lyrischen Ichs (»September«). Zentrale Themen sind die Beziehung von Kunst und Wirklichkeit (»Gedichte«) oder das Verhältnis des Künstlers zu seinem Leben, das am Beispiel historischer Figuren (»Chopin«, »Nietzsche«) reflektiert wird.

Noch vor der Zusammenstellung der Statischen Gedichte 1946 formulierte Benn die ästhetischen Grundsätze seiner Alterslyrik, die an die Realitätsbeschreibung der expressionistischen Ausdrucksformen anknüpft: »Man will ja mit einem Gedicht nicht ansprechend sein, gefallen, sondern es soll die Gehirne spannen und reizen, aufbrechen, durchbluten, schöpferisch machen.« Denn die Sinnfrage ist nach zwei Weltkriegen als Kinderfrage entlarvt, die Geschichte nichts weiter als ein fades ›da capo‹, und die Würde des Menschen besteht darin, mit der Erkenntnis der Aussichtslosigkeit zu leben. In den Gedichten nach 1945 erweist sich Benn als bedeutender Realist: »Lassen wir das Höhere, bleiben wir empirisch.« Angelpunkt dieses Realismus sind Erfahrungen des Großstadtbewohners, seine Bewusstseinszustände: »Nur noch flüchtig alles / Neuralgien morgens, / Halluzinationen abends / angelehnt an Trunk und Zigaretten« (»Nur noch flüchtig alles«). In diesen Gedichten der Nachkriegszeit, die in den Sammlungen Fragmente (1951), Destillationen (1953) und Aprèslude (1955) erschienen, entwickelte Benn den modernen Stil, der dem gesellschaftlichen Zustand gewachsen ist. Da der bisherige Mensch bankrott ist, »Biologie, Soziologie, Familie, Theologie, alles verfallen und ausgelaugt, alles Prothesenträger«, kann auch die Lyrik nicht mehr wie früher sein: »Die edle einfältige Lyrik faßt das Heute in keiner Weise [...]. Wir sind böse und zerrissen u. das muß zur Sprache kommen.«

Zur Sprache kommt die Moderne in einer Collagentechnik von Sätzen, die der Dichter etwa im Radio oder am Biertisch hörte, und die in ihrer Banalität so typisch sind für die »ontologische Leere« der modernen Gesellschaft, dass man sich fragen muss: Ist die Sprache »nur noch Material für Geschäftsbesprechungen«? Diese analytisch-kritische Haltung legte Benn gegenüber der »Biedermannsjovialität und Christentumsrenaissance« der Nachkriegszeit an den Tag, deren restaurative Aufwärmung abendländischer Kulturwerte ihm verhasst war. Die Gegenwarts-

GOTTFRIED BENN

analyse führte er aber hauptsächlich in seinen Prosaarbeiten weiter (*Der Ptolemäer. Berliner Novelle* 1947, 1949; »Der Radardenker«, 1949), von denen besonders der Band *Ausdruckswelt. Essays und Aphorismen* (1949) durch seine ästhetisch-literaturkritischen Bemerkungen Aufsehen erregte.

An Wirkung und Bedeutung übertraf diese Veröffentlichungen aber sein Marburger Vortrag *Probleme der Lyrik* (1951). Diese Ausführungen, die er vorher dem Bonner Romanisten Ernst Robert Curtius zur Stellungnahme übersandt hatte, beginnen mit der Betonung des »Artistischen« (»ein Gedicht wird gemacht«) der modernen Lyrik, ihrem Charakter als »Kunstprodukt«. Benn weist auf die Gleichrangigkeit von Lyrik und Essay bei modernen Dichtern hin. Nach einem kurzen Überblick über den Weg der modernen Lyrik von Mallarmé und Baudelaire bis zum Expressionismus, Surrealismus und Dadaismus entwickelt er den zentralen Begriff der »Ausdruckswelt«, die den Versuch darstellt, gegen den allgemeinen Nihilismus der Werte die »Transzendenz der schöpferischen Lust« zu setzen. Dieser Vortrag, der sich bis ins Detail auf Ideen stützt, die auch von Marinetti, Valéry, T. S. Eliot oder Éluard vorgetragen wurden, ist als Theorie der Gegenwartslyrik zu einer Ars poetica geworden, mit der sich die meisten deutschen Lyriker der 1950er und 1960er Jahre von Wilhelm Lehmann über Karl Krolow und Heinz Piontek bis zu Walter Höllerer und Peter Rühmkorf auseinanderzusetzen hatten.

Benns eigentlicher Ruhm begann bald nach dem Krieg. Der Verleger Max Niedermayer, Inhaber des Limes-Verlages in Wiesbaden, war entschlossen, Benn auf dem Markt durchzusetzen. Binnen kurzem füllte die junge Generation von Kritikern, die um 1950 – nachdem die Emigranten und Kommunisten an Einfluss verloren hatten – das literarische Leben der BRD bestimmte (Max Bense, Curt Hohoff, Ernst Kreuder u.a.), die Zeitungen mit ihrem Lob, und Friedrich Sieburg bestimmte 1949 die Höhenlinie, die in Zukunft die Kritik des Benn'schen Werks bestimmte: »Mit einem einzigen Flügelschlage reißt uns eine neue Dichtung Gottfried Benns [Statische Gedichte] über das Stimmengewirr der um lyrischen Ausdruck bemühten Gegenwart hoch hinaus.« Seit dem Erscheinen der Bücher Benns wurde überraschend klar, »daß es für unsere Generation in Zukunft ohne Benn keine Kunst wird geben können«. Diese Prognose von Georg Rudolf Lind (*Europakurier*, 1949) hat sich bewahrheitet, die deutsche Nachkriegslyrik ist ohne seinen Einfluss nicht zu denken. JOACHIM DYCK

Thomas Mann

* 6. Juni 1875 in Lübeck (Deutschland)
† 12. Auguste 1955 in Zürich (Schweiz)

Sohn des Kaufmanns und Konsuls Thomas Johann Heinrich Mann und seiner Ehefrau Julia, geb. da Silva-Bruhns; vier Geschwister, darunter Heinrich Mann (geb. 1871). Nach Tod des Vaters und Einjährigem-Examen 1894 Volontariat bei einer Versicherung und erste literarische Aktivitäten in München; 1896/97 Italienaufenthalt mit Bruder Heinrich; Beginn der Arbeit an *Buddenbrooks*; 1898 Redakteur beim *Simplicissimus*; 1905 Heirat mit Katja Pringsheim (sechs gemeinsame Kinder); ab 1915 langjährige Entfremdung vom Bruder Heinrich; 1922 Versöhnung und politisches Eintreten für die Weimarer Republik; 1929 Nobelpreis für Literatur; 1933 Ausreise zunächst nach Holland, Aufenthalt in der Schweiz; ab 1934 mehrere Reisen in die USA; 1935 Ehrendoktor der Harvard University; 1936 Ausbürgerung durch die NS-Regierung, Aberkennung der Ehrendoktorwürde der Universität Bonn; ab 1938 im amerikanischen Exil (Princeton; Santa Monica/Calif.); 1944 US-Bürger; 1946 schwere gesundheitliche Krise; 1949 Besuch in Weimar; 1952 Übersiedlung in die Schweiz (Kilchberg bei Zürich); 1955 Ehrenbürger in Lübeck; Reden zum Schiller-Jahr in Stuttgart und Weimar; Erkrankung während eines Aufenthalts an der Nordsee; Tod im Zürcher Kantonsspital.

Der Tod in Venedig

Die 1912 erschienene Novelle ragt aus den kürzeren Erzählwerken Thomas Manns in mehrfacher Hinsicht heraus. Ihr Autor selbst hielt sie für »vollkommen geglückt« und zählte sie lebenslang zu seinen Hauptwerken. Darin wurde er nicht nur vom zeitgenössischen Lesepublikum, sondern auch von der Wirkungsgeschichte eindrucksvoll bestätigt.

Die 1911/12 verfasste Erzählung wurde 1912 in der *Deutschen Rundschau* sowie als Einzelausgabe publiziert. Sie nutzt einige biographisch-anekdotische Anstöße (einen Badeaufenthalt der Familie Mann in Brioni und Venedig; den Tod des Komponisten Gustav Mahler) und entwickelt daraus eine in fünf Kapiteln (also in Anlehnung an das Schema einer Tragödie) streng komponierte Künstlernovelle, die einerseits das durchgängige Thema der frühen Erzählungen aufgreift (die Opposition von Leben und Kunst und die daraus resultierenden Identitätsprobleme des Künstlers), es andererseits aber sehr viel differenzierter durchführt und eine neuartige, für Thomas Manns weiteres Werk charakteristische Vertiefung der Thematik einführt.

Der bürgerlich etablierte, seit seinem 50. Geburtstag geadelte Münchner Schriftsteller Gustav von Aschenbach unternimmt – spontanen, erst allmählich verständlich werdenden Impulsen folgend – eine Sommerreise nach Venedig. Dort verfällt er der »Grazie« und zunehmend auch der erotischen Attraktion des polnischen Jungen Tadzio, der zu einer vornehmen Familie gehört, die im selben Luxushotel am Lido ihre Ferien verbringt. Aschenbach versucht die von Tadzio ausgehende Faszination vor sich und anderen zu verbergen, indem er den Jungen unter die ästhetischen Reize der Stadt, sodann unter die mythologischen Figuren der in Venedig fortwirkenden Antike einordnet. Doch wird er mehrfach von lustvollen Visionen der Hingabe heimgesucht, zuletzt von einer ›Traumorgie‹, in der seine »Seele [...] Unzucht und Raserei des Untergangs« kostet. Die Gefahren eines längeren Aufenthalts sind jedoch nicht nur moralischer Art, sondern konkretisieren sich parallel zu Aschenbachs Zerrüttung im Ausbruch einer von den Behörden verschwiegenen Cholera-Epidemie, der Aschenbach (nicht ohne eigene Fahrlässigkeit) erliegt, während Tadzios Familie mit Reisevorbereitungen befasst ist.

Als Verfallsgeschichte eines Künstlers und ›Leistungsethikers‹ schließt Der Tod in Venedig bruchlos an frühere Texte und an das problematische Selbstgefühl des Verfassers an. Autobiographische Anspielungen zeigen dies in vielen Details (Aschenbachs Werke sind durchweg aufgegebene Vorhaben Manns) wie im Grundsätzlichen: in der im Text deutlich gestalteten, wenn auch nicht explizit benannten homosexuellen Disposition des Protagonisten. Das im zeitgenössischen Kontext kaum offen formulierbare Tabu erweist dabei eine große ästhetisch-produktive Kraft. Es drückt sich in zahlreichen literarischen Anspielungen und Zitationen aus, insbesondere aus Platons Phaidros-Dialog, gipfelnd in Aschenbachs (monologischem) Geständnis: »Ich liebe dich« (Ende des vierten Kapitels). Das Schema der (todbringenden) Wiederkehr verdrängter Triebimpulse entnahm Thomas Mann, wie die Forschung gezeigt hat, aus einer ersten Lektüre Sigmund Freuds (Der Wahn und die Träume in W. Jensens ›Gradiva‹, 1907).

Dass an allen Gelenkstellen der Novelle, buchstäblich von der ersten bis zur letzten Seite, Figuren (z. B. Wanderer, Mitreisende, Musikanten) als Todesboten auftreten, markiert die Thematik des Untergangs. Wichtigster dieser Boten ist Tadzio selbst, der nach dem Vorbild des Hermes

Psychopompos (Seelenführer ins Totenreich) gestaltet ist und dem sterbenden Aschenbach als »der liebliche Psychagoge« erscheint, der ihn ins »Verheißungsvoll-Ungeheure« führt.

Das übergreifende Strukturmuster, in das solche mythopoetischen Figuren eingepasst werden, ist jedoch der aus Friedrich Nietzsches *Geburt der Tragödie* übernommene Gegensatz des ›apollinischen‹ und des ›dionysischen‹ Prinzips. Während seines mehr als vierwöchigen Aufenthalts in Venedig geht Aschenbach zunächst unmerklich, dann immer schneller und überwältigender all jener Orientierungen verlustig, die bisher seine bürgerliche und vor allem künstlerische Identität ausmachten: »Vernunft« und »Selbstzucht«, »Haltung« und »Leistung«, sowie der Formstrenge, die sein Werk als ausgeprägt ›neoklassizistisch‹ charakterisieren.

Komplementär dazu erliegt er zunehmend den ›dionysischen‹ Verlockungen. Der ästhetische Genuss scheint zunächst noch ganz im Zeichen des Apollinischen zu stehen: Beim ersten Zusammentreffen (drittes Kapitel) bemerkt Aschenbach, dass der »Knabe vollkommen schön« sei. Bald aber führt wachsendes sinnliches Begehren seine Kunst auf einen letzten Gipfel – und untergräbt sie zugleich auf Dauer: »Nie hatte er die Lust des Wortes süßer empfunden, nie so gewußt, daß Eros im Worte sei, wie während der gefährlich köstlichen Stunden, in denen er, an seinem rohen Tische unter dem Schattentuch, im Angesicht des Idols und die Musik seiner Stimme im Ohr, nach Tadzios Schönheit seine kleine Abhandlung, – jene anderthalb Seiten erlesener Prosa formte, deren Lauterkeit, Adel und schwingende Gefühlsspannung binnen kurzem die Bewunderung vieler erregen sollte.« (Viertes Kapitel)

Im erwähnten Traum schließlich, den Mann nach überlieferten Beschreibungen der sogenannten eleusischen Mysterien (besonders Erwin Rohde, *Psyche*, 1907) gestaltet, taucht Aschenbach in den Triumphzug des »fremden Gottes« (des Dionysos) ein, in den Tanz um ein obszönes Symbol und das ausschweifende Ritual einer »grenzenlosen Vermischung« – eine orgiastische Erfahrung, die vom schnellen Infektionstod dann gewissermaßen ratifiziert wird.

Viele antikisierende Formeln, Anklänge an Homer und Plutarch, bis hin zu formvollendeten Hexametern im Traumbericht, stehen in Kontrast zum inhaltlichen Geschehen und haben insofern deutlich parodistische Züge. Zum durchgehend klassizistisch ›hohen‹ Erzählton ließ Thomas Mann sich erklärtermaßen von Goethes *Wahlverwandschaften* inspirieren (ursprünglich hatte er eine parodistische Novelle über

Goethes Altersliebe zu Ulrike von Levetzow geplant). Gleichzeitig wird die individuelle Verfallsgeschichte (die auch an Thomas Buddenbrook erinnert) sparsam, aber deutlich genug mit der Krisensituation vor dem Ersten Weltkrieg parallelisiert: als Erschöpfung der Zivilisation und Einbruch des Dämonischen.

Dennoch ist *Der Tod in Venedig* keineswegs zeitgebunden; die vielfachen Ambivalenzen dieses »schwebenden Gebildes« haben sich vielmehr als fortdauernd produktiv, ja provokativ erwiesen, nicht nur was Literaturkritik und -wissenschaft angeht. Eine umstrittene literarische Kontrafaktur (Wolfgang Koeppen: *Der Tod in Rom*, 1954) sowie eigenständige und künstlerisch anspruchsvolle Adaptionen in Film (Luchino Visconti: *Morte a Venezia*, 1970), Oper (Benjamin Britten: *Death in Venice*, 1973) und Ballett belegen den ästhetischen Reiz über Genregrenzen hinweg bis in die Gegenwart. HUGH RIDLEY / JOCHEN VOGT

Der Zauberberg

68 Dass sein Roman versucht habe, »das innere Bild einer Epoche [...] zu entwerfen«, behauptete Thomas Mann bereits von den *Buddenbrooks* (1901) und wiederholte es später auch für den *Doktor Faustus* (1947); am genauesten aber trifft die Kategorie des ›Epochenromans‹ wohl doch den 1924 erschienenen *Zauberberg*. In ihm wird nicht nur das Bild der »europäischen Vorkriegszeit«, der »Welt vor dem großen Kriege« evoziert (die Romanhandlung umfasst zweifelsfrei die Jahre von 1907 bis 1914); auf einer zweiten, eher diskursiven Ebene zeichnen sich auch die intellektuellen Signaturen und ideologischen Kontroversen der frühen Nachkriegsjahre ab, in denen Mann das bereits 1913 begonnene, dann aber lange unterbrochene Vorhaben zu Ende führt.

Wie bei anderen Werken gab auch hier ein privates Erlebnis den ersten Anstoß: der Besuch bei seiner Ehefrau Katja, die im Luftkurort Davos eine Bronchialerkrankung auskurierte. Schnell erfasste der Autor den morbiden Reiz und das erzählerische Potenzial der luxuriösen Sanatoriumswelt (die er in der frühen Erzählung *Tristan* schon einmal als Hintergrund verwendet hatte) und entwickelte den Plan einer grotesken Erzählung, nach Thema und Format ein hochalpin-winterliches Pendant zum *Tod in Venedig* (1912). Doch ebenso schnell kam die Arbeit zum Stillstand: Die zugespitzte politische Situation in Europa drängte Thomas Mann, auch persönlich Stellung zu beziehen, was er (wie viele Zeitgenossen) im Sinne eines aggressiven Nationalkonservativismus zunächst in seinen sogenannten Kriegsschriften (den ›politischen Schriften‹) und sodann, vielleicht allzu ausführlich, in dem Weltanschauungsessay *Betrach-tungen eines Unpolitischen* (1918) tat. Erst im Zuge einer grundsätzlichen ideologisch-politischen Neuorientierung nach Kriegsende, die ihn zum Fürsprecher der neuen Republik und einer kosmopolitischen Völkerver-söhnung machte, wurde das alte Erzählprojekt wieder aufgegriffen, kon-zeptionell erheblich verändert und ab 1919 in vierjähriger Arbeit zu Ende geführt. Im Jahr 1924 erschien *Der Zauberberg* als über 1000 Seiten starkes Erzählwerk, das je nach Blickwinkel als Bildungs-, Zeit-, Epochen- oder Ideenroman gelesen werden kann, ohne in einer dieser Bestimmungen aufzugehen.

Der Handlungsfaden dieser »Geschichte« (die vom Erzähler gleich eingangs in die Nähe des »Märchens« gerückt wird) ist locker und wenig sensationell, eher schon ein wenig skurril. Der 24-jährige Hans Castorp, frisch examinierter Schiffbauingenieur aus Hamburg, in dem wir einen »einfachen, wenn auch ansprechenden jungen Mann […] kennenlernen«, besucht vor dem Eintritt in die Berufswelt seinen Vetter Joachim Ziem-ßen, den eine Lungenkrankheit vom geliebten Offiziersdienst fern und in einem Davoser Sanatorium festhält. Hans »fuhr auf drei Wochen« – und wird, selbst nur ein klein wenig erkrankt, halb freiwillig geschlagene sieben Jahre auf dem ›Zauberberg‹ verbringen, bis ihn der »große Donner-schlag« des Jahres 1914 ins »Flachland« zurückholt und vermutlich in den Tod auf einem flandrischen Schlachtfeld schicken wird.

Was aber geschieht in diesen sieben Jahren? Zunächst einmal geht Hans Castorp der Welt »da unten« verloren, in der klare Begriffe und Maßstäbe (von Zeit, Pflicht, Arbeit) herrschen. Mit steigender Faszina-tion lebt er sich in die Gegenwelt »hier oben« ein, die einer Umwertung aller Werte unterliegt: wo eine wohlhabende Gesellschaft ohne Arbeit, ohne Zeitgefühl und soziale Verantwortung im krankheitsbedingten Müßiggang dahinlebt bzw. dahinstirbt (und vom Autor nach allen Regeln der satirischen Kunst beschrieben wird). Auf der Kehrseite bringt diese Welt auch Phänomene der Vertiefung und Verfeinerung hervor, denen Hans sich mit wachsender Faszination hingibt, die ihn etwa auch zu ernsthafter Lektüre und medizinisch-biologischen Studien und schließ-lich gar zu einer paradoxen »Sympathie mit dem Tode« führen.

Vor allem aber konkretisieren sich die neuen, schockierenden und widersprüchlichen Einflüsse in einem eindrucksvollen, weil durchweg ironisch präsentierten Ensemble von Figuren. Lodovico Settembrini, ein italienischer Literat und Freidenker, Castorps selbsternannter Mentor, versucht ihn nachhaltig, aber vergeblich zum Verlassen des Sanatoriums und zur Rückkehr in die Welt zu überreden. Die medizinischen Autoritäten, den hemdsärmeligen Hofrat Behrens und seinen der Tiefenpsychologie ergebenen Assistenten Dr. Krokowski, vermag Settembrini noch effektvoll als »Herrscher des Totenreichs« zu ironisieren. Aber dann unterliegt er doch (vorerst) im Kampf um Castorps Seele; und es ist »natürlich ein Frauenzimmer«, die Russin Clawdia Chauchat, deren morbidem Charme der junge Hans in einer karnevalistischen »Walpurgisnacht« endgültig verfällt. Mit ihrer plötzlichen Abreise nach »Daghestan, weit über den Kaukasus hinaus« endet, nach fünf Kapiteln und sieben Monaten Handlungszeit, die erste Hälfte des Romans.

Die zweite Hälfte umfasst in einem sechsten und siebten Kapitel die restlichen sechseinhalb Jahre von Hans Castorps Aufenthalt; hier wird nun stark gerafft und episodisch erzählt. Als neuer Gegenspieler Settembrinis tritt der Jesuit Naphta auf, in dessen Ideenwelt und Erziehungspropaganda religiöse und kommunistische Ideen sich zu einem düster-totalitären Programm verbinden. In endlosen Diskursduellen streiten die beiden Intellektuellen miteinander und um den Einfluss auf ihren Zögling, der ihrer ideologischen Gefechte zunehmend überdrüssig wird. Madame Chauchat kehrt überraschend an der Seite eines gewissen Mynheer Peeperkorn zurück, eines reichen Pflanzers aus den holländischen Kolonien, vor dessen vitaler Präsenz die streitenden Intellektuellen »verzwergen« und dessen brachialem Charme auch Hans nicht widerstehen kann. Dieser sprachlose Prophet des Lebensgenusses geht freilich selbst in den Tod, als eine schwere Krankheit ihn seiner Vitalität zu berauben droht.

Zunehmende Vereinsamung prägt Castorps letzte Jahre im Sanatorium »Berghof«. Ein Kapitel wie »Der große Stumpfsinn« markiert die um sich greifende äußere und sittliche Verwahrlosung der Berghof-Gesellschaft. Hans Castorp stemmt sich zumindest teilweise und individuell gegen sie und gelangt auf eigene Faust zu einigen markanten Erfahrungen. Im Kapitel »Schnee« (das, auf Fingerzeig des Autors, üblicherweise als ›Mitte‹ und ›Essenz‹ des Romans gilt) erschaut er in Momenten höchster Gefährdung, verirrt im Schneesturm und dem Tode nahe, in visionären Bildern das Grauen der menschlichen Existenz und formuliert zugleich das Postulat einer neuen Humanität: Der Mensch solle »um der Liebe und Güte willen dem Tode keine Herrschaft einräumen über seine Gedanken«. Tragweite und praktische Umsetzbarkeit dieser humanistischen Maxime sind freilich mehr als fraglich: Ein groteskes Duell, nun mit Pistolen, zwischen Settembrini und Naphta, in dessen Verlauf dieser sich selbst erschießt, kündet ebenso wie »Die große Gereiztheit« im Sanatorium vom nahenden Krieg.

Und dort, in einem Szenario, das deutlich an die Schlacht von Langemarck (November 1914) erinnert, verliert der Leser den einfachen Helden »aus den Augen«. Auf den Lippen hat der jedoch nicht »Deutschland, Deutschland über alles«, sondern Franz Schuberts Lied vom »Lindenbaum«, ein Dokument romantischer Todessehnsucht und Todesüberwindung, dem er dort oben, im Romankapitel »Fülle des Wohllauts«, schon einmal andachtsvoll gelauscht hatte.

Wie wird aus solcher Vielfalt disparaten Materials ein Roman, der unumstritten zu den Meisterwerken der klassischen Moderne zählt? Thomas Mann perspektivierte Handlung und Diskurse zunächst mit Hilfe eines auktorialen, geradezu altväterlichen, aber auch ironiefähigen Erzählers, was allerlei metafiktionale Kabinettstückchen erlaubt (so etwa den elliptischen Hinweis auf Hans Castorps einzige Liebesnacht mit Clawdia, in der Lücke zwischen dem fünften und sechsten Kapitel). Er verstärkte und verfeinerte aber auch seine seit den *Buddenbrooks* entwickelte Symbol- und Leitmotivtechnik. Vielschichtige intertextuelle Anspielungen beziehen sich vor allem auf Goethes *Faust*, Wagners *Tannhäuser* u. a. m.; intermediale Verweise gelten der europäischen Musik-Tradition (im erwähnten Kapitel »Fülle des Wohllauts«, wo Hans mit Hilfe seiner »Lieblingsplatten« sein eigenes Psychodrama inszeniert) oder auch der Malerei (wenn die Visionen des »Schnee«-Kapitels nach Gemälden des Münchner Salonmalers Ludwig von Hofmann gestaltet sind, den Mann sehr bewunderte).

Schließlich fokussiert der Roman die Vielfalt der angesprochenen Probleme und Fragen einerseits auf den Problemkreis von Leben und Tod, Krankheit und Gesundheit (das könnte man als Neufassung der Dekadenz-Problematik aus den *Buddenbrooks* verstehen), andererseits auf das Problem der Zeit. Dies geschieht im subjektiven Horizont der Figuren (Relativität des Zeiterlebens), aber auch im tektonischen Aufbau des Romans, wo ein sich rasant steigerndes Erzähltempo in Verbindung mit der iterativen Darstellung sich wiederholender Ereignisse oder gleichbleibender Zustände zum paradoxen Erlebnis einer endlosleeren Zeit, der »Einerleiheit« und »Ewigkeitssuppe« führt. Es geschieht schließlich auch in zahlreichen Zeit-Reflexionen der Figuren und des Erzählers, die sich am Beginn des fünften, sechsten und siebten Kapitels zu regelrechten Abhandlungen auswachsen. Mit dieser mehrschichtigen Verarbeitung der Zeit-Thematik gewann Thomas Manns im *Zauberberg* Anschluss an eine Schlüsseldiskussion der zeitgenössischen Philosophie (Henri Bergson, Martin Heidegger, Georg Lukács), aber auch an einen wichtigen Entwicklungsstrang modernistischer Erzählkunst in Europa (Marcel Proust: A *la recherche du temps perdu*; Virginia Woolf: To *the Lighthouse*).

Neben dem schon im »Vorsatz« explizit hergestellten Bezug zum Märchen wurde gern (auch vom Verfasser selbst, etwa in seiner einflussreichen »Einführung in den Zauberberg für Studenten der Universität Princeton« von 1939) das Romanmodell des deutschen Bildungsromans herangezogen. So wenig zu bestreiten ist, dass Hans Castorp einen Prozess der ›Steigerung‹ (oder, wie einstmals Wilhelm Meister, der individuellen ›Ausbildung‹ im Goethe'schen Sinn) durchläuft, so massiv ist doch andererseits die Ironie, unter der dieser Bildungsgang steht, der weder zur Erfüllung persönlicher Wünsche noch zu einer sozialen Rolle und nützlichen Tätigkeit führen, sondern allein im »Krieg«, dem »Weltfest des Todes« enden kann.

Die Angemessenheit dieser Perspektive bzw. Perspektivlosigkeit angesichts der historischen Situation des Jahres 1914, die Thomas Mann auch nach dem Zweiten Weltkrieg noch als das definitive »Ende der Bürgerlichen Kulturepoche« deutete, ist kaum zu bestreiten. Aber auch Form und Schreibweise des Romans, der zunächst nur mit antiquierten Mustern zu spielen scheint, erweisen sich als überraschend modern (oder gar postmodern?), indem unterschiedliche Erzählmuster und Stilebenen verwendet und gegeneinander relativiert werden, und dürften nicht nur seinen literarischen Rang, auch im internationalen Horizont, sondern auch das Interesse immer neuer Lesergenerationen dauerhaft gesichert haben. HUGH RIDLEY / JOCHEN VOGT

Doktor Faustus. Das Leben des deutschen Tonsetzers Adrian Leverkühn erzählt von einem Freunde

»Das eine Mal wusste ich, was ich wollte und was ich mir aufgab: nichts geringeres als den Roman meiner Epoche, verkleidet in die Geschichte eines hoch-prekären und sündigen Künstlerlebens.« Thomas Manns Selbstdeutung aus dem Jahr 1949 charakterisiert den 1947 in Stockholm und New York erschienenen Roman, an dem er seit 1943 gearbeitet hatte, als allegorische Epochenbilanz, die den katastrophalen Verlauf deutscher Geschichte diagnostizieren und zugleich die eigene lebenslange Künstlerproblematik abschließend behandeln sollte. Anders als alle vorherigen Romane war dieser nicht unter der Hand ins große Format gewachsen, sondern von Anfang an groß, repräsentativ und historisch-allegorisch geplant. Dabei konnte Mann auf eine über 40 Jahre alte Idee zurückgreifen, die er in einer Notiz über die »Figur des syphilitischen Künstlers: als Dr. Faust und dem Teufel Verschriebener« festgehalten hatte: »Das Gift wirkt als Rausch, Stimulans, Inspiration; er darf in entzückter Begeisterung geniale, wunderbare Werke schaffen, der Teufel führt ihm die Hand. Schließlich aber holt ihn der Teufel: Paralyse.«

Dieser Handlungskern, von der Biographie Friedrich Nietzsches angeregt, wird nun aktualisiert und in verschiedene historische, kunsttheoretische und literarisch-mythologische Kontexte gestellt, die ihrerseits Handlung und Hauptfigur mit vielfältigen Bedeutungen aufladen; ein Verfahren, das zweifellos hohe Komplexität erzeugt, aber auch schnell zu der Frage führt, ob der Aufstieg und die Schreckensherrschaft des deutschen Nationalsozialismus (als erklärter Zeitkern der Erzählung) darin ein adäquates und plausibles ästhetisches Pendant finden.

Erzählt wird, wie der altfränkisch formulierte Titel avisiert, zunächst die Lebens- und Leidensgeschichte des Komponisten Adrian Leverkühn, geboren 1885, der bis 1930 eine Reihe von avantgardistischen und innovativen Werken komponiert und damit die europäische Musik aus einer Phase der Stagnation in die Zukunft führen wird, während er selbst, in syphilitischer Paralyse und Demenz gefangen, noch ein Jahrzehnt lang seinem Tode entgegendämmert.

Erzählt wird diese Geschichte von Adrian Leverkühns liebevollem und bewunderndem Freund seit Kindertagen, dem bieder und humanistisch gesinnten Gymnasialprofessor Dr. phil. Serenus Zeitblom. Aus der Perspektive dieses Zeit- und Augenzeugen werden nicht nur die lebensgeschichtlichen Stationen Leverkühns rekapituliert: die Kindheit in der alten mitteldeutschen Kleinstadt Kaisersaschern, die frühe, höchst unkonventionelle Unterweisung in der Musik, sein akademischer Flirt mit der Theologie in Halle, sein leidenschaftliches Musikstudium in Leipzig und schließlich die Entscheidung für eine kompromisslose Künstlerexistenz, die den »Durchbruch« mit Hilfe eines »Teufelspaktes« erkauft und Ausdruck durch die syphilitische Infektion erlebt. (Die gewählte

Erzählperspektive Zeitbloms belässt diesen ›Pakt‹ auch im zentralen XXV. Kapitel, in dem der Künstler ein langes »Teufelsgespräch« führt, in einer reizvoll-ungewissen Balance zwischen Realgeschehen, Fiebervision und symbolischer Metapher.) Weiterhin lässt Zeitbloms Erzählung die verschiedenen akademischen, geselligen und künstlerisch-intellektuellen Milieus anschaulich werden, in denen er und Adrian sich seit ihren Studententagen kurz nach 1900 bewegen, und zeichnet damit Stationen und Facetten eines Zeitgeists nach, der mehr oder weniger direkt dem Nationalsozialismus vorarbeitet, den Leverkühn nicht mehr bewusst erlebt.

Sehr wohl aber erlebt (und kommentiert) ihn der Erzähler Zeitblom, der seine Aufzeichnungen (so wie Thomas Mann seinen Roman) am 23. Mai 1943 beginnt, einige Wochen nach der Niederlage in Stalingrad, und sie am 25. April 1945, also wenige Tage vor der deutschen Kapitulation, abschließt. Im Wechsel dieser beiden Erzählebenen konfrontiert der Roman die Vorgeschichte und das katastrophale Ende des Nationalsozialismus: Zeitblom hat das Resultat jener Entwicklungen, die er erinnernd beschreibt, schmerzlich vor Augen. Sowohl er selbst (als fiktiver Biograph) wie der Autor weisen deshalb mehrfach auf diese Zeitgestaltung hin.

Thomas Mann tut dies explizit in seinem 1949 publizierten, fast 200 Seiten starken Werkstattbericht Die Entstehung des Doktor Faustus. Roman eines Romans. Hier bringt er, jenseits der Romanhandlung und sie ergänzend, noch zwei weitere Erzählebenen ins Spiel: die Schreibgegenwart und Autorperspektive des exilierten Autors, aber auch die künftige Rezeption seines Werkes in der (deutschen) Nachkriegszeit, die er bereits zu steuern sucht.

Die Gestaltung seiner Künstlerfigur als Faust-Figur und als Musiker zugleich hat Thomas Mann als seinen entscheidenden Kunstgriff verstanden. Dabei geht es nicht nur um die Figur des Faustus, der letzte Erkenntnis – oder in diesem Falle: den radikalsten Kunstausdruck – sucht und dafür auch den Teufelspakt eingeht. Der Rückgriff auf den ›deutschesten‹ aller Mythen (nicht in Goethes Fassung, sondern in der des Volksbuchs Historia von D. Johann Fausten, 1587) befördert die ›altdeutsche‹ Stilisierung der Leverkühn-Figur, damit auch seine Rückbindung an die deutsche Geschichte schlechthin, so dass sie letztlich als Allegorie für das ›deutsche Schicksal‹ und der Teufelspakt als Metapher für die nationalsozialistische Schreckensherrschaft verwendet werden kann.

Das archaisierende Faust-und-Teufel-Motiv ist nun aber, auf eine zugleich faszinierende und widersprüchliche Weise, mit der Thematik der Musik verknüpft. In Werdegang, Werkprozess und in der absehbaren Wirkungsgeschichte Leverkühns spiegelt sich eine kreative Krise der Musikproduktion, die spätestens seit den 1920er Jahren – etwa unter dem Schlagwort vom »Schwerverständlichwerden der neuen Kunst« (Theodor W. Adorno) – in den einschlägigen Kreisen diskutiert wurde. Mit den Kennzeichen einer zunehmenden Unzugänglichkeit der Werke bei gleichzeitiger Weiterentwicklung ihrer technischen Standards sind Leverkühns fiktive Schriften (insbesondere Liederzyklen und Oratorien), die von Zeitblom oder auch in verschiedenen Gesprächen sehr genau beschrieben werden, durchaus ein stimmiges Modell der bürgerlichen Avantgardekunst und ihrer Problematik im frühen 20. Jh.

Thomas Mann hat denn auch Ideen, Material und Formulierungen reichlich aus der zeitgenössischen Musik- und Kunstdiskussion und aus persönlichen Gesprächen mit Adorno wie auch mit dem Komponisten Arnold Schönberg in Los Angeles geschöpft. So wird dessen »Zwölfton- und Reihentechnik« (unter ausdrücklichem Hinweis auf seine Urheberschaft in einer Nachbemerkung zum Roman) auf die Leverkühn-Figur übertragen. Insbesondere aus Adornos *Philosophie der neuen Musik* (gedruckt 1949) übernahm Mann wesentliche Gedanken und nur wenig veränderte Textpassagen; er ließ sich von ihm auch in musikalischen Detailfragen beraten.

Tatsächlich entsprechen das Œuvre und die ästhetischen Ideen des Komponisten Leverkühn sehr viel mehr Adornos als Manns persönlichem Musikgeschmack. Einen Ausweg aus der Kunstkrise sucht Leverkühn in der Verbindung von archaisierenden Formen und Ausdruckswerten mit bewusst kalkulierender Kompositionstechnik, in der »Vereinigung des Ältesten mit dem Neusten«. Daraus entstehen Werke, die dem Künstler zu Lebzeiten nur esoterischen Ruhm verschaffen, die für Kenner jedoch die zukünftige Entwicklung markieren.

Für den Roman ergibt sich daraus allerdings ein kaum auflösbarer Widerspruch: Leverkühns ›Neue Musik‹ ist seinem persönlichen Teufelspakt entsprungen, dem auf der historischen Ebene die Unterwerfung Deutschlands unter den Faschismus entspricht. Leverkühn stünde insofern auch für den faschistischen Ungeist; zugleich aber würde seine Musik in ihrer kompromisslosen Radikalität zweifellos unter das Nazi-Verdikt der ›entarteten Kunst‹ fallen, worauf auch Zeitblom gelegentlich hindeutet. Problematisch ist also nicht so sehr die Beschreibung der Musikkrise als vielmehr ihre Parallelsetzung mit der historisch-politischen Allegorie.

Ein sekundärer, aber dennoch wichtiger Themenstrang entstammt der Biographie und Wirkungsgeschichte Friedrich Nietzsches. Wichtige Episoden (wie die Infektion bei einem frühen Bordellbesuch in Leipzig oder das Lebensende in der Obhut der alten Mutter) werden auf Adrian übertragen; dessen Künstler- und Identitätsproblematik lässt sich durchaus auch als Neufassung des (von Nietzsche vorgezeichneten) Widerstreits von Apollo und Dionysos, von Formwillen und Rauschhaftigkeit, von Kunst und Leben verstehen, den Thomas Mann spätestens im *Tod in Venedig* (1912) klar herausgearbeitet und (im Bewusstsein eigener Betroffenheit) lebenslang variiert hat.

Trotz aller intellektuellen Faszination und streckenweise brillanten Erzählweise (vor allem im virtuosen Einsatz des nur scheinbar tumben Erzählers) trägt der Roman, den Thomas Mann selbst als den ›eigentlichen‹ Abschluss seines Lebenswerkes sah, einige unaufgelöste Widersprüche in sich. Neben der Diskongruenz von kunsttheoretischer und historisch-politischer Allegorie zählt dazu auch die allzu einseitige Erklärung des Nationalsozialismus aus der deutschen Geistesgeschichte bzw. der Krise der Kultur.

Weiterhin ist zu fragen, inwiefern der Roman *Doktor Faustus* selbst den Ansprüchen standhält, die er in seinen immanenten Kunstdiskussionen entwickelt. Thomas Mann bewegt sich mit diesem Roman, strukturell und erzähltechnisch gesehen, auf dem Niveau der klassischen Moderne der 1920er Jahre, indem er z. B. theoretische Kunst-Diskurse in die Erzählprosa integriert und auch Spiegeleffekte zwischen dem Roman selbst und Leverkühns fiktiven Kompositionen (vor allem dem Alterswerk »Doktor Fausti Weheklag«) herstellt. Auch die Publikation der *Entstehung* als Para- und Metatext zum Roman gehört in diesen Zusammenhang. Den radikalen ästhetischen Forderungen, die etwa im Teufelsgespräch des XXV. Kapitels entwickelt werden (Zerstörung des schönen Scheins, Auflösung des Werkcharakters), unterwirft der Roman sich aber nicht. Thomas Mann verwendet vielmehr seine erprobten Strategien fiktionalen Erzählens mit großer Effektsicherheit und Meisterschaft, um die Erzählbarkeit seiner Geschichte, um das geschlossene Werk zu retten. Das lässt sich im Detail auch an seiner Art der Montage sehen, die zwar disparateste Realien (wie stets auch aus dem persönlichen Umfeld und der Familiengeschichte) und Intertexte verwendet, aber nicht um die Erzählung zu verfremden oder zu unterbrechen, sondern um sie facettenreicher und plastischer zu machen, also im Dienste der ›epischen Integration‹.

Unbestritten ist dennoch der literaturhistorische Rang des Romans als markantes Werk der Spätmoderne. Publikationszeit und -ort gestalteten die frühe Rezeption allerdings schwierig, besonders in Nachkriegsdeutschland. Für die anstehende ›Vergangenheitsbewältigung‹ schien er als Beitrag eines ›Außenstehenden‹ wenig hilfreich; auch die junge Nachkriegsgeneration stand eher ablehnend zu Autor und Werk. Die politischen und moralischen Urteile erscheinen einerseits zu abstrakt, fragen nicht konkret genug nach Tätern, Schuld oder gar Opfern. Auch nimmt der Roman zu vielen Fragen (Kriegsschuld, Rolle der Sowjetunion usw.) Stellung, in denen die deutsche Öffentlichkeit (noch) anderer Meinung war. Die Kunstdebatten des Romans wurzeln andererseits in den 1920er Jahren und sind in der ›Stunde Null‹ kaum nachvollziehbar. Einer jungen Autorengeneration, die mühsam eine eigene Sprache suchte, konnten die Mehrschichtigkeit und Komplexität des Romans, aber auch der bildungsbürgerliche Habitus von Autor und Erzähler keine Anregungen geben.

So wird Thomas Manns großer Altersroman in der Bundesrepublik erst in dem Maße rezipiert und zunehmend positiv gewürdigt, in dem seit Mitte der 1950er Jahre die großen Autoren der klassischen Moderne insgesamt (Franz Kafka, Alfred Döblin, Hans Henny Jahnn, der Thomas Mann des *Zauberberg*, Walter Benjamin, Marcel Proust, James Joyce) wieder entdeckt werden. HUGH RIDLEY / JOCHEN VOGT

Bertolt Brecht

* 10. Februar 1898 in Augsburg (Deutschland)
† 14. Auguste 1956 in Berlin/Ost (Deutschland)

(d. i. Eugen Berthold Friedrich Brecht) – Sohn eines Kaufmanns; 1917
Notabitur in Augsburg und Immatrikulation an der Universität München, 1918 Studienabbruch; 1918–1919 Sanitätssoldat in Augsburg; 1919
Sohn Frank (mit Paula Banholzer); 1921 literarischer Erfolg mit der See-
räuber-Erzählung »Bargan läßt es sein«; 1922 Durchbruch auf der Bühne
mit *Trommeln in der Nacht*; 1922–1924 Dramaturg an den Münchner Kammerspielen; 1922 Heirat mit Marianne Zoff (1927 Scheidung); 1923 Tochter
Hanne; 1924 Übersiedelung nach Berlin, Dramaturg am Deutschen Theater und diverse Regietätigkeiten (auch eigener Stücke); 1928 Welterfolg
mit der *Dreigroschenoper*; 1929 Heirat mit Helene Weigel (1924 Sohn Stefan,
1930 Tochter Barbara); 1933 Flucht vor der Nazi-Diktatur, 1933–1939 Dänemark, 1939–1940 Schweden, 1940/41 Finnland, 1941–1947 USA, 1947–1949
Schweiz, ab 1949 Berlin (DDR); 1949 Gründung des Berliner Ensembles;
1954 Vizepräsident der Deutschen Akademie der Künste; letzter Uni-
versalist der deutschen Literatur (alle Gattungen, einschließlich der
Medien); Begründer des Lehrstücks und des epischen Theaters.

Leben des Galilei

Das 1955 erschienene »Schauspiel« – so die Gattungsbezeichnung – entstand 1938/39 im dänischen Exil des Autors unter dem Titel *Die Erde
bewegt sich*, der an Galileis legendären Ausspruch nach dessen Widerruf
(»Und sie bewegt sich doch« anknüpfen sollte (UA 9. September 1943
unter dem Titel *Galileo Galilei. Leben des Galilei*, Zürcher Schauspielhaus).
Angesichts der Nachricht von der gelungenen Kernspaltung durch
Otto Hahn (Dezember 1938) und unter dem Eindruck der auf den Krieg
zusteuernden Hitler-Diktatur standen der noch mögliche Widerstand im
Geheimen – Galilei schreibt als Gefangener der Inquisition sein Hauptwerk – sowie der Fortschritt der Wissenschaft, die sich gegen die offene
Gewalt doch durchsetzt (»neue Zeit«), im Vordergrund. 1945 (bis 1947), als
Brecht im amerikanischen Exil das Stück mit Charles Laughton ins Amerikanische übertrug (Titel: *Galileo*; UA 30. Juli 1947, Beverly Hills), veränderte er nach dem Abwurf der Atombomben auf Japan (August 1945)
die Sicht auf die Hauptfigur radikal: Galileis Widerruf liefert die Wissenschaft an die – verbrecherische – Politik aus und degradiert die Forscher

selbst zu einem »Geschlecht erfinderischer Zwerge, die für alles gemietet werden können«. Nun stand die mangelnde Verantwortung der Wissenschaftler im Zentrum. Die zwischen 1953 und 1955 entstandene dritte Fassung stellt eine Übersetzung des amerikanischen Textes dar (UA 19. April 1955, Kammerspiele Köln), der bis zu Brechts Tod – Brecht starb über den Proben – noch mehrfach und zum Teil grundlegend überarbeitet wurde (UA 15. Januar 1957, Berlin).

Diese Berliner Fassung, die am weitesten verbreitet ist und die Grundlage der Forschung gebildet hat, umfasst 15 – locker gereihte – Bilder mit zum Teil erheblichen Zeitsprüngen und hält sich weitgehend an den Lebensgang des historischen Galilei (Historiendrama), abgesehen vom Schmuggel der *Discorsi* über die italienische Grenze durch den Schüler Andrea Sarti. Galilei lehrt zunächst in Padua (1609), kommt aber aus finanziellen Gründen nicht zu seinen Forschungen. Er vertritt das (neue) kopernikanische System, das er dem Sohn seiner Haushälterin Andrea beizubringen sucht, aber noch nicht beweisen kann (1. Bild). Aufgrund der Unterrichtung über das in Holland gebaute Fernrohr durch den Verlobten seiner Tochter Virginia baut Galilei das Rohr nach, verkauft es auf unredliche Weise (2. Bild) und richtet es auf den Jupiter. Die Monde des Planeten, die durch das Fernrohr sichtbar werden, zeigen das neue Weltmodell unmittelbar im Bild: ein Zentralgestirn mit Körpern, die es umkreisen. Der Beweis scheint erbracht zu sein (3. Bild).

Besserer Arbeitsbedingungen halber geht Galilei nach Florenz an den Hof des Großherzogs Cosmo, wo seine Forschungen auf Unglauben stoßen (4. Bild), er sie aber – auch angesichts der Pest – unbeirrt fortführt (5. Bild). Der Astronom Clavius bestätigt zwar Galileis Entdeckungen (6. Bild), mehr aber nicht; denn 1616 verdammt die Inquisition die kopernikanische Lehre und verbietet ihre Verbreitung (7. Bild). Der kleine Mönch, der aus Neugier zu Galilei gestoßen ist und im Geheimen mit Galilei und Andrea weiter forscht, macht Galilei auf die Folgen seiner Entdeckungen aufmerksam: Verlust des transzendenten Obdachs, soziale Unruhen (8. Bild). Acht Jahre später besteigt sein ehemaliger Gönner, Kardinal Barberini, den Papststuhl. Dadurch ermutigt, sieht Galilei seine Zeit gekommen. Er arbeitet mit Andrea und dem kleinen Mönch weiter am kopernikanischen Weltbild und zerstört, verblendet vom Rausch seiner Entdeckungen, die Verlobung seiner Tochter (9. Bild). Erstmals verbreitet er seine Ergebnisse in der Volksprache, so dass sie in ungeahntem Maße öffentlich werden und ihren Urheber weltbekannt machen (10. Bild). 1633 jedoch wird Galilei nach Rom beordert (11. Bild), und der Papst beschließt, Galilei – notfalls durch Folter – zum Widerruf zu zwingen (12. Bild). Während seine Schüler überzeugt davon sind, dass Galilei jeglicher Drohung widerstünde, lässt sich dieser einschüchtern, schwört der kopernikanischen Lehre öffentlich ab und erfüllt damit seine Maxime »Wer die Wahrheit nicht weiß, der ist bloß ein Dummkopf. Aber wer sie weiß und eine Lüge nennt, ist ein Verbrecher« auf entsetzliche Weise, wie Andrea und der kleine Mönch feststellen müssen (13. Bild). Als Gefangener der Inquisition, bewacht und versorgt von Virginia, wohnt Galilei in einem Landhaus in der Nähe von Florenz, erblindet allmählich, schreibt aber dennoch heimlich die Discorsi. Als Andrea ihn vor seiner Abreise nach Holland noch einmal besucht, steckt Galilei diesem eine Abschrift der Discorsi zu, die die Grundlagen der modernen Physik enthalten, und verflucht in einer »schrecklichen Selbstanklage« seinen Widerruf (14. Bild). Andrea schmuggelt die Schrift über die Grenze; er entgeht der Kontrolle dadurch, dass er die Blätter offen liest, und kann so Italien ungehindert verlassen (15. Bild).

80

Brecht thematisiert mit dem ›neuen Sehen‹ (»Du siehst gar nichts. Du glotzt nur« – Aufhebung der Evidenz) den Grundwiderspruch der neuen Physik, die einerseits den Augenschein als ›falsches Sehen‹ erweist, andererseits – durch die Technik – bisher Unsichtbares sichtbar macht und diese Sichtbarkeit als beweiskräftig einfordert. Die katholischen Gelehrten im Stück, die durchaus nicht als Ignoranten oder gar Trottel dargestellt sind, lehnen die Zumutung ab, die Galilei selbst nicht versteht, nämlich das natürliche Sehen zu verwerfen und stattdessen das technische Sehen als Wahrheit anzuerkennen. Überdies ist das dem Menschen Unsichtbare, d. h. dem natürlichen Sehen Entzogene, theologisch als die Sphäre Gottes definiert, und es wäre Todsünde (Hochmut) des Menschen, in sie eindringen zu wollen (Faustmotiv). So gesehen – was das Stück auch an den sozialen Folgen deutlich macht – bedeutete die Anerkennung des Kopernikanismus den Umsturz des gesamten bis dahin gültigen Weltbildes und der mit ihm verbundenen gesellschaftlichen Ordnung. Dass sich die katholische Kirche dagegen wehrte, ist aus ihrem Selbstverständnis als theologisch-politische Obrigkeit heraus durchaus verständlich.

Im Hinblick auf den Verrat an der Wissenschaft ist die dänische Fassung ambivalenter, insofern Galilei zwischen Widerstand und Anpassung – beinahe tragisch – verstrickt ist. Galileis Wissen wird enteignet, der Name seines Urhebers ausgelöscht; aber dessen Erkenntnisse bleiben dem Fortschritt der Wissenschaft erhalten. Die amerikanische sowie die Berliner Fassung dagegen sehen in Galileis Widerruf den grundsätzlichen »Sündenfall« der Wissenschaft, der wissenschaftliche Erkenntnis zu Geheimwissen machte, diese als Allgemeingut vernichtete und sie damit nicht nur jeder – selbstsüchtigen – Politik auslieferte, sondern auch tief greifende soziale Veränderungen verhinderte. Die Kluft zwischen Wissenschaft und Menschheit könne so groß werden, dass der »Jubelschrei über irgendeine neue Errungenschaft von einem universalen Entsetzensschrei beantwortet werden könnte«.

Mit der dramatischen Biographie des Begründers der modernen Physik hat Brecht ein – auch formal gesehen – ›klassisches Stück‹ geschaffen, das als Kompromiss des Exils gelten muss; denn Brecht hatte keine Bühne für avantgardistische Experimente zur Verfügung. Dafür stellt das Stück eine der nachhaltigsten Titelrollen der Weltdramatik bereit, deren eindringliche, identifikatorische Wirkung beim Publikum auch durch ein noch so distanziertes Spiel der Darsteller (u. a. Laughton, E. Busch) nicht verhindert werden konnte. Galilei wurde so eine der archetypischen Figuren Brechts. PETRA HAUBNER / ANN CHRISTINE ZUBER / JAN KNOPF

Das lyrische Werk

Brechts lyrische Produktion erstreckt sich über den gesamten Zeitraum seines schriftstellerischen Schaffens; sie beginnt mit den ersten überlieferten lyrischen Versuchen von 1913 und endet 1956 quasi auf dem Totenbett. Mit einem Umfang von mehr als 2300 Gedichten ist sie im 20. Jh. nicht nur in der deutschen Literatur einzigartig. Das Charakteristische an Brechts Lyrik liegt in ihrer Vielfalt und Vielgestaltigkeit: Es gibt kein Thema, das nicht ›lyrikfähig‹ wäre, keine Form, derer sich Brecht nicht bedient hätte. Die Liste der Beispiele reicht von Sonetten, Kinderliedern, Terzinen, Balladen bis hin zu Psalmen in Prosa. Thematisch ist seine Lyrik geprägt durch die aktuellen gesellschaftlichen und politischen Verhältnisse im Deutschland der Weimarer Republik, den Jahren der nationalsozialistischen Diktatur und des Zweiten Weltkriegs, der damit verbundenen Exilzeit und schließlich der Nachkriegsjahre.

Schon in jungen Jahren, wie im »Tagebuch No. 10« von 1913 dokumentiert ist, beginnt Brecht zu dichten und übt sich dabei gezielt in den diversen Gedichtformen, um sich das Handwerk anzueignen. Bereits 1914 liegen – es sind vermutlich wesentlich mehr gewesen – etwa 100 Gedichte vor, die zum Teil in der von Brecht und seinen Freunden 1913 gegründeten Schülerzeitung *Die Ernte* sowie ab August 1914 auch in den *Augsburger Neuesten Nachrichten* – Letztere als bestellte patriotische Bekundungen – veröffentlicht wurden.

Im Juli 1916 veröffentlichte Brecht das Gedicht »Das Lied von der Eisenbahntruppe von Fort Donald«, in dem erstmals seine eigene, herausfordernde Stimme zu hören ist, die dann die weitere Lyrik, vor allem die Balladen der Jahre 1919 bis 1922 sowie die frechen, bürgerschreckenden und anzüglichen Lieder zwischen 1917 und 1925 bestimmen sollte. Dazu gehören auch die *Lieder zur Klampfe von Bert Brecht und seinen Freunden* von 1918, die Brecht mit seiner Clique im Kollektiv – meist zunächst mündlich – produziert und dann in einer Sammlung zusammengestellt hat. Alles lyrische Schaffen zielte darauf ab, dass Brecht Dichter werden und mit Dichtung seinen Lebensunterhalt verdienen wollte.

Brechts zentrales Thema, der ›Menschenverschleiß‹ durch inhumane gesellschaftliche Verhältnisse und durch Krieg, das nicht nur in seiner Lyrik nachzuweisen ist, setzt sich schon in den frühen Werken durch. Herausragendes Beispiel dafür ist die »Legende vom toten Soldaten« von 1918, in der ein Soldat, der den »Heldentod« gestorben ist, wieder ausgegraben und nochmals in den Krieg geschickt wird. Es handelt sich um Brechts zynischen Kommentar zur Novemberrevolution in Deutschland. Das Lied – ein Kabarettschlager der 1920er Jahre – brachte Brecht 1923 auf die schwarze Liste der Nationalsozialisten und war 1935 mit ein Grund für seine Ausbürgerung.

Schon vor dem Erscheinen von *Bertolt Brechts Hauspostille* (1927), die, weitgehend als Balladenbuch mit der frühen Lyrik angelegt, beim Erscheinen schon anachronistisch wirkte, verstärkten sich das soziale Engagement und das politische Interesse Brechts, so dass vermehrt gesellschaftliche Themen Eingang in seine lyrischen Werke fanden. Auch experimentierte Brecht mit den neuen Medien und veröffentlichte seine Gedichte in Zeitungen (teils mit Millionen-Auflagen), Zeitschriften oder Broschüren anstelle von schönen Editionen, und er entdeckte öffentlichkeitswirksame Publikationsformen wie Poster und Graffiti. Es ging ihm darum, ein möglichst breites Publikum anzusprechen, was mit den Medien Zeitung und Radio auch gelang. Dabei wollte er weniger als Autor im Vordergrund stehen, vielmehr sollte die neue ›Marke Brecht‹ die Verbreitung und Präsenz seiner Texte in der breiten Öffentlichkeit sichern.

Besondere Bedeutung maß Brecht der Musikalität bzw. Sprech- und Sangbarkeit seiner Texte bei und übernahm aus dem amerikanischen Jazz die Form des Songs, mit der er in die Unterhaltungsindustrie der Zeit regelrecht einbrach: Mit etwa 1000 Kompositionen existieren überraschend viele Vertonungen von Brechts Gedichten. Auch mit dem poetischen Verfahren einer reimlosen Lyrik mit unregelmäßigen Rhythmen, das er u. a. mit der für Schallplatten geschriebenen Sammlung »Aus dem Lesebuch für Städtebewohner« (1930; die Gedichte stammen aus der Zeit von 1926/27) entwickelte, prägte er eine »gestische Sprache« aus, die (gesellschaftliche) Haltungen sprachlich umsetzte und die Sprache selbst als handlungsbezogen (zum Handeln anleitend) verstand. Brechts prägnante und im Hegel'schen Sinn konkrete Formulierungen sind nicht nur einprägsam, sondern auch wirklichkeitsreferenziell (»wie die Wirklichkeit selber reden«) und zielen darauf ab, sich in der gesellschaftlichen Realität »aufzuheben« (im Doppelsinn von ›negieren‹ und ›konservieren‹). Insofern war ihm die Wirksamkeit stets wichtiger als die Urheberschaft, wobei Brecht der Meinung war, dass sich der Autor am besten dann durchsetzte, wenn er selbst verschwand, was spätestens 1930 mit den Songs aus der *Dreigroschenoper* und aus *Aufstieg und Fall der Stadt Mahagonny* auch der Fall war.

Hinter Brechts Versuch, auch mit seinen Gedichten Einsichten in die inhumane Wirklichkeit der Zeit zu vermitteln, steckte die Hoffnung, die Ausgebeuteten, und das waren in erster Linie die Arbeiter, auf die Notwendigkeit eines revolutionären Umsturzes aufmerksam zu machen und so einen Sieg des aufkommenden Nationalsozialismus zu verhindern. Eine lyrische Bilanz der Zeit von 1918 bis 1933 legt die Sammlung *Lieder Gedichte Chöre* (1934) vor. In drei Abteilungen mit einem satirischen Anhang und einer 32-seitigen Notenbeilage stellte Brecht einen Zusammenhang zwischen dem Ende des Ersten Weltkriegs, der Zeit der Weimarer Republik und dem in Deutschland aufkommenden Faschismus her. Die mit dem Komponisten Hanns Eisler zusammen gezeichnete Sammlung sollte als ›antifaschistisches Liederbuch‹ Gegenpropaganda zu den Parolen der Nationalsozialisten betreiben.

Die Verhältnisse im unter der nationalsozialistischen Diktatur stehenden Deutschland waren auch und gerade im Exil zentrale Themen Brechts, so dass er sein Werk wiederum in den politischen Kontext des Kampfes gegen den Faschismus und dann des Zweiten Weltkriegs stellte. Den bestimmenden Faktor für die lyrischen Arbeiten Brechts während der Exilzeit bilden die Erfahrungen als Vertriebener, die Isolierung im fremdsprachigen Umfeld und der Verlust des gewohnten Rezipientenkreises sowie die dazugehörigen Veröffentlichungsprobleme, die sich besonders in der Gedichtsammlung der *Svendborger Gedichte* von 1937 dokumentierten. In der Exilsituation und in ständiger Bedrohung, vom Krieg eingeholt zu werden, fand Brecht neuen Zugang zu scheinbar privaten lyrischen Texten, die Alltägliches thematisierten, die er jedoch dazu nutzte, das Unnatürliche (und Menschenverachtende) an den scheinbar natürlichen Situationen aufzuzeigen. Die »Steffinsche Sammlung«, eine 1939/40 von Margarete Steffin mehrfach veränderte und bearbeitete Zusammenstellung Brecht'scher Gedichte, bezeugt dessen Hinwendung zum (politisch bestimmten) Alltäglichen.

Nach der weiteren Flucht in die USA, wo das zentrale Thema des ›Menschenverschleißes‹ eine neue Variante erfuhr, erkannte Brecht in der Organisation und den Strukturen der Produktionsmaschine Hollywood die Deformierung des Menschen zum Kunstprodukt und zur Ware, zu der er mit den epigrammatischen »Hollywoodelegien« in eine neue Form der Distanz tritt. Das lyrische Ich verschwindet weitgehend aus den Versen, die dadurch einen sachlich-distanzierten und (scheinbar nur) beobachtenden Ton erhalten. Brecht charakterisierte den Exil-Ton seiner Lyrik als »Sprachwaschung«, was heißen sollte, dass alles als typisch lyrisch Geltende (hoher Ton, die ›ewigen Themen‹ wie Liebe und Naturanschauung) aus den Gedichten zu eliminieren sei (vgl. »Schlechte Zeit für Lyrik«).

Nach dem Sieg der Alliierten über Deutschland und dem Ende der Hitlerdiktatur hoffte Brecht auf eine baldige Rückkehr in seine Heimat und widmete sich in seinen Gedichten wieder verstärkt politischen Themen. Mit den »Deutschen Satiren (Zweiter Teil)« reagierte er 1945 auf die zeitgenössischen Entwicklungen in Deutschland. Kritisiert wird in den Texten vor allem die Tatsache, dass sich die Deutschen nicht selbst von der faschistischen Tyrannei befreien konnten. Die satirische Form, die vor dem Krieg noch gegen die Machenschaften der Nationalsozialisten eingesetzt wurde, findet nun ihre Verwendung in der Kritik an den ausbleibenden Veränderungen und Entwicklungen im Westen – und nach dem 17. Juni 1953 auch im Osten. Des Weiteren entstand noch in den USA die *Kriegsfibel* (1955), die in ihrer Kombination aus Gedichten, Fotographien und Zeitungsausschnitten, die Brecht als »Fotoepigramme« bezeichnete, eine völlig neue Gedichtform entwarf, die (bis heute) vielfach nachgeahmt wurde.

Mit dem formal an die »Legende vom toten Soldaten« anschließenden Gedicht »Freiheit und Democracy« (1947) formulierte Brecht seine kritische Haltung gegenüber den Siegermächten und der ausbleibenden ›Entnazifizierung‹. Brecht betonte mit Nachdruck immer wieder, dass ohne eine Erledigung der Vergangenheit, verstanden als »deutsche Misere« (Ausbleiben von Revolutionen), keine humane Zukunft ohne weiteren ›Menschenverschleiß‹ möglich sein würde. In seiner ersten Veröffentlichung in Deutschland nach dem Krieg, den *Kalendergeschichten* (1949), die bewusst an eine ›volkstümliche Gattung‹ anschlossen, stellte Brecht im achtmaligen Wechsel von Erzählung und kontrapunktisch zugeordnetem Gedicht die Lyrik in neue Rezeptionszusammenhänge; zugleich bestimmte er (gegen die ›Blut- und Boden‹-Ideologie der Nazis) den Begriff ›Volkstümlichkeit‹ neu, um damit endlich neue Eigentumsverhältnisse einzufordern. Paradigmatisch geschieht dies in der ersten Geschichte, dem »Augsburger Kreidekreis«, in der das ›Erbrecht‹ zugunsten des ›Sorgerechts‹ ausgesetzt wird, da der Ziehmutter und nicht der leiblichen Mutter das Kind zugesprochen wird. In der Folgezeit erschienen mit den *Songs aus der Dreigroschenoper* (1949), den »Chinesischen Gedichten« (1951) und dem *Herrnburger Bericht* (1951), der in Zusammenarbeit mit Paul Dessau entstand, weitere Gedicht-Zusammenstellungen.

Die Themen Frieden bzw. Warnung vor einem erneuten Krieg herrschen in den wenigen verbleibenden Jahren vor. Einschneidend wurde der Arbeiteraufstand des 17. Juni 1953 für Brechts Lyrik. Mit den *Buckower Elegien*, die zu Lebzeiten nur in kleinen Teilen publiziert (von 23 nur sechs) und deshalb politisch nicht wirksam wurden, kehrte Brecht zur Sprachwaschung des Exils zurück. Der Titel benennt den Entstehungsort (Buckow in der Märkischen Schweiz, wohin sich Brecht vor den Querelen mit der SED und der Doktrin des Sozialistischen Realismus zurückzog) und spielt zugleich zynisch auf Vergils *Bucolica* (idyllische Hirtengedichte) an. Die Gedichte jedoch formulieren Brechts Enttäuschung über das Scheitern des sozialistischen Staats und die Sorge über den in der DDR existierenden Faschismus, den er – im Versuch, den berechtigten Aufstand der Arbeiter in einen reaktionären Putsch umzufunktionieren – durch die Politik der SED nur als verdrängt und folglich weiter wirksam ansah. Brecht beendete die Zusammenstellung nie endgültig, so dass seine bekannteste Lyriksammlung nur als Torso vorliegt.

Auch bei den *Buckower Elegien* fällt ein Widerspruch in Brechts Verhalten auf, der nicht neu ist: Einerseits bezieht er mit seinen poetischen Texten radikal Stellung, andererseits hält er Gedichte in Selbstzensur wegen ihrer möglichen öffentlichen Brisanz zurück. So konnte der Eindruck entstehen, dass Brecht in seinen letzten Lebensjahren resigniert und vor der Wirklichkeit kapituliert habe. In Wahrheit war er durch die Strapazen, welche die (kriegerischen) Gesellschaften ihm auferlegt hatten, bereits mit 58 Jahren körperlich so ausgelaugt, dass sein frühes Herzleiden reaktiviert wurde und 1956 zum Tod führte.

Im Vordergrund stand für Brecht stets der Gebrauchswert seiner Lyrik, nicht deren Poetizität. Mit diesem Verständnis unterscheidet er sich von Lyrikern wie Stefan George und Gottfried Benn, für die der reine Ausdruck im Mittelpunkt stand. Zugleich prägte er die nachfolgenden Dichtergenerationen nachhaltig, vor allem die sogenannten 68er, die sich noch zu ihm als ihrem ›Lehrer‹ bekannten und die vorläufig letzte Generation politischer Lyriker stellten. Auch Brechts ästhetisches Verfahren der freien Rhythmen und sein souveräner Gebrauch aller lyrischer Formen wirkt weiter, ganz abgesehen vom weltweiten Siegeszug der Songs und der politischen Lyrik der Weimarer Zeit (z. B. das »Solidaritätslied«). Sie gehören zum festen Bestand eines international wirksamen, längst anonym gewordenen Liedguts.

MANUELA DIETZ / DENISE KRATZMEIER / JAN KNOPF

Franz Kafka

* 3. Juli 1883 in Prag (Tschechien)
† 3. Juni 1924 in Kierling bei Klosterneuburg (Österreich)

Jura-Studium in Prag; im Herbst 1903 Bekanntschaft mit Max Brod, seinem lebenslangen Freund und späteren Herausgeber; 1906 Promotion zum Dr. jur., 1906/07 gerichtspraktisches Jahr; 1907/08 Arbeit in der Prager Filiale der italienischen Versicherungsgesellschaft ›Assicurazioni Generali‹; ab August 1908 Anstellung als Hilfsbeamter mit halbtägiger Dienstzeit an der ›Arbeiter-Unfall-Versicherungs-Anstalt‹ (AUVA) in Prag; von Oktober 1911 bis Januar 1912 regelmäßige Besuche von Vorstellungen der in Prag gastierenden ostjüdischen Theatertruppe ›Jichzak Löwys‹; 1912 Begegnung mit der Berliner Angestellten Felice Bauer (umfangreicher Briefwechsel bis zur Diagnose einer Lungenerkrankung im Herbst 1917); 1919 kurzzeitige Verlobung mit Julie Wohryzek; 1920–1923 Beziehung zu der mit Ernst Pollak verheirateten Wiener Journalistin und Übersetzerin Milena Jesenská; Ende Juni 1922, nach wiederholten langen Beurlaubungen und Sanatoriumsaufenthalten, von der AUVA pensioniert; 1923 Bekanntschaft mit der Ostjüdin Dora Diamant, mit der er von September 1923 bis März 1924 in Berlin zusammenlebte; 1924 Sanatorium in Kierling bei Klosterneuburg, Tod durch Kehlkopftuberkulose; testamentarische Verfügung, den größten Teil seines literarischen Werkes zu verbrennen.

Die Verwandlung

Die Erzählung wurde zwischen dem 17. November und dem 6. Dezember 1912 geschrieben und erschien erstmals 1915 in der expressionistischen Zeitschrift *Die weißen Blätter*; die Buchveröffentlichung erfolgte im November des gleichen Jahres als Band 22/23 der Reihe »Der jüngste Tag« im Kurt Wolff Verlag. Die Ausgabe enthielt eine Titelblatt-Illustration von Ottomar Starke, wobei Kafka dem Verlag gegenüber darauf bestanden hatte, keinesfalls »das Insekt selbst« abzubilden, denn dieses »kann nicht gezeichnet«, »nicht einmal von der Ferne aus gezeigt werden« (Brief an K. Wolff, 25. Oktober 1915).

　　Die Erzählwelt des Textes entfaltet sich aus dessen erstem Satz, der kategorisch mit den Regeln realistischer Darstellung bricht: »Als Gregor Samsa eines Morgens aus unruhigen Träumen erwachte, fand er sich in seinem Bett zu einem ungeheuren Ungeziefer verwandelt.« Wenig später wird ausdrücklich betont: »Es war kein Traum.« Vom kurzen Schlussteil abgesehen, ist Gregor Samsa die Perspektivfigur des Textes; der Leser erfährt also (weitestgehend) nur das, was der Held weiß und wahrnimmt. Für den Leser bedeutet dies, dass er alle Informationen über die Vorgeschichte, die (familiale) Figurenkonstellation und ihre Veränderung im Erzählverlauf aus der Perspektive des ›verwandelten‹ Gregor wahrnimmt, also in einer Entstellung der vorherigen, ›normalen‹ Verhältnisse. Diese ist, um eine Formulierung Ernst Blochs aufzugreifen, eine »Entstellung zur Kenntlichkeit«: Erst durch die Verwandlung Gregors wird deutlich, was sich bisher hinter der Fassade eines scheinbar harmonischen Familienlebens verborgen hatte – und was dem Helden weiterhin hartnäckig verborgen bleibt. Darin liegt die Eigenart personalen Erzählens bei Kafka: Obwohl der Leser an die Perspektive einer Figur – meist die des Helden – gebunden bleibt, erhält er Informationen, die dessen Weltsicht und Weltdeutung zunehmend fragwürdig werden lassen.

Im Erzählfortgang erschließt sich allmählich die Vorgeschichte des Geschehens: Nach dem – bei Erzählbeginn etwa fünf Jahre zurückliegenden – Bankrott des Vaters war Gregor vom Kommis zum Handelsvertreter für Tuchwaren geworden, hatte mit diesem verhassten Beruf die Rolle des Familienernährers übernommen, einen Teil seines Gehalts ans Abbezahlen der Schulden verwendet und den größten Teil des Restes der Familie zur Verfügung gestellt; er hatte eine neue, komfortable Wohnung angemietet und geplant, die geliebte Schwester Grete, gegen den Willen der Eltern, aufs Konservatorium zu schicken.

Nach Gregors ›Verwandlung‹ stellt sich jedoch schnell heraus, dass die finanzielle Lage viel weniger angespannt ist, als der Vater Gregor glauben machte, und dass die diesem zugewendete ›Liebe‹ nur eine Funktion seiner Nützlichkeit war. Ohne diese wird Gregor für die Familie zunehmend auch im übertragenen Sinne zum störenden ›Ungeziefer‹. Mutter, Vater und Schwester sind jetzt statt seiner berufstätig, wodurch vor allem die beiden Letzteren auf erstaunliche Weise an Kraft und Selbständigkeit gewinnen und Gregor mehr und mehr aus dem Familienverbund verdrängen: Der Vater treibt ihn zweimal gewaltsam in sein Zimmer zurück und verletzt ihn dabei mit einem Apfelwurf (eine ironische Anspielung auf die Vertreibung aus dem Paradies). Beim dritten Mal zieht sich Georg freiwillig zurück: Die Schwester spielt »drei Zimmerherren«, an die die Familie untervermietet hatte, auf ihrer Violine vor; von der Musik angelockt, kriecht Gregor aus seinem Zimmer hervor und wird von den Untermietern bemerkt, die sich heftig über solch »widerliche Verhältnisse« beklagen. Darauf erklärt die Schwester Gregor zum »Untier«, das man »loswerden« müsse. Wie in Annahme dieses Urteils stirbt er in der darauffolgenden Nacht: »An seine Familie dachte er mit Rührung und Liebe zurück. Seine Meinung darüber, daß er verschwinden müsse, war womöglich noch entschiedener, als die seiner Schwester.«

Gregors letzte Gedanken zeigen, dass er sich innerlich in keiner Weise ›verwandelt‹ hat. Von Anfang an klammert er sich fest an der ›Normalität‹, will am Morgen seiner Metamorphose sogar noch seinen beruflichen Pflichten nachgehen und den Prokuristen aus der Firma beschwichtigen, der aufgebracht herbeigeeilt ist, um sich nach dem Verbleib des säumigen Angestellten zu erkundigen. Mit aller Kraft versucht Gregor, »einbezogen in den menschlichen Kreis« zu bleiben und an seinem harmonischen Familienbild festzuhalten, erlaubt es sich daher nur ganz selten, seinem Unmut über die zunehmende Verdrängung und Vernachlässigung Ausdruck zu verleihen. So versäumt er es, die Freiheit seiner neuen Existenzform in ihrer »fast glücklichen Zerstreutheit« auszukosten. Trotz aller Selbsttäuschung und Schwäche bleibt der verwandelte Gregor in seiner Sehnsucht nach Nähe und Wärme das menschlichste der Familienmitglieder.

Nach seinem Tod fühlen sich die Überlebenden von einer großen Last befreit. Die Leiche wird von der Bedienerin als das »Zeug von nebenan« entsorgt, der Vater kündigt den Zimmerherren, die Familie gönnt sich einen freien Tag und unternimmt einen Ausflug aufs Land.

MANFRED ENGEL

Der Process

Die Arbeit am *Process* dauerte vom August 1914 bis zum Januar 1915; erstmals veröffentlicht wurde der Roman postum durch Max Brod im Jahre 1925 (Verlag: Die Schmiede, Berlin). Für den Titel existieren inzwischen drei Varianten: »Prozeß« (Erstausgabe durch Brod), »Proceß« (teilnormierte Schreibweise der *Kritischen Ausgabe*), »Process« (Kafka in seinem Manuskript und *Historisch-kritische Ausgabe*). Der Beginn der Arbeit steht im Zusammenhang mit der ersten großen Krise in der Beziehung zu Felice Bauer, die Kafka in seinen Tagebüchern mehrfach mit juristischen Metaphern umschrieben hat: Ein Treffen mit Felice und ihrer Freundin Grete Bloch im Berliner Hotel Askanischer Hof bezeichnet er etwa als »Gerichtshof im Hotel« (23. Juli 1914). Ältere Interpretationen haben daher den Roman auf diese biographische Konstellation zu reduzieren gesucht, was der parabolischen Verallgemeinerung des Textes in keiner Weise gerecht wird.

Eine Inhaltsangabe ist beim *Process* noch schwieriger als bei den übrigen Werken Kafkas. Der Roman ist nicht nur – wie viele andere Texte Kafkas – personal erzählt, so dass die Leser das Geschehen fast ausschließlich aus dem Wahrnehmung- und Deutungshorizont des Protagonisten geschildert bekommen (wobei deutlich signalisiert wird, dass dessen Interpretationen und Wertungen unzureichend bleiben). Erschwerend kommt hier hinzu, dass Kafka die Ereignisfolge nicht eindeutig festgelegt hat. Das Manuskript liegt in einzelnen, zu Kapiteln geordneten Konvoluten vor, die aus Schreibheften herausgelöst, mit Überschriften versehen und in fertige und noch fragmentarische eingeteilt, aber nicht durchnummeriert wurden.

Max Brod – wie immer darum bemüht, Kafkas Fragment gebliebenen Texten den Anschein von Abgeschlossenheit zu geben – hat als erster einen Anordnungsversuch unternommen, ab der zweiten Auflage auch kleinere Textstücke als Paralipomena beigefügt. Spätere Editoren und Interpreten haben diverse Veränderungen der Kapitelfolge vorgeschlagen; die vom Verfasser intendierte Anordnung ist jedoch nicht mit Sicherheit zu ermitteln; höchstwahrscheinlich hat diese nie festgestanden. Diese Editionsproblematik ist kein äußerer Zufall, sondern erklärt sich aus Kafkas inspirationsorientiertem, immer ohne Gesamtplan operierendem Schreibverfahren. Da der Autor nach den Schwierigkeiten mit dem Roman *Der Verschollene* – um dessen Fortführung er sich noch Monate, nachdem er mit dem anderen Werk begonnen hatte, bemühte – um seine Probleme mit der epischen Großform wusste, hat er beim *Process* nach dem Anfang – »Verhaftung« – gleich das in der Handlungszeit ein Jahr später liegende Schlusskapitel – »Ende« – verfasst. In diesen Rahmen, der dazu verhelfen sollte, eine Werkeinheit zu erreichen, wurden dann mehr oder minder in sich geschlossene Episoden eingefügt, wobei Kafka mitunter an mehreren Kapiteln gleichzeitig gearbeitet haben dürfte. Deren weitgehende Vertauschbarkeit ergibt sich daraus, dass ein Handlungsfortschritt im eigentlichen Sinne fehlt. Der einzige Progress im Roman besteht darin, dass der Protagonist von seinem ›Prozess‹ zunehmend zerrüttet wird, seine entschlossene Handlungskompetenz verliert und ihm das Gefühl, »unschuldig« zu sein, immer mehr abhanden kommt. Der reihenden Textstruktur und der unsicheren Editionslage hat die streng an den Textzeugen orientierte *Historisch-kritische Ausgabe* dadurch Rechnung getragen, dass sie Kafkas Konvolute in Einzelbindung abgedruckt hat – der Leser kann sich die Abfolge also selbst zusammenstellen.

Josef K., der Held des Romans, ist Angestellter in einer Bank; ganz auf seinen Beruf konzentriert, ist er dort bis zum Prokuristen aufgestiegen. Er wohnt in der Pension einer Frau Grubach. Private Kontakte hat er nur wenige, auch seine Verwandten – die fast blinde Mutter, einen auf dem Land lebenden Onkel und dessen Tochter Erna – sieht er nur selten. Einmal wöchentlich sucht K. eine gewisse Elsa auf, die »Kellnerin in einer Weinstube« ist. Die karge restliche Freizeit verbringt der meist bis neun Uhr abends im Büro Arbeitende mit Spaziergängen oder an einem Honoratiorenstammtisch.

In dieses geregelte und berufszentrierte Leben bricht am Morgen von K.s 30. Geburtstag jäh ein ganz Anderes ein. Der berühmte erste Satz des Romans – auf dessen nur personale Geltung der Konjunktiv im Nebensatz hinweist – lautet: »Jemand mußte Josef K. verleumdet haben, denn ohne daß er etwas Böses getan hätte, wurde er eines Morgens verhaftet.« Diese Verhaftung durch die »Wächter« Franz und Willem und ein sich anschließendes »Verhör« durch einen »Aufseher« finden im Zimmer eines Fräulein Bürstner statt, das ebenfalls in der Pension wohnt. Schnell wird deutlich, dass hier ein »Gericht« aktiv geworden ist, das wenig mit den K. wie dem Leser vertrauten Rechtsinstitutionen gemein hat. So gibt es nie eine wirkliche Anklage, der ›Verhaftete‹ verbleibt in Freiheit, ›Verhöre‹ fallen seltsam inhaltslos aus, ›Rechtsanwälte‹ – K. wird später auf Drängen des um das Familienansehen besorgten Onkels den »Advokaten Huld« konsultieren – haben keine eigentliche Verfahrensfunktion, ein wirklicher Freispruch scheint unmöglich. Trotz solcher Seltsamkeiten handelt es sich um eine in der Welt K.s wohlbekannte Instanz, deren weit verzweigter Apparat allgegenwärtig ist: Gerichtskanzleien seien »fast auf jedem Dachboden«, heißt es im Roman, und: »Es gehört ja alles zum Gericht.«

Während seine Stellung in der Bank zunehmend vom »Direktor-Stellvertreter« unterminiert wird, ist K. geradezu zwanghaft auf der Suche nach Personen, die in seinem Prozess als ›Helfer‹ und ›Mittler‹ fungieren könnten. Zu diesen gehören etwa der Maler Titorelli, ein »Vertrauensmann des Gerichtes«, und der Advokat Huld, ganz besonders aber die Frauengestalten des Romans, die zugleich Objekte von K.s sexuellem Begehren sind: Fräulein Bürstner (seine Zimmernachbarin in der

Pension), die Frau eines Gerichtsdieners und Leni (Dienstmädchen und Geliebte des Advokaten).

Eine zentrale Stellung kommt dem Kapitel »Im Dom« zu. K. soll einem »italienischen Geschäftsfreund der Bank« den Kirchenbau zeigen, hat sich daher auch mit einem »Album der städtischen Sehenswürdigkeiten« versehen. Während er auf den ausbleibenden Geschäftsmann wartet, ruft ihn von einer »kleinen Nebenkanzel« aus ein Geistlicher mit lauter Stimme beim Namen. Er stellt sich als »Gefängniskaplan« vor und erzählt K., um dessen ›Täuschung‹ über das Gericht zu korrigieren, eine Parabel (Kafka wird sie später unter dem Titel »Vor dem Gesetz« in seinen *Landarzt*-Band aufnehmen): Ein Mann vom Lande kommt zum »Gesetz« und bittet den davor stehenden Türhüter um Einlass. Der verweigert ihm den Eintritt: Dieser sei »jetzt« nicht möglich. Der Mann wartet und versucht vergeblich, den Türhüter umzustimmen. So verwartet er sein ganzes Leben. Kurz vor seinem Tode sieht er ein strahlendes Licht aus dem Tor hervorleuchten. Auf seine letzte Frage antwortet der Türhüter: »dieser Eingang war nur für Dich bestimmt. Ich gehe jetzt und schließe ihn.« Auf die Erzählung folgt ein ausführliches Deutungsgespräch, in dem K. auf seiner Vorstellung vom Gericht als einer feindlichen, ›täuschenden‹ Macht beharrt. Wie eine Fazitformel von Parabel und Roman wirkt der Hinweis des Geistlichen: »Du mußt nicht zuviel auf Meinungen achten. Die Schrift ist unveränderlich und die Meinungen sind oft nur ein Ausdruck der Verzweiflung darüber.« Diese Aussage ist der wichtigste Ansatzpunkt für dekonstruktivistische Interpreten, die den *Process* als Roman über die Unmöglichkeit eindeutiger Bedeutungszuweisung lesen.

Im Schlusskapitel wird K. »am Vorabend seines einunddreißigsten Geburtstages« von zwei »bleichen und fetten« Männern in »Gehröcken« und mit »Cylinderhüten« in seiner Wohnung abgeholt. Er hat sie erwartet, ohne dass sie sich angekündigt hätten – eine von vielen Korrespondenzen zwischen den Akten des Gerichts und K.s Innenwelt, die für Kafkas an der Logik von Träumen geschultes Erzählen charakteristisch sind. Die »Herren« führen ihn, beiderseits eingehakt, zu einem vor der Stadt gelegenen Steinbruch. Sein Kopf wird auf einen Stein gebettet, über K. hinweg reichen sich die beiden wiederholt ein Messer zu. »K. wußte jetzt genau, daß es seine Pflicht gewesen wäre, das Messer [...] selbst zu fassen und sich einzubohren. Aber er tat es nicht.« So wird er erstochen, spricht aber noch, »mit brechenden Augen«, das Schlusswort des Romans: »Wie ein Hund!‹ sagte er, es war, als sollte die Scham ihn überleben.«

Im in der Romanwelt ganz und gar ›realen‹, aber allem Wirklichkeitswissen des Lesers widersprechenden »Gericht« liegt das zentrale Interpretationsproblem des Romans. Vergleichbare ›realisierte‹ Metaphern stehen ja im Zentrum vieler Kafka-Texte. Auf ihre Auflösung konzentrieren sich die Interpretationen des Romans aus theologischer (numinose Instanz), existenzialistischer (Anklage einer uneigentlichen Existenz), psychoanalytischer (ödipal besetzte Vaterinstanz) und sozialgeschichtlicher bzw. diskursanalytischer Perspektive (totalitäre/kapitalistische/bürokratische Macht- und Herrschaftsstrukturen). Meist übersehen sie, dass die Gerichtswelt auf seltsame Weise zweigeteilt ist: Was Josef K. kennenlernt, sind allein die unteren Instanzen. Über diesen aber stehen ein sagenhaftes »oberstes«, »hohes« Gericht und das »Gesetz«. Dieser Bereich bleibt völlig unzugänglich; Kategorien wie »Gesetz«, »Böses« und »Schuld« legen nahe, dass mit ihm ein absoluter ethischer Maßstab in K.s Lebenswelt eingeführt wird, der deren Schwächen und Fehler mit erbarmungsloser Strenge bloßlegt. In der Gerichtswelt der unteren Instanzen – also der Mittelebene zwischen der Alltagswelt und dem »Gesetz« – ist dieses ganz Andere untrennbar vermischt mit dem Hier und Jetzt unseres Lebens, ja dessen (um eine Formulierung Ernst Blochs aufzugreifen) zur Kenntlichkeit entstelltes Abbild: schäbig und korrupt, von triebhaftem Begehren und gewalttätigem Machtwillen regiert – also identisch mit der Lebens- und Geschäftswelt K.s, nur dass dort diese Strukturen unter Höflichkeitsformen und Konvention verborgen bleiben. Wenn K. schuldig ist – woran die Mehrheit neuerer Interpreten zweifelt –, so besteht seine Schuld darin, dass er nicht zum ganz Anderen einer ethischen (Selbst-)Betrachtung durchdringen kann. Eine Schlüsselpassage des Romans macht dies deutlich, in der K. folgendermaßen räsoniert: »Vor allem war es, wenn etwas erreicht werden sollte, notwendig jeden Gedanken an eine mögliche Schuld von vornherein abzulehnen. Es gab keine Schuld. Der Proceß war nichts anderes, als ein großes Geschäft, wie er es schon oft mit Vorteil für die Bank abgeschlossen hatte [...]. Zu diesem Zweck durfte man allerdings nicht mit Gedanken an irgendeine Schuld spielen, sondern den Gedanken an den eigenen Vorteil möglichst festhalten.« MANFRED ENGEL

Heinrich Mann

* 27. März 1871 in Lübeck (Deutschland)
† 11. März 1950 in Santa Monica/Calif. (USA)

Ältester Sohn eines Kaufmanns und Senators und einer Deutsch-
Brasilianerin, Bruder von Thomas Mann; verließ 1889 Gymnasium und
Geburtsstadt, bis 1914 als Bohemien und freier Autor unstet zwischen
München und italienischen Orten, ab 1908/09 im Winter auch Nizza,
1914–1928 München, dann Berlin; Exil ab 21./22. Februar 1933, bis Ende
August 1940 Nizza, dann Los Angeles; 1949 designierter Gründungspräsi-
dent der Deutschen Akademie der Künste Berlin (Ost).

Der Untertan

Der 1918 erschienene Roman wurde 1906 begonnen, 1914 kurz vor Kriegsausbruch beendet und 1916 in einem Privatdruck von zehn Exemplaren
ediert. Vorher hatte Heinrich Mann 1911 bis 1913 einzelne ausgearbeitete
Episoden in der satirischen Zeitschrift *Simplicissimus* publiziert; 1914
druckte die Illustrierte *Zeit im Bild* den Roman in Fortsetzungen bis kurz
nach Kriegsausbruch ab. Als damals schärfste (und prophetische) Analyse nationalistischer Politik und Machtverhältnisse unter der Regierung
Kaiser Wilhelms II. wurde das Werk nach dem Krieg zu einem sensatio-
nellen Erfolg.

Die sechs Kapitel des Buchs, die wiederum in locker gefügte Einzel-
szenen unterteilt sind, erzählen analog dem formalen Muster eines Bildungsromans und mit autobiographischen Anspielungen auf Heinrich
Manns Geburtsstadt Lübeck die Lebensgeschichte des Bürgers Diede-
rich Heßling (ursprünglich Hänfling) von seiner früheren Kindheit bis
zur Sicherung seiner Stellung in seiner Heimatstadt Netzig. In detailfreu-
digem, Drastik nicht scheuendem Realismus werden die Träume des
Kindes beschrieben, die Taten des Schülers, die Erfahrungen des Studenten in Berlin: Demütigungen durch einen Stärkeren, Eingliederung in die
Korporation Neuteutonia, Liebesaffäre mit Agnes Göppel, der Tochter
eines Geschäftsfreundes, Prägung durch nationalkonservative Massen-
stimmung, das Dasein eines Drückebergers beim Militär. Nach Ende des
Studiums – dem Abschluss des ›Bildungs‹-Gangs – wird die Hauptfigur
fast ausschließlich in ihrem heimischen Aktionskreis vorgeführt: als Agitator am Stammtisch, als Herr über einen Betrieb und Beherrscher einer
Familie, als Eiferer gegen das Proletariat, der selbst die Erschießung eines

Demonstranten begrüßt, und als Zeuge im Prozess gegen einen jüdischen Mitbürger wegen Majestätsbeleidigung; als geschickter Familienpolitiker und Winkeladvokat auf einem Ball, als Stadtverordneter und intriganter Kumpan des verhassten Sozialdemokraten Napoleon Fischer, als erfolgreicher Liebediener des Regierungspräsidenten von Wulckow, als glücklicher Bräutigam des geldschweren Mädchens Guste Daimchen. Die Hochzeitsreise führt den Helden auf den Spuren seines Kaisers nach Rom; geheime Machenschaften schließlich sichern dem wohlhabenden Bürger die Aktienmehrheit an der Papierfabrik seines alternden Konkurrenten Klüsing; seine chauvinistische Haltung und Stadtratspolitik erbringen einen hohen Orden, der ihm bei der Einweihung eines Denkmals für Wilhelm I. überreicht wird.

An dieser Kette von Episoden und mit Hilfe eines aus Kaiserreden entlehnten Zitatfeldes wird die Doppelrolle Heßlings als Tyrann und Untertan entwickelt. Einerseits prägt ihn »Zugehörigkeit zu einem unpersönlichen Ganzen, zu diesem unerbittlichen, menschenverachtenden, maschinellen Organismus«, den die Hierarchie des imperialistischen Wilhelminismus in jeder ihrer Institutionen darstellt. Andererseits verschafft ihm gerade das Erleiden institutioneller Macht – in Schule, Universität, Korporation, Militär usw. – persönlichen Machtbesitz; in Heßlings Maxime »wer treten wollte, mußte sich treten lassen«, versteinert der Opportunismus dieses Lebenslaufs zum Erfolgsgesetz. In Momenten totaler Unterwerfung verschiebt sich Heßlings Machtwille zum Umsturz-Rausch; doch jedes Mal, wenn er »alles niedergeworfen, zerstoben« sehen will: »die Herren des Staates, Heer, Beamtentum, alle Machtverbände und sie selbst, die Macht!«, richtet er selbst »das Gebäude der Ordnung« wieder auf. Als er in seiner Festrede zur Einweihung des Ehrenmals »die Seele deutschen Wesens« mit der »Verehrung der Macht, der überlieferten und von Gott geweihten Macht, gegen die man nichts machen kann« gleichsetzt und damit sich selbst als den repräsentativen Typus der Zeit bündig formuliert, wird die Kritik Heinrich Manns ins Utopische projiziert: In einem Gewitter – einer satirischen Apokalypse – löst sich alle Ordnung auf. Die »über alle Begriffe« hinausgehende Vision einer Anarchie des Himmels, eines Strafgerichts gibt die Ahnung von der Selbstzerstörung des Wilhelminismus, ein »Kehraus, wie der einer betrunkenen Maskerade, Kehraus von Edel und Unfrei, vornehmstem Rock und aus dem Schlummer erwachten Bürger, einzigen Säulen, gottgesandten Männern, idealen Gütern, Husaren, Ulanen, Dragonern und Train!«

Gegenfigur des zwischen Pathos und Sentimentalität schwankenden Heßling ist sein Schulkamerad Wolfgang Buck; er exemplifiziert – als Medium und Objekt der Kritik zugleich – eine »Tatsache der inneren Zeitgeschichte«: die in Ästhetizismus abgeglittene intellektuelle Opposition, die den teutonischen Kunstbegriff des wilhelminischen Bürgers verurteilt (wie Heinrich Mann in einer Szene den zeitgenössischen Wagner-Kult als schlechtes Theater entlarvt), ihn zwar als »Schauspieler« und »Komödianten« erkennt, aber über dem Studium von »Sensationen« die Handlungsfähigkeit verliert.

Mit diesem kritischen Gegensatz von Macht und Geist verknüpft Heinrich Mann die historische Auseinandersetzung zwischen dem erstarkten wilhelminischen Imperialismus und dem verkümmernden Liberalismus. Wolfgang Bucks Vater, ein unzeitgemäßer 48er-Revolutionär, dessen Ansehen und Stellung in der Stadt von Heßling untergraben werden, stirbt im Angesicht des triumphierenden Untertans, den er als »Fremden«, ja als »den Teufel« erkennt.

Der Roman, häufig als ›Pamphlet‹ missverstanden und im Gefolge der Kritik Thomas Manns in seinen *Betrachtungen eines Unpolitischen* (1918) von völkischen Rezensenten abgewertet, ist ein Hauptwerk deutscher Satire im 20. Jh. Heinrich Mann fasste den *Untertan* mit den beiden Romanen *Die Armen* (1917) und *Der Kopf* (1925) zu der 1925 erschienenen Sammlung *Das Kaiserreich* zusammen: Der von Mann als unmittelbare Fortsetzung des *Untertan* und als »Roman des Proletariats« verstandene Roman *Die Armen* vermag aber wegen mangelhafter Detailkenntnisse ihres Verfassers und schematischer Handlung ebenso wenig zu überzeugen wie das als »Roman der [geistigen] Führer« angelegte Buch *Der Kopf* aufgrund seiner Unübersichtlichkeit. WILFRIED F. SCHOELLER

Kurt Pinthus

* 29. April 1886 in Erfurt (Deutschland)
† 11. Juli 1975 in Marbach a. N. (Deutschland)

Studium der Germanistik, Philosophie und Geschichte; 1910 Promotion; 1912 Lektor des Kurt-Wolff-Verlags Leipzig; ab 1915 Soldat; ab 1918 Dramaturg und Rundfunkjournalist in Berlin; 1937 Emigration in die USA; 1947–1960 Dozent an der Columbia University in New York; ab 1957 mehrere Europareisen; ab 1967 in Marbach.

Menschheitsdämmerung. Symphonie jüngster Dichtung

Die 1920 erschienene Sammlung ist die umfangreichste und bedeutendste Lyrikanthologie des Expressionismus. Pinthus hatte sich als Wegbegleiter der Expressionisten seit ihren Anfängen als Freund vieler Autoren und als Lektor sowohl im Rowohlt-Verlag als auch bei Kurt Wolff eine intime Kenntnis der expressionistischen Lyrik erworben; viele Publikationen junger Dichtung der Jahre von 1910 bis 1920 gehen auf seine Anregung zurück. Als Herausgeber der *Menschheitsdämmerung* setzt er der expressionistischen Bewegung in der Lyrik auch ihr historisches Monument, ohne dies allerdings zum Zeitpunkt der Publikation der Anthologie zu beabsichtigen; als günstig erwies sich zudem der Zeitpunkt der Publikation, da um 1920 ein breiteres Publikum bereit war, den Expressionismus zur Kenntnis zu nehmen – paradoxerweise gerade zu einer Zeit, als er, nach dem Scheitern der Revolution von 1918/19, seinem Ende entgegenging. Schließlich dürfte auch die Anordnung der Gedichte in der Sammlung für den Erfolg eine Rolle gespielt haben. Pinthus ordnete nicht alphabetisch nach Autoren und auch nicht streng chronologisch, sondern ›komponierte‹ einen Aufbau des Buchs, der diesem selbst wieder quasi den Charakter eines Kunstwerks gab, einer *Symphonie*, wie der Untertitel es benennt. Der Herausgeber stellte die Gedichte in vier mit zentralen Motiven und Gebärden dieser Lyrik überschriebenen »Sätzen« zusammen und forderte in der Einleitung, der Leser solle »nicht vertikal, nicht nacheinander, sondern horizontal« hören: »[...] man scheide nicht das Aufeinanderfolgende auseinander, sondern man höre zusammen, zugleich, simultan. Man höre den Zusammenklang dichtender Stimmen: man höre symphonisch.«

Die vier Abschnitte, »Sturz und Schrei«, »Erweckung des Herzens«, »Aufruf und Empörung« und »Liebe den Menschen«, spiegeln in ihrer

Folge – zwar nicht streng, aber andeutungsweise – bestimmte aufeinanderfolgende Phasen des Expressionismus und auch vier Haupttendenzen der Lyrik dieses Jahrzehnts und der »schäumenden, chaotischen, berstenden Totalität unserer Zeit« (K. Pinthus). Zu Beginn des ersten Abschnitts steht Jakob van Hoddis' berühmtes Gedicht »Weltende« aus dem Jahr 1911 (das an den Anfang der Geschichte der grotesken, später zum Dadaismus führenden Tradition innerhalb der expressionistischen Lyrik zu setzen ist, in die auch Alfred Lichtenstein gehört); weiter sind in diesem Abschnitt vor allem die Dichter der apokalyptischen Vision (G. Heym), der Erschütterung des Menschenbildes (G. Benn), des äußersten Pessimismus (A. Ehrenstein) und des Erlebnisses von Krieg und Tod (A. Stramm, G. Trakl) versammelt. Franz Werfels Lyrik nimmt im zweiten Abschnitt – wie auch im vierten – breiten Raum ein; »Erweckung des Herzens«, der pazifistische Aufruf zur Bildung einer Gemeinschaft alliebender Menschen, ist eines der zentralen Themen von Werfels Lyrik. Karl Otten, Ludwig Rubiner und Johannes R. Becher dominieren im dritten Abschnitt, der vor allem die gegen Ende des Kriegs sich verstärkende Tendenz zum Umsturz, zum revolutionär-utopischen Entwurf, und die Politisierung der Lyrik dokumentiert. Im Schlussabschnitt schließlich stellt Pinthus noch einmal Gedichte zusammen, die eine Grundthematik des Expressionismus, seine Idee der Menschenliebe, der unpolitischen, quasi religiösen Versöhnung in brüderlichem Geist entfalten.

Gemessen an der geringen Distanz zur expressionistischen Bewegung, hat Pinthus ein erstaunlich ausgewogenes Bild vom lyrischen Expressionismus gegeben, das aber in Einzelheiten der Korrektur bedarf. Seine Anthologie bevorzugt eindeutig die Dichter des aktivistischen Spätexpressionismus, was sich an der Aufnahme von Gedichten Rudolf Leonhards und Kurt Heynickes zeigt. Bei aller Formenvielfalt verzichtet die *Menschheitsdämmerung* auf die im Expressionismus enthaltenen oder aus ihm sich entwickelnden Tendenzen einer radikalen Revolution lyrischen Sprechens bis hin zur völligen Zerstörung des Lyrik- und Kunstbegriffs bei den Dadaisten.

Die Anthologie erlebte bis 1922, also innerhalb von zwei Jahren, vier Neuauflagen mit insgesamt 20 000 Exemplaren. 1919 hatten sich Verleger und Herausgeber »bescheiden eine Gasse für den Expressionismus« erhofft, die sie mit der *Menschheitsdämmerung* bahnen wollten; doch zeigt Pinthus' Einleitung schon eine Ahnung vom Ende der expressionistischen Bewegung. In der zweiten Einleitung von 1922, »Nachklang«

überschrieben, gesteht Pinthus ein, dass diese Ahnung sich bestätigt hat; er sieht, dass das Buch ein »abschließendes Werk« geworden ist, »Zeugnis [...] einer Generation, die fanatisch glaubte und glauben machen wollte, daß aus den Trümmern durch den Willen aller sofort das Paradies erblühen müsse. Die Peinigungen der Nachkriegsjahre haben diesen Glauben zerblasen [...]. Von der kleinen lyrischen Schar dieses Buches blieb nichts als der gemeinsame Ruf von Untergang und Zukunftsglück.« Die im Titel gemeinte *Menschheitsdämmerung*, das Ende des vergangenen und der Aufgang eines neuen Tages für die Menschheit, war nicht eingetreten. Nur noch als *Ein Dokument des Expressionismus* (Untertitel) erschien die *Menschheitsdämmerung* 1959 in einer Neuauflage mit einem neuen, rückblickenden Vorwort des Herausgebers, in dem er aus historischer Distanz auf jene Zeit zurückblickt. JÖRG DREWS

99

Karl Kraus

* 28. April 1874 in Jicín/Böhmen (Tschechien)
† 12. Juni 1936 in Wien (Österreich)

Sohn eines ostböhmischen jüdischen Kaufmanns; ab 1877 in Wien; 1892–
1896 Studien an unterschiedlichen Fakultäten der Wiener Universität;
1899 Gründung der Zeitschrift Die Fackel, veröffentlichte ab 1912 nur noch
eigene Beiträge; publizistischer Kampf gegen ›Sprachverfall‹ und Presse-
praktiken (mit vielen Gerichtsprozessen); öffentliche Lesungen; vor und
nach 1918 einflussreicher Kulturkritiker Österreichs; Gegner des Nationalsozialismus, unterstützte 1934 die autoritäre Dollfuß-Regierung; Sati-
riker, Essayist, Kritiker, Sprachtheoretiker, Lyriker und Dramatiker.

Die letzten Tage der Menschheit

Eine erste Fassung der vor allem zwischen 1915 und 1917 entstandenen
Tragödie (›Akt-Ausgabe‹) erschien in drei Sonderheften der Fackel 1919; der
Epilog Die letzte Nacht wurde bereits 1918 als erstes Sonderheft der Fackel
veröffentlicht; die Publikation der endgültigen Fassung erfolgte 1922.
Eine Bühnenaufführung hatte Kraus anfänglich selbst für nicht möglich
gehalten, lediglich der Epilog wurde am 4. Februar 1923 an der Neuen Wiener Bühne uraufgeführt. Zu einer Uraufführung des Stücks kam es aber,
nach Leseaufführungen von L. Lindtberg in Zürich (1945) und B. Viertel
in New York (1947), erst in einer von H. Fischer und L. Lindtberg einge-
richteten Kurzfassung am 14. Juni 1964 am Wiener Burgtheater.

Das Stück basiert in großen Teilen auf Glossen, Essays, Aphorismen
und Gedichten, die Kraus in seiner Zeitschrift Die Fackel veröffentlicht
hatte. Die Form des Dramas, so der Autor in einem Vorwort, ist ein Reflex
auf das Grauen des Ersten Weltkriegs: »[...] der Inhalt ist von dem Inhalt
der unwirklichen, undenkbaren [...] und nur in blutigem Traum verwahr-
ten Jahre, da Operettenfiguren die Tragödie der Menschheit spielten.
Die Handlung, in hundert Szenen und Höllen führend, ist unmöglich,
zerklüftet, heldenlos wie jene [...] Leute, die unter der Menschheit gelebt
und sie überlebt haben, sind als Täter und Sprecher einer Gegenwart,
die nicht Fleisch, doch Blut, nicht Blut, doch Tinte hat, zu Schatten und
Marionetten abgezogen und auf die Formel ihrer tätigen Wesenlosigkeit
gebracht.« Das Drama hat 220 Szenen, in denen mehr als ein halbes Tausend Figuren auftreten. Das Geschehen des Ersten Weltkriegs erscheint
als Mosaik von Wirklichkeitsausschnitten, deren verbindendes Element

allein die allenthalben entfesselte Unvernunft ist. Überallhin führt Kraus: in die Straßen Wiens und Berlins, in Kanzleien und Kasernen, in Hinterhöfe und großbürgerliche Wohnungen, in Friseursalons und Redaktionen, in Vergnügungslokale und Truppenunterkünfte, in Lazarette und Wallfahrtskirchen, in ein chemisches Laboratorium und ins Kriegsarchiv, in den Wurstelprater und eine Wiener Frauenklinik. Es treten auf, neben dem »Nörgler« und dem »Optimisten«, der deutsche Kaiser Wilhelm II. sowie Österreichs Kaiser Franz Josef, der deutsche Kronprinz und die österreichischen Erzherzöge – daneben Militärs und Zivilisten jeder sozialen Schattierung. Viele dieser Repräsentanten einer entmenschten Menschheit werden von Kraus ins Maskenhaft-Typische stilisiert und durch sprechende Namen fixiert: »Kommerzienrat Wahnschaffe«, »Familie Durchhalter«, »Major Metzler«, »General Gloirefaisant«.

Fünf Akte lassen die Ereignisse je eines Kriegsjahres in bunter szenischer Folge Revue passieren. Schon im Vorspiel, das mit der marktschreierischen Ankündigung eines ›Zeitungsausrufers‹ – »Extraausgabee – ! Ermordung des Thronfolgers! Da Täta vahaftet!« – beginnt, wird der durch das ganze Stück verfolgte Zusammenhang von Mediokrität und politischem Verbrechen deutlich. Unablässig wechselt der Schauplatz: Von Wien aus führt Kraus an alle Fronten, blendet Episoden aus der Etappe ein und wendet sich, vom dritten Akt an, mehr und mehr Deutschland und der Kritik des dort herrschenden wilhelminischen Ungeistes zu. Sarkastisch konfrontiert Kraus preußisches und österreichisches Militär, um die groteske Ungleichheit der beiden im Zeichen eines blutrünstigen Patriotismus verbündeten Partner bloßzustellen. Bitter wird registriert, dass »die Suggestion einer von einem abgelebten Ideal zurückgebliebenen Phraseologie« (»Seelenaufschwung«, »deutsche Bildung«, »christliche Zivilisation«) die Gehirne der Massen benebelt und zur Rechtfertigung einer Politik der Unmenschlichkeit führt. Je gespenstischer die darzustellende Wirklichkeit wird, desto häufiger nimmt Kraus beziehungsreiche Allegorisierungen vor. So entsteigen in der letzten, »Liebesmahl bei einem Korpskommando« betitelten Szene dem Wandgemälde »Die große Zeit« Figuren, die auf unheimliche Weise mit den im Saal anwesenden Militärs identisch sind und geisterhafte Pantomimen des Grauens vollführen. Schließlich, nach der Klage des ›Ungeborenen Sohnes‹, bricht völlige Finsternis herein, eine Flammenwand lodert am Horizont auf, man hört Todesschreie. Der Epilog »Die letzte Nacht« deutet das Kriegsende als Apokalypse der Menschheit: Die »elektrisch beleuchteten Barbaren« dieser Erde werden von Marsbewohnern »ausgejätet«, während – wie in einem mittelalterlichen Weltuntergangsspiel – ein Feuerkreuz am Himmel erscheint und Blut-, Aschen- und Meteorregen auf das Wrack der Welt niederprasselt. Ein langes Schweigen folgt, in das die »Stimme Gottes« den Satz spricht, mit dem der deutsche Kaiser seine Kriegserklärung kommentiert hatte: »Ich habe es nicht gewollt.«

Mehr als ein Drittel des Tragödientextes ist aus Zitaten montiert, die Zeitungsmeldungen, Leitartikeln, militärischen Tagesbefehlen, Verordnungsblättern, Gerichtsurteilen, kommerziellen Anzeigen und Gedichtsammlungen entnommen wurden: »Die unwahrscheinlichsten Gespräche, die hier geführt werden, sind wörtlich gesprochen worden; die grellsten Erfindungen sind Zitate.« Österreich hatte nach Kraus' Überzeugung den Krieg als Präventivkrieg herbeigeführt; schuld an ihm war in seinen Augen die Presse: »Und das hat sie vermocht, sie allein [...]. Nicht daß die Presse die Maschinen des Todes in Bewegung setzte – aber daß sie unser Herz ausgehöhlt hat [...]: das ist ihre Kriegsschuld!« Kraus

überführt seine Delinquenten mit ihren eigenen Äußerungen: Die Verschlingung der Dokumente, Zitate und Phrasen mit geringer, frei erfundener Handlung hat die Aufgabe, den Nachweis der Tatsächlichkeit der Geschehnisse in Tat und Wort – und seine Ideen im Medium der Sprache – durch ihr Medium zu gestalten. FRIEDRICH JENACZEK

Hermann Hesse

* 2. Juli 1877 in Calw/Württemberg (Deutschland)

† 9. Auguste 1962 in Montagnola/Tessin (Schweiz)

(Pseudo. Emil Sinclair) – Pietistische Erziehung, 1890 Lateinschule in Göppingen (Landexamen 1891); 1892 Flucht aus dem evangelischen Seminar Maulbronn, Gymnasium in Cannstatt, Selbstmordversuch; 1895 Buchhandelslehre, 1899 Buchhändler in Basel; ab 1904 freier Schriftsteller; 1911 Indienreise; 1912 Übersiedlung in die Nähe von Bern; seit 1900 zunehmende Bekanntheit als Lyriker und Erzähler; im Ersten Weltkrieg Engagement für Kriegsgefangene; 1923 Schweizer Staatsbürger, Übersiedlung nach Montagnola, 1926 Mitglied der Preußischen Akademie für Dichtung, 1931 Austritt; Gegner des NS-Regimes; 1946 Nobelpreis für Literatur; Erzähler, Lyriker, Essayist.

Der Steppenwolf

Angeregt zu dem 1927 erschienenen Roman, der seinen Weltruhm begründete, hat Hesse die Überzeugung, dass Geist und Seele der Menschen durch die fortschreitende Technisierung der modernen Welt gefährdet seien. Der Roman trägt somit – wie bereits die Initialen des Protagonisten suggerieren – autobiographische Züge des sich in einer Gefühlskrise befindenden Autors.

Der fast 50-jährige Harry Haller führt als Verächter der oberflächlichen Gesellschaft der 1920er Jahre ein eigenbrötlerisches Leben. Dennoch kann sich der gefühlsbestimmte Hochgelehrte niemals von den Bindungen ans Bürgertum befreien, was seine Existenz zerreißt und ihn zu einem – selbsterklärten – zweigeteilten Wesen macht: halb kultivierter Mensch mit »sensiblem Seelenleben«, halb triebhafter »Steppenwolf«. Aufgrund dieser Ambivalenz kann Hallers Leben nicht befriedigend sein, denn welcher Neigung er sich auch hingibt, die Gegenseite seiner Persönlichkeit erfüllt ihn mit Selbstverachtung. Allein der Gedanke an einen erlösenden Tod scheint sein Leiden zu lindern. Harry beschließt: Wenn sich sein Leben bis zu seinem 50. Geburtstag nicht bessert, soll Freitod sein letzter Ausweg sein. Dann überreicht ihm jedoch in einer absonderlichen Begegnung ein Fremder ein Büchlein mit dem »Tractat des Steppenwolfs«.

Der Text erörtert aus der Sicht der »Unsterblichen«, also objektiv ›von außen‹, den dem Steppenwolf eingeschriebenen Konflikt. Zudem macht

Haller Bekanntschaft mit der mysteriösen Kurtisane Hermine, erkennt in dieser seinen Seelenspiegel und geht bei ihr in eine Art Lehre des Lebensgenusses, öffnet sich also für bislang verachtete Freuden, wie Tanz und Erotik. Harrys altes Selbstbild gerät ins Wanken, entdeckt er doch in einer von Glück erfüllten Zeit ganz neue Facetten seiner selbst – im Grunde besteht er nicht aus zwei, sondern aus unzähligen Wesen. Nach einer exzessiven Tanznacht begibt er sich, unter Drogen, in das surreale, humoristische »Magische Theater« des Jazzmusikers Pablo, eines Freundes von Hermine. Hier trifft er, in der Gestalt des von ihm hoch verehrten Mozart, auf das »Unsterbliche«, erkennt in verspiegelten Räumen erneut Tiefen seiner Seele, wandelt durch fremde Welten und tötet schließlich, von Eifersucht auf Pablo getrieben, Hermine, wofür ihn die Unsterblichen unter Anklage seiner Humorlosigkeit zum Leben verurteilen. Haller sieht ein, dass sein Mordverlangen an Hermine eigentlich nur seinen eigenen gekünstelten Wunsch nach Dramatik reflektiert. Das Ende seiner Krise und die Vorbereitung auf die Unsterblichen-Welt kann nur durch das Erlernen menschlichen Humors erreicht werden, so die Erkenntnis. Mit der Aussicht auf eine finale Erlösung von seinem Leiden (»Einmal würde ich das Lachen lernen«) und in der Absicht zur Besserung schließen die Aufzeichnungen.

Formal konstituieren den Roman drei divergente Erzählebenen: Im Vorwort leitet der fiktive Herausgeber, der Neffe der Hauswirtin Hallers, die von ihm gefundenen Aufzeichnungen ein, und Hallers enthüllende Erlebnis- und Seelenschilderung ist unterbrochen von besagtem »Tractat«, das als Buch im Buch einer (Freud'schen) psychoanalytischen Untersuchung der innerlichen Erzählinstanz gleichkommt und zudem C. G. Jungs Lehre vom kollektiven Unbewussten aufgreift. Die perspektivische Dreischichtigkeit macht es nicht nur möglich, Hallers äußerlichen Eindruck und die Eigensicht des Protagonisten miteinander zu konfrontieren, die differenten Sichtweisen werden außerdem in der Perspektivik des Traktats vereint.

Die polyvalente Erzählweise skizziert den Verlauf der Identitätsentwicklung Hallers; seine Erfahrungen zeigen eine Lebensalternative auf und leiten eine Wandlung im Sinne einer Überwindung ein. Harrys Bekanntschaften fungieren gewissermaßen als Personifizierungen seiner Sehnsüchte, besonders Hermine, die später bezeichnenderweise zu »Hermann« wird. Dialektische Prinzipien werden im *Steppenwolf* in Einklang gebracht, Kontraste wie Gut/Böse, Trieb/Geist, Realität/Fiktion als sich einander bedingende Konstrukte der menschlichen Vernunft entlarvt.

In Anlehnung an den Geschichtspessimismus Nietzsches sieht Hesse den Quell allen Übels im Zwiespalt zwischen der »versinkenden alten europäischen Kultur und einer wuchernden modernen amerikanischen Technokratie«. Der *Steppenwolf* manifestiert entsprechend eine Abwehrhaltung gegen den – von Intellektuellen und Künstlern der 1920er Jahre als akute Gefahr empfundenen – beschleunigten Modernisierungsprozess (v.a. durch die neuen Medien Radio und Film); die Selbstanalyse des Helden ist ein Versuch, die »Krankheit der Zeit« zu diagnostizieren.

Aufgrund seines Themas und seines Erzählduktus wurde der kulturpessimistische Roman von der Kritik sehr kontrovers aufgenommen: Ablehnendes Entsetzen, z.T. sogar bei der eigenen Lesergemeinde, traf auf enthusiastische Zustimmung, v.a. in literarischen Kreisen (z.B. T. Mann und K. Pinthus). SABINE BUCHHOLZ

Alfred Döblin

* 10. Auguste 1878 in Stettin/Pommern (Szczecin, Polen)
† 26. Juni 1957 in Emmendingen (Deutschland)

(Pseudo. Linke Poot, Hans Fiedeler) – Aus jüdischer Kaufmannsfamilie; ab 1888 in Berlin; 1900–1905 Medizinstudium in Berlin und Freiburg im Breisgau; ab 1911 nervenärztliche Praxis in Berlin; Auseinandersetzung mit Avantgarde-Strömungen (*Sturm*-Kreis, Futurismus, Dadaismus u.a.), literarische Verarbeitung seiner psychiatrischen Kenntnisse; 1914–1918 Lazarettarzt im Elsass; nach 1914 zunehmende Bekanntheit, 1929 Welterfolg mit *Berlin Alexanderplatz*; 1933 nach Reichstagsbrand Flucht über Zürich nach Paris, 1940 Ausreise in die USA (Hollywood); 1941 Konversion zum Katholizismus; nach Kriegsende Rückkehr nach Deutschland; 1946–1951 Herausgeber der Zeitschrift *Das Goldene Tor*; 1953 Übersiedelung nach Paris; ab 1956 schwer erkrankt, Behandlung in süddeutschen Kliniken; einer der bedeutendsten deutschen Erzähler, Romanciers und Essayisten des 20. Jh.s.

Berlin Alexanderplatz. Die Geschichte vom Franz Biberkopf

Nachdem der Autor eine Reihe literarischer Milieuskizzen vom Berliner Osten gezeichnet hatte, rückte er mit dem ab Herbst 1927 konzipierten und 1929 erschienenen Roman diesen sozialen Brennpunkt erneut ins Zentrum. Vielleicht wurde die Wahl des Berlin-Themas beeinflusst durch die Uraufführung des dokumentarischen Montagefilms von Walter Ruttmann *Berlin – Die Sinfonie der Großstadt* am 23. September 1927 und den Fotoband von Mario von Bucovich, der 1928 unter dem Titel *Berlin* mit einem »Geleitwort« von Döblin publiziert wurde. Nach seinem Erscheinen wurde *Berlin Alexanderplatz* schnell zu einem Welterfolg.

Obwohl der erläuternde Zusatz *Die Geschichte vom Franz Biberkopf* auf den Wunsch des Verlegers S. Fischer zurückging, entsprach er durchaus der Intention des Autors, denn der Doppeltitel signalisiert das hierarchische Verhältnis ebenso wie die Spannung zwischen Großstadtepos und Verbrechermoritat. Der didaktische Impetus dominiert bereits den Prolog, in dem ein ironisch-distanzierter Erzähler den Leser auf die dem »ehemaligen Zement- und Transportarbeiter« Franz Biberkopf verordnete »Gewaltkur« einstimmt und deren »Sinn« vorwegnimmt: »Wir sehen am Schluß den Mann wieder am Alexanderplatz stehen, sehr verändert, ramponiert, aber doch zurechtgebogen.«

Das Prinzip auktorialer Vorabinformation wird in allen neun Büchern beibehalten, die den Zeitraum zwischen Biberkopfs Entlassung aus der Haftanstalt Tegel bis zu seiner symbolischen Wiedergeburt schildern. Der Protagonist wird als ein gutmütig-naiver, triebhafter, zu Gewalt- und Alkoholexzessen neigender Mann dargestellt, dem es nicht gelingt, vom äußersten Rand der Gesellschaft in die bürgerliche Mitte vorzudringen. Die Großstadtrealität, von der er vier Jahre lang abgeschnitten war, erlebt er als beängstigendes Pandämonium, als feindlichen Ort, dem er im Gestus des Eroberers entgegentritt. Fehlende Menschenkenntnis verhindert die Entstehung tieferer Bindungen und führt zu immer neuen Enttäuschungen. Biberkopfs Verhältnis zu Frauen ist von latenter Aggressivität geprägt, aber auch von traumatischer Angst vor einer Wiederholung seiner kriminellen Tat.

Nach mehreren privaten und beruflichen Fehlschlägen gerät er in kriminelle Kreise und verbündet sich mit dem Berufsverbrecher Reinhold, der ihn bei einer Diebestour aus dem Auto stößt und dadurch zum Krüppel macht. Auch dieses Erlebnis führt nicht zur Umkehr, im Gegenteil: Biberkopf wird zum professionellen Hehler und Zuhälter. In dieser Zeit verliebt er sich in die Kindfrau Emilie Parsunke, die er »Mieze« nennt und die für ihn als Prostituierte arbeitet. Prahlerisch stellt er Reinhold seine Geliebte vor. In naiver Zutraulichkeit unternimmt Mieze mit Biberkopfs Freund einen Ausflug, der für sie tödlich endet. Erst dieser Mord, nach dem Biberkopf einen Nervenzusammenbruch erleidet, bewirkt die Verwandlung: In Zwiesprache mit dem Tod erkennt er »seinen Hochmut und seine Unwissenheit« und wird »zerbrochen«, um einem neuen Biberkopf Platz zu machen. In einem offenen Schlusstableau erscheint ein geläuterter, selbstkritischer und wacher Biberkopf als »Hilfsportier« am Alexanderplatz, der nun für den Lebenskampf gewappnet ist.

Entstehungsgeschichtlich bildete diese Initiations- und Resozialisierungsgeschichte den Kern des Werkes. Während der Niederschrift sammelte Döblin Zeitungsausschnitte verschiedenster Couleur und integrierte sie nach Art der Dada-Künstler in sein Manuskript. Um den roten Faden der Biberkopf-Erzählung knüpfte er ein so dichtes Netz aus zeitgeschichtlichen Dokumenten und Diskursen, dass die Montageelemente die Haupthandlung bisweilen in den Hintergrund drängen und deren Chronologie zugunsten simultaner Polyphonie aufheben. Die unvermittelte Einblendung von Fremdtexten – darunter journalistische Schlagzeilen, Politikerreden, Statistiken, amtliche Mitteilungen, Reklame-, Lied-

und Bibeltexte – trägt den dynamisierten urbanen Lebensformen und Wahrnehmungen Rechnung. Durch die Streubreite an Referenzen auf die Hoch- und Alltagskultur wird *Berlin Alexanderplatz* zu einem Text aus Texten. Döblin macht den medialen Charakter der modernen Lebenswelt sichtbar und hörbar – als Echoraum untereinander kommunizierender Stimmen (so z. B. im Kapitel »Der Rosenthaler Platz unterhält sich«). Vertreter beinahe sämtlicher Schichten und Milieus kommen zu Wort: Proletarier und Kriminelle ebenso wie Klein- und Großbürger. Die Jargons und Soziolekte ergeben in der Summe einen Querschnitt durch die Gesellschaft der Weimarer Republik, deren brisantes Klima am Vorabend der NS-Diktatur die ›Originaltöne‹ authentisch widerspiegeln.

Döblin begeht bewusst Tabubrüche, indem er Grenzbezirke, insbesondere die sogenannte Unterwelt, in provokanter Schärfe ausleuchtet. Durch zahlreiche episodische Erzählungen, Prozess- und Krankengeschichten bietet *Berlin Alexanderplatz* ein Panoptikum von Individuen, die sich außerhalb der Norm bewegen, physische oder psychische Defekte zeigen: Prostituierte, Homosexuelle, Depressive, Verhaltensgestörte, Kriegsversehrte u. a. Mit solchen Fallgeschichten legt Döblin den Finger auf die Wunden der Zeit, auf Phänomene der Disfunktionalität und Desintegration.

Die den Maximen der ›Neuen Sachlichkeit‹ verpflichtete Realitäts- und Zeitnähe des Romans wird ergänzt durch eine Erzählstrategie, die auf einer von Döblin in seiner Akademie-Rede 1928 als »Überrealität« bezeichneten Idee basiert. So bewirken z. B. die Meditationen über Tod und Vergänglichkeit, die in die mit einem Zitat aus dem Prediger Salomo überschriebene Reportage über den Berliner Schlachthof eindringen, eine Transzendierung des Tötungsgeschehens, ohne dem Leser eine religiöse Sicht aufzudrängen. Hier wie in den Hiob- und Isaak-Paraphrasen wird kein direkter Bezug zur Biberkopf-Geschichte hergestellt. Der Erzähler unterbreitet mit diesen Montagen lediglich Deutungsangebote aus der kulturgeschichtlichen Tradition und appelliert implizit an den Leser, Analogien herzustellen und über den unter der Oberfläche verborgenen Sinn zu reflektieren. Die Verflechtung verschiedenster Realitäts- und Wahrnehmungsebenen sowie die außerordentliche Vielfalt an modernen Erzähltechniken machen *Berlin Alexanderplatz* zum bedeutendsten deutschsprachigen Großstadtroman, der stilbildend für nachfolgende Autorengenerationen wurde. GABRIELE SANDER

Joseph Roth

* 2. September 1894 in Brody/Galizien (Ukraine)

† 27. Mai 1939 in Paris (Frankreich)

Studium der Germanistik und Philosophie in Lemberg und Wien; 1916 Kriegsfreiwilliger, Fähnrich; Gefangenschaft in Russland; ab 1919 Journalist in Wien, ab 1921 Berlin; schrieb für diverse Blätter, vor allem für die *Frankfurter Zeitung*; ab 1923 Erzählungen und Romane; zahlreiche Reisen; Januar 1933 Emigration nach Paris, Freundschaft mit Irmgard Keun; Aufenthalte in Ostende, Amsterdam, Wien und Südfrankreich; zunehmende Vereinsamung und Alkoholsucht.

Radetzkymarsch

In dem 1932 erschienenen Roman wird der allmähliche Zerfall des Habsburgerreiches am wechselvollen Schicksal der vier Generationen einer Familie dargestellt; die Geschichte präsentiert Mitläufer und Randfiguren im Sog des historischen Geschehens, dessen bedeutsame Stationen und Repräsentanten jedoch fast völlig ausgespart bleiben. Roth geht es nicht um die exakte und überpersönliche Dokumentation und Analyse der Geschichte, sondern um die Vermittlung von Privatexistenz und historischem Prozess, um »den Willen jener unheimlichen Macht, die am Schicksal eines Geschlechts das einer historischen Gewalt deutet« (Vorbemerkung zum Roman).

In der historischen Schlacht von Solferino (1859) rettet der (fiktive) Leutnant Trotta den Kaiser, indem er ihn rechtzeitig zu Boden wirft, als dieser sein Fernglas an die Augen führt und sich dadurch dem Feind als Ziel, »würdig, getroffen zu werden«, präsentiert; er selbst wird durch die dem Kaiser zugedachte Kugel verwundet. Trotta wird zum Hauptmann befördert, mit dem Maria-Theresien-Orden ausgezeichnet und geadelt. Die plötzliche Verbindung mit welthistorischen Ereignissen und seine unerwartete Karriere entfremden ihn dem Vater, dem Repräsentanten der bäuerlichen slowenischen Vorfahren der Familie Trotta. »Ein neues Geschlecht brach mit ihm an.«

Nach Jahren entdeckt Hauptmann Trotta im Lesebuch seines Sohnes zufällig eine Geschichte, die seine Tat entstellt und verkitscht wiedergibt; während sie in Wirklichkeit eher Reflex als »Heldentat« war, wird sie im Lesebuch zur Propagierung eines zweifelhaften vaterländischen Heldentums missbraucht. Bei den zuständigen Behörden stößt Trotta mit seiner

Beschwerde auf Unverständnis – nur der Kaiser, der ihm eine Audienz gewährt, begreift seine Empörung, fügt sich aber resigniert dem Zwang der politischen Mythenbildung. Trotta bittet um seine Entlassung aus der Armee und übersiedelt auf das Gut seines Schwiegervaters, um zur Lebensform seiner bäuerlichen Vorfahren zurückzufinden. Der Erzähler enthüllt die Unangemessenheit und gewollte Künstlichkeit dieses ›Reprivatisierungsversuchs‹, indem er die neue Tätigkeit des »Helden von Solferino« mit denselben Worten beschreibt, die zuvor Trottas Vater galten.

Sein Sohn, zum Beamten, nicht zum Soldaten bestimmt, wird Bezirkshauptmann in der Provinz. Er ist eine der prägnantesten Gestalten des Romans – ein typischer Vertreter des in der österreichischen Literatur wiederholt porträtierten pflichtbewussten Beamten; er verkennt die Hinfälligkeit der Monarchie: Als er einmal gezwungen ist, in seinen Akten den Ausdruck »revolutionärer Agitator« (als Bezeichnung eines aktiven Sozialdemokraten) durch »verdächtiges Individuum« zu ersetzen, verharmlost er progressive politische Strömungen zu privaten Unruheherden. – Der Enkel Carl Joseph, Offizier wie der »Held von Solferino«, spürt dagegen bald das bevorstehende Ende des alten Staatengebildes. Er steht freilich unter dem Bann des Großvaters, dem er es, seiner Überzeugung nach, nie wird gleichtun können: Hatte jener den Kaiser selbst gerettet, so beschränkt sich der Enkel darauf, das Bild des Kaisers aus einem Bordell zu »retten«. Schon früh verbinden sich in ihm Todesahnung und Schuldgefühle. Als die Frau des Wachtmeisters Slama, die ihn als 15-jährigen Kadettenschüler verführte, bei einer Geburt stirbt, schreibt er sich nur allzu bereitwillig die Schuld an ihrem Tod zu.

Diese Schuldgefühle verstärken sich, als sein einziger Freund, der jüdische Regimentsarzt Dr. Demant, bei einem Duell ums Leben kommt – ein Vorfall, der die Sinnlosigkeit des erstarrten Ehrenkodex demonstriert: Trotta hatte die leichtlebige Frau seines Freundes lediglich nach dem Theater nach Hause begleitet, worauf Demant von einem Regimentskameraden angepöbelt worden war und Genugtuung verlangen »mußte«. Diese Toten, besonders aber das Bild des toten »Helden von Solferino«, zehren an der Lebenskraft des Leutnants: »Ich bin nicht stark genug für dieses Bild. Die Toten! Ich kann die Toten nicht vergessen! Vater, ich kann gar nichts vergessen! Vater!« In der abgelegenen Garnisonsstadt nahe der russischen Grenze, wo diese Worte fallen, ahnt schließlich auch der Bezirkshauptmann, dass die Habsburger Monarchie, deren Einheit sich in der Figur des Kaisers versinnbildlicht, nicht mehr lange bestehen wird. Es ist der polnische Graf Chojnicki – die einzige Gestalt in Roths Roman, die die politischen Veränderungen nicht nur mehr oder weniger dumpf spürt, sondern sie auch zu artikulieren vermag –, der ihm die Augen öffnet: »Die Zeit will uns nicht mehr! Diese Zeit will sich erst selbständige Nationalstaaten schaffen!«

Unfähig, sich von seinen Schuldgefühlen und Todesahnungen zu befreien, wird Carl Joseph vom Alkohol abhängig und verstrickt sich in Schulden. Seine Schwermut wird nur selten von jäh aufkommender Euphorie unterbrochen, wie etwa während einer glanzvollen Fronleichnamsprozession in Wien – einer barocken Apotheose der alten Donaumonarchie –, der er mit einer Geliebten auf der Tribüne beiwohnt. Die Nachricht von der Ermordung des Thronfolgerpaares trifft – ein makabrer Zufall – bei Trottas Regiment ein, als ein orgiastisches Sommerfest im Gange ist. Trotta reicht seinen Abschied ein und versucht, wie sein Großvater, der »Held von Solferino«, innere Ruhe als Bauer zu finden. Bei Kriegsausbruch zur Armee zurückgekehrt, kommt er im Geschosshagel ums Leben, als er für die Soldaten seines Zuges Wasser holen will. – Der »Epilog« schildert die beiden letzten Lebensjahre des Bezirkshauptmanns, der am Tage der Beisetzung des Kaisers (1916) stirbt. Diese Gleichzeitigkeit weist ein letztes Mal darauf hin, dass Roth mit dem Schicksal der Familie Trotta zugleich auch das Schicksal des Habsburgerreiches darstellen wollte.

Die melancholische, virtuos auf der Grenze zwischen tragischer Ironie und Sentimentalität balancierte Stimmung des Romans beruht auf der Diskretion und Anpassungsfähigkeit des Autors, der sich in die jeweilige Bewusstseinslage seiner Figuren einzufühlen versteht, aber auf die aufdringliche Position des allwissenden Erzählers verzichtet. Dieser elegischen Grundhaltung, die selbst an den unübersehbaren Schwächen der Romangestalten wie der untergehenden Monarchie noch liebenswerte Züge entdeckt, entspricht die rückwärtsgewandte Utopie, die verklärende Sehnsucht nach der verlorenen Ursprünglichkeit, die die kritische Analyse des historischen Prozesses verweigert. Roths Leitmotiv ist der Radetzkymarsch, der jeden Sonntag vor dem Haus des Bezirkshauptmanns gespielt wird: Er versinnbildlicht die Idee der Einheit des Vielvölkerstaats, die schließlich nur noch so wenig realistisch ist, dass die ironische Formulierung »Einmal in der Woche war Österreich« nur scheinbar paradox ist. HARTMUT SCHEIBLE

Anna Seghers

* 19. November 1900 in Mainz (Deutschland)
† 1. Juni 1983 in Berlin/Ost (Deutschland)

(d.i. Netty Radványi, Netty Reiling) – Tochter eines jüdischen Kunst- und Antiquitätenhändlers; ab 1919 Studium der Geschichte, Kunstgeschichte, Philologie, Sinologie in Heidelberg und Köln, 1924 Promotion mit einer Arbeit über das Judentum im Werk Rembrandts; 1925 Heirat mit dem ungarischen Philosophen und Wirtschaftswissenschaftler L. Radványi; 1926 Umzug nach Berlin; 1928 erste Erzählung, Eintritt in die KPD, 1929 in den Bund proletarisch-revolutionärer Schriftsteller; nach 1933 Werke in Deutschland verboten, Flucht über die Schweiz nach Frankreich; Romane und Erzählungen gegen den Nationalsozialismus; journalistische Arbeiten; 1941 Flucht nach Mexiko; 1947 Rückkehr nach Ost-Deutschland; Auseinandersetzung mit der DDR-Gegenwart in Romanen und Erzählungen; Freundschaft u.a. mit B. Brecht, L. Renn und C. Wolf.

Das siebte Kreuz. Roman aus Hitlerdeutschland

Den »toten und lebenden Antifaschisten Deutschlands« gewidmet, zählt dieser 1942 zugleich englisch und deutsch erschienene »Roman aus Hitlerdeutschland« zu den wenigen deutschsprachigen Exilromanen, die auch im Ausland ein breites Publikum und kritische Anerkennung fanden. Vielfach wird er als Höhepunkt des Erzählwerks von Anna Seghers bewertet.

In drei früheren Romanen hatte sie die Zeit unmittelbar vor und nach der Machtübernahme Hitlers dargestellt: das langsame Vordringen der faschistischen Ideologie in ein deutsches Dorf (*Der Kopflohn*, 1933), die Situation schlesischer Bergarbeiter während der Zeit der Arbeitslosigkeit (*Die Rettung*, 1937), das Scheitern des österreichischen Arbeiteraufstandes gegen das Dollfuß-Regime (*Der Weg durch den Februar*, 1935) – und hatte dabei durchgehend die Frage eines aktiven inneren Widerstands gegen den Nationalsozialismus aufgeworfen.

Das siebte Kreuz – die Handlung spielt im Herbst des Jahres 1937 – zeigt nun eine entscheidend veränderte historische Lage. Das ›Dritte Reich‹ hat sich konsolidiert; Chancen für einen bewaffneten Widerstand bestehen nicht mehr. Dennoch mündet der Roman nicht in Verzweiflung, sondern mit einem zuversichtlichen Ausblick.

Aus dem Konzentrationslager Westhofen am Rhein (vgl. das authentische Osthofen) sind sieben politische Häftlinge entkommen. Zu ihrer

Bestrafung und zur Abschreckung der Mithäftlinge lässt der SA-Kommandant Fahrenberg auf dem »Tanzplatz« des Lagers sieben Platanen als Kreuze herrichten, an denen die Entflohenen tödliche Qualen erleiden sollen. Denn die Gestapo bringt schon nach kurzer Zeit vier Männer, darunter den legendären Oppositionspolitiker Wallau, wieder zurück; ein weiterer stirbt, als er sein Heimatdorf erreicht, während der sechste sich freiwillig stellt. Nur dem jungen Mechaniker Georg Heisler gelingt es nach längerer gefahrvoller Flucht, auf einem Rheinschiff die scharf bewachte Grenze zu überqueren; sein Weg wird ihn, das wird angedeutet, in den Spanischen Bürgerkrieg führen.

Das siebte Kreuz bleibt somit leer. Eben dadurch wird es für die Lagerinsassen zum Wahrzeichen der Hoffnung und des Widerstands. Das scheinbar perfekt organisierte Terrorsystem erweist sich, zumindest punktuell und symbolisch, als verwundbar. Dies erfahren der »alte Kämpfer« Fahrenberg, ein ich-schwacher Choleriker, und sein sadistischer Handlanger Zillich als schwere Kränkung; sie werden schließlich beide abgelöst. Der neue Kommandant, ein kühler Technokrat der Gewalt, lässt die allzu symbolträchtigen Bäume beseitigen.

Heislers Fluchtweg erweist sich als ein tückisches ›System lebender Fallen‹, aus denen er doch immer wieder entkommen kann. Die Menschen, denen er begegnet und auf deren Hilfe er angewiesen ist – Freunde, Verwandte, Gesinnungsgenossen, Zufallsbegegnungen und auch politisch Andersdenkende –, stehen jeweils neu vor der Entscheidung, ihm unter hohem eigenen Risiko diese Hilfe zu gewähren. Die meisten von ihnen handeln schließlich aus emotionalen und moralischen, weniger aus ideologischen oder politischen Motiven. Ihr Verhalten macht es einerseits möglich, dass der gehetzte Flüchtling Krankheit und Hunger, Albträume und Selbstmordvisionen, Schwäche und Verzweiflung übersteht und durch das feinmaschige Netz eines scheinbar perfekten Überwachungsapparats schlüpfen kann. Andererseits wird damit ein soziologischer Querschnitt durch Deutschland unter der Naziherrschaft gezogen. Und schließlich scheint das – fast immer der eigenen Angst und Gefährdung abgerungene – verantwortungsvolle und hilfreiche Handeln sehr verschiedener Menschen aus vielfältigen Milieus die Existenz eines unzerstörbar humanen Wesenskerns zu belegen – zumindest in der Sicht der Autorin, die am Romanschluss die Lagerinsassen sprechen lässt: »Wir fühlten alle, wie tief und furchtbar die äußeren Mächte in den Menschen hineingreifen können, bis in sein Innerstes, aber wir fühlten auch, daß es im Innersten etwas gab, was unangreifbar war und unverletzbar.«

Weit über die zeitweilig von der KPD propagierte Volksfrontpolitik hinaus geht es Seghers hierbei auch um die Rettung von Begriffen wie ›Volk‹, ›Vaterland‹ und ›Heimat‹, die sie von den Nazis usurpiert und missbraucht sieht. Besonders eindrucksvoll sind in diesem Kontext die atmosphärisch dichten Schilderungen von Landschaften (Rheinhessen und der Taunus), von Städten (Frankfurt a. M.) und Örtlichkeiten – im zweiten Kapitel etwa der Dom zu Mainz, in dem der Flüchtling sich eine Nacht lang verbergen kann.

Die Erzählform des Romans verbindet auf zwanglose Weise verschiedene Strukturelemente: einen Rahmen, der den im Lager verbliebenen Häftlingen eine kollektive Stimme gibt, mehrere parallel montierte Erzählstränge, die den individuellen Fluchtwegen und subjektiven Perspektiven der Figuren folgen, schließlich – nach dem Muster des Spannungsromans – ein ganz auf die Flucht und Verfolgung Heislers zugespitztes Finale, dessen Rettung erst auf der vorletzten Seite gesichert ist.

114

Die Handlung ist einerseits in weit über 100 Erzählsequenzen aufgesplittert, deren schneller Wechsel die Simultanität der Ereignisse spürbar macht; andererseits aber sind diese wiederum in sieben große Kapitel zusammengefasst (so wie auch die Handlungszeit sieben Tage beträgt), wodurch die Kontinuität der Erzählung gewährleistet und eine symbolische Bedeutsamkeit zumindest angedeutet wird.

Seghers stützt sich teilweise auf zeitgenössische Berichte und Dokumente, sie macht Bezüge zu realen Ereignissen kenntlich, etwa zur Flucht des KP-Funktionärs Hans Beimler und anderer aus verschiedenen Konzentrationslagern. Aber sie bettet diesen quasi-dokumentarischen Strang in ein vielfältig-fiktionales Geschehen und Figurenensemble ein, sie grundiert die zeitgeschichtliche Handlung durch vielfache biblische, historische und märchenhafte Anklänge und Bezüge – und hebt den konkreten Fall damit ins Allgemeine oder zumindest Typische.

Mit Recht hat man diese Romankonstruktion und Erzählweise als ›moderierten Modernismus‹ bezeichnet. Einflüsse der großen Simultanromane von Alfred Döblin oder John Dos Passos sind denkbar; die modernistischen Techniken werden im Interesse der Handlungskohärenz und Lesbarkeit aber stets abgedämpft. Seghers selbst hat auf das episodenreiche Erzählen in Alessandro Manzonis I *promessi sposi*, 1826 (*Die Verlobten*), als Vorbild hingewiesen.

Die Rezeption des Romans war in ungewöhnlich hohem, bisweilen fast skurrilem Maß von den politischen Zeitumständen geprägt. Nach Abdrucken einzelner Kapitel in verschiedenen Exilzeitschriften ab 1939 erschien 1942 eine erste Buchausgabe in englischer Übersetzung (in Boston), dann erst das deutsche Original (in Mexiko), beide 1942. *Das siebte Kreuz* wurde schnell ein internationaler Erfolg und in den USA, die soeben erst in den Krieg gegen Hitlerdeutschland eingetreten waren, ein Bestseller (›Book of the Month‹), von dem annähernd 500 000 Exemplare verkauft wurden. Daran knüpfte die Hollywood-Verfilmung von Fred Zinnemann mit Spencer Tracy, die ganz auf das Thriller-Element setzte und von einer massiven Werbekampagne begleitet war, nahtlos an. Im Nachkriegsdeutschland war die Aufnahme gespalten: In der DDR als antifaschistischer Klassiker gefeiert, fiel das Buch in der frühen Bundesrepublik der Ausgrenzung sozialistischer Literatur und weiter Teile der Exilliteratur anheim. Erst von den 1970er Jahren an setzte sich eine – in ideologischer wie ästhetischer Hinsicht – angemessene Würdigung dieses großen Erzählwerks durch. JOCHEN VOGT

Paul Celan

* 23. November 1920 in Czernowitz/Bukowina (Černivci, Ukraine)
† vermutlich 20. April 1970 in Paris (Frankreich)

(Pseudo. Paul Aurel, A. Pavel; auch: Paul Ancel; d. i. Paul Antschel) – 1938
Abitur in Czernowitz/Bukowina, Aufnahme eines Medizin-Studiums
in Tours; nach Kriegsausbruch 1939–1941 Romanistik- und Russisch-
Studium in Czernowitz; unter faschistischer Besetzung 1942 Deporta-
tion und Ermordung der Eltern, 1942–1944 Zwangsarbeit in Tăbăresti;
Wiederaufnahme des Studiums (Anglistik) in Czernowitz; 1945–1947
Verlagslektor in Bukarest; Flucht nach Wien, zeitweilige Verbindung mit
I. Bachmann; 1948 Übersiedlung nach Paris, bis 1950 Studium der Germanistik und Sprachwissenschaft; 1952 Heirat mit Gisèle de Lestrange; ab
1959 Deutschlektor an der École Normale Supérieure; 1960 Höhepunkt
der ›Goll-Affäre‹ (verleumderischer Plagiatsvorwurf durch die Witwe
Y. Golls), in der Folge psychische Erkrankung, ab 1962 mehrere Aufenthalte in psychiatrischen Kliniken; vermutlich am 20. April 1970 Freitod in
der Seine, Bergung des Leichnams am 1. Mai 1970 bei Courbevoie; Lyriker,
Übersetzer.

Das lyrische Werk

Paul Celan gilt als einer der bedeutendsten deutschsprachigen Dichter
des 20. Jh.s. Der jüdische Autor schuf von etwa 1938 bis zu seinem Freitod
1970 ein lyrisches Werk, das wie kaum ein anderes internationale Beach-
tung fand und heute zur Weltliteratur zählt. Geprägt von den traumatischen Erfahrungen der Shoah, stellte Celan sich als Schriftsteller – er
verfasste hauptsächlich Lyrik sowie Lyrik-Übersetzungen und schrieb
daneben einige wenige Prosatexte – der Frage, wie man im Angesicht des
Geschehenen Gedichte, zumal in deutscher Sprache, schreiben könne.
Auf der Suche nach künstlerischen Antworten schlug Celan zunehmend
radikalere Wege ein. Ein konstantes Charakteristikum seiner Dichtung
blieb jedoch, dass sie einen entschiedenen Wirklichkeitsbezug (›Holo-
caustliteratur‹) mit extremer Dunkelheit (Hermetik) verband. Celans
schwer zugängliche Gedichte mit ihrer »Neigung zum Verstummen«
bewogen T. W. Adorno zur Revision seines Urteils, »nach Auschwitz ein
Gedicht zu schreiben, [sei] barbarisch«.

Celan steht in der Tradition der Moderne, seine Vorläufer sind Baudelaire und Mallarmé, George, Rilke und Trakl. Noch die Gedichte aus

Mohn und Gedächtnis (1952), Celans erfolgreichem Debüt als Lyriker, lassen in der Schönheit ihrer Sprache, der Musikalität ihrer Verse und dem Reichtum an faszinierenden Bildern ihre Verwurzelung im Symbolismus und Surrealismus deutlich erkennen. Allerdings beginnt Celan schon hier, die Formsprache der Moderne einer Kritik zu unterziehen, die sich in den folgenden Gedichtbänden verschärft und dazu führt, dass er sich allmählich aus dieser Tradition löst. In intensiver Auseinandersetzung mit der literarischen Überlieferung bis zu seiner Gegenwart – Zeugnisse davon sind ein umfangreiches übersetzerisches Werk sowie zahlreiche Anspielungen und Zitate in den eigenen Gedichten – entwickelt Celan eine eigenständige Poetik des »dunklen« Gedichts, die eine Konsequenz seiner in der »Bremer Rede« (1958) formulieren Sprachauffassung ist: »Sie, die Sprache, blieb unverloren, ja, trotz allem. Aber sie mußte nun hindurchgehen durch ihre eigenen Antwortlosigkeiten, hindurchgehen durch furchtbares Verstummen, hindurchgehen durch die tausend Finsternisse todbringender Rede. Sie ging hindurch und gab keine Worte her für das, was geschah; aber sie ging durch dieses Geschehen. Ging hindurch und durfte wieder zutage treten, ›angereichert‹ von all dem.«

Die Dunkelheit der Celan'schen Gedichte hat mit der biographisch gewonnenen, traumatischen Erkenntnis der Unmöglichkeit zu tun, das Geschehene sprachlich zu erfassen, es etwa durch ›realistische‹ Verfahren abzubilden. Und sie entsteht bei dem Versuch, der entstellten Sprache ein »Gegenwort« abzugewinnen, das den Einzelnen sichtbar macht und so eine »Begegnung« ermöglicht (vgl. »Der Meridian«). Obwohl dunkel, sind Celans Gedichte deshalb im Gegensatz zum artistischen L'art pour l'art gerade nicht hermetisch, sondern für die Wirklichkeit und den Leser offen.

Das zeitgenössische Publikum reagierte auf Celans Dichtung sowohl mit großer Begeisterung als auch – insbesondere angesichts der späten Gedichte – mit Unverständnis. Unter den Schriftstellern standen die Neorealisten der Gruppe 47, die den Literaturbetrieb der Bundesrepublik Deutschland nach dem Krieg beherrschte, Celan ablehnend gegenüber; dagegen verbanden ihn Freundschaften mit Ingeborg Bachmann und Nelly Sachs, die in den Gedichten auf beiden Seiten Spuren hinterließen. Nach seinem Tod wurde Celan zu einem Klassiker der modernen Dichtung, was sich u. a. in einer äußerst umfangreichen Forschung, Übersetzungen seines Werks in mehrere Sprachen sowie einem bemerkenswert großen Interesse namhafter Philosophen und Literaturtheoretiker wie Adorno und Heidegger, Szondi, Gadamer und Derrida widerspiegelt. Mit über 90 Vertonungen von knapp 60 Komponisten, darunter T. Medek, H. Birtwistle, H. Holliger, W. Rihm und P. Ruzicka, hat Celans Lyrik auch musikalisch ein ungewöhnlich großes Echo gefunden.

Obwohl seine Muttersprache Deutsch war, ist Celan kein ›deutscher‹ Dichter. Noch in seiner (damals rumänischen) Heimatstadt Czernowitz entstanden etwa um 1938 seine frühesten Gedichte, die sich im Nachlass erhalten haben. Nach Kriegsende verließ Celan die Bukowina und arbeitete ab 1945 in Bukarest als Verlagslektor. In dieser Zeit hatte er Kontakt zu rumänischen Surrealisten und veröffentlichte erste Gedichte. Ende 1947 floh Celan nach Wien, das er bereits im Sommer 1948 verließ, um von nun an bis zu seinem Lebensende in Paris zu leben. Nach seiner Ankunft in Frankreich erschien *Der Sand aus den Urnen* (1948), Celans erster Gedichtband, den er allerdings wegen zahlreicher Druckfehler aus dem Handel zurückzog. Der Öffentlichkeit bekannt wurde Celan erst durch *Mohn und Gedächtnis* (1952). Es folgten zu Lebzeiten fünf weitere Gedichtbände: *Von Schwelle zu Schwelle* (1955), *Sprachgitter* (1959), *Die Niemandsrose* (1963), *Atemwende* (1967) und *Fadensonnen* (1968).

Kurz nach Erscheinen von *Mohn und Gedächtnis* nahm die sogenannte ›Goll-Affäre‹ ihren Anfang und erreichte 1960 ihren Höhepunkt. Die Witwe Yvan Golls erhob Plagiatsvorwürfe, die sich zwar als unhaltbar erwiesen, in der deutschen Presse von einigen Kritikern aber ohne Überprüfung bereitwillig übernommen wurden. Von Celan wurde dies als Versuch der Vernichtung empfunden; er erkrankte psychisch und musste sich ab 1962 bis zu seinem Freitod 1970 mehrfach in psychiatrischen Kliniken aufhalten. Im Todesjahr, bereits postum, erschien der Gedichtband *Lichtzwang*, von Celan noch für den Druck vorbereitet. Bei *Schneepart* (1971) und *Zeitgehöft* (1976) handelt es sich um Nachlassbände mit späten Gedichten. 1983 wurde eine erste Gesamtausgabe (*Gesammelte Werke*) mit Lyrik, Prosa und Übersetzungen herausgebracht. Seit 1990 erscheint eine historisch-kritische Ausgabe (Bonner Celan-Ausgabe), seit 1996 eine Studienausgabe (Tübinger Celan-Ausgabe). Es liegt eine kommentierte Gesamtausgabe der *Gedichte* vor (2003).

Eine erste Werkphase reicht bis zur Veröffentlichung des Gedichtbandes *Von Schwelle zu Schwelle* (1955), in dem Celan, beunruhigt durch die vereinnahmende Rezeption von *Mohn und Gedächtnis*, seine bisherige Schreibweise kritisch reflektiert und den Übergang zu einer neuen Art von Dichtung einleitet.

Mohn und Gedächtnis erschien 1952 und wurde in der Bundesrepublik wie kaum ein anderer Lyrikband nach 1945 begeistert aufgenommen. Die Sammlung enthält in vier Zyklen (»Der Sand aus den Urnen«, »Todesfuge«, »Gegenlicht«, »Halme der Nacht«) 56 Gedichte aus der Zeit zwischen 1944 und Frühjahr 1952. Offiziell ist es Celans erster Gedichtband, da *Der Sand aus den Urnen*, seine erste Buchpublikation als Lyriker, kurz nach Erscheinen auf Veranlassung Celans makuliert wurde. Allerdings übernahm Celan von den 48 Gedichten, die ca. 1940–1948 entstanden und in drei Zyklen (»An den Toren«, »Mohn und Gedächtnis«, »Todesfuge«) angeordnet sind, 26 in *Mohn und Gedächtnis*, darunter sein berühmtestes Gedicht, die »Todesfuge«.

Ästhetisch handelt es sich also keineswegs um einen radikalen Neuanfang. Vielmehr verbindet die beiden, sich zur Hälfte überschneidenden Bände, dass sie in Metaphorik und Musikalität ihrer Sprache noch deutlich unter dem Einfluss von Symbolismus und Surrealismus stehen. Allerdings verzichtet Celan in *Mohn und Gedächtnis* zunehmend auf den Gebrauch traditioneller Reimstrophen, die er in *Der Sand aus den Urnen* zwar bereits problematisiert (»Nähe der Gräber«), jedoch noch häufig nutzt. Ebenso verwendet er weniger die in den frühen Gedichten häufigen daktylischen Langzeilen.

Thematisch bestimmen Shoah, Tod und Trauer selbst die Liebesgedichte, z. B. »Corona«: »Mein Aug steigt hinab zum Geschlecht der Geliebten: / wir sehen uns an, / wir sagen uns Dunkles, / wir lieben einander wie Mohn und Gedächtnis«. In dem offenkundig erotischen Gedicht wird zugleich des ermordeten »Geschlechts der Geliebten«, des jüdischen Volks gedacht, aber auch das Verhältnis von rauschhaftem Vergessen (in Traumbildern) (»Mohn«) und Erinnerung an tatsächlich Geschehenes (»Gedächtnis«) poetologisch reflektiert.

Paradigmatisch für Celans Schreibweise in dieser Phase sowie für ihre Rezeption ist die »Todesfuge«, der in beiden Bänden ein eigener Zyklus zugewiesen ist. 1944/45 entstanden und 1947 zunächst in rumänischer Übersetzung unter dem Titel »Tangoul morții« (Todestango) veröffentlicht (Celan nutzte dabei erstmals das aus Ancel, der rumänischen Schreibweise seines Namens Antschel gebildete Anagramm), irritiert das Gedicht durch seine fast berauschende Schönheit, mit der das Grauen der Vernichtungslager zur Sprache gebracht wird. Tatsächlich haben einige Rezensenten das Gedicht als ästhetischen Genuss erlaubende ›Bewältigung‹ der Shoah, als ihre Erhebung in den Bereich »reiner Poesie« missverstanden. Übersehen wurde dabei die Funktion der durchgängigen Zitatstruktur des Gedichts, die auch formale Elemente wie die metrische Gestaltung in Daktylen (»wir schaufeln ein Grab in den Lüften da liegt man nicht eng«) einschließt. Celan wendet hier ein Verfahren an, das für seine Dichtung charakteristisch ist: Er bezieht sich in dialogischer Weise auf die Tradition, um sich zu ihr in ein Verhältnis zu setzen und sie mitunter in teilweise bitterer Parodie in Frage zu stellen. Die »Todesfuge«, in der die zynische Verbindung von Morden und Musizieren in Konzentrationslagern explizit Thema ist (»stecht tiefer die Spaten ihr einen ihr andern spielt weiter zum Tanz auf«), stellt in ihrem eigenen ›Musizieren‹ bloß, wie fragwürdig ein solches kunstvolles Sprechen angesichts des Geschehenen ist.

1955 erschien *Von Schwelle zu Schwelle*. Der Band ist Gisèle Celan-Lestrange gewidmet, der französischen Künstlerin, mit der der Dichter seit Dezember 1952 verheiratet war. Die 47 Gedichte der Sammlung, entstanden zwischen Mitte 1952 und Ende 1954, verteilen sich auf drei Zyklen: »Sieben Rosen später«, »Mit wechselndem Schlüssel« und »Inselhin«. Sprachlich wie thematisch sind sie noch den Gedichten aus *Mohn und Gedächtnis* verbunden; allerdings beginnt Celan, Konsequenzen aus der Rezeption des vorangegangenen Bandes zu ziehen.

So problematisiert er in einer Reihe von poetologischen Gedichten sein Schreiben, z. B. in »Welchen der Steine du hebst«: »Welches der Worte du sprichst – / du dankst / dem Verderben«. Programmatisch fordert Celan in dem Gedicht »Sprich auch du« eine »Verschattung« der Sprache, die Mehrdeutigkeit (genauer: »Vielstelligkeit«) und Präzision im Ausdruck verbindet; ein Prinzip, das für seine Dichtung mehr und mehr bestimmend wird: »Sprich – / Doch scheide das Nein nicht vom Ja. / Gib deinem Spruch auch den Sinn: gib ihm den Schatten.« Celan sollte in einer Umfrage der Librairie Flinker 1958 von der deutschen Gegenwartslyrik den Verzicht auf ›Wohlklang‹ zugunsten einer nüchterneren, »graueren« Sprache fordern. Dieser Prozess setzt in *Von Schwelle zu Schwelle* ein: Celan beginnt, von der berauschenden Klang- und Bildschönheit seiner früheren Gedichte Abstand zu nehmen. Insofern handelt es sich bei diesem Band, wie sein Titel nahelegt, um ein ›Schwellenwerk‹.

Mit dem Erscheinen von *Sprachgitter*, Celans schmalstem Band, beginnt 1959 eine zweite Werkphase. Die zwischen Anfang 1955 und November 1958 entstandenen 33 Gedichte – infolge der sich zuspitzenden ›Goll-Affäre‹ liegen seit diesem Band für alle Gedichte Celans Entstehungsdaten vor – sind in sechs Zyklen (I–V; »Engführung«) angeordnet; das erste (»Stimmen«) und das letzte (»Engführung«) Gedicht bilden dabei mit je einer eigenen Abteilung den poetologischen wie thematischen Rahmen. Der sorgfältig komponierte Band, in dem die Motive ›Stimmen‹, ›Sprechen‹, ›Gedenken‹, ›Wahrnehmen‹ und ›Schweigen‹ miteinander verflochten sind, will in seinen nun auch stärker auf die unmittelbare Gegenwart reagierenden Gedichten die verstummten Stimmen der Toten (»stimmlos«) sprachlich wahrnehmbar (»stimmhaft«) machen. Mit einer »zwischen Schweigen und Sprechen angesiedelten, im Bild des Sprachgitters vorgestellten Dichtung« (Lehmann) setzt Celan in diesem Band seine Forderung nach einer »graueren« Sprache erstmals konsequent um.

Das entscheidende, von Celan seit diesem Band angewandte dichterische Verfahren besteht in einer sprachlichen Verknappung und Verdichtung. Die Reduktion der fragwürdig gewordenen Sprache, die zuletzt eine »Freisetzung« der Worte bewirken soll, reicht von der metrischen Gestaltung der Gedichte und ihrer Bildlichkeit bis zur Zersetzung der Wörter in einzelne Silben; zugleich gewinnt die graphische Gestalt des Gedichts mitsamt seinen Zeilenumbrüchen und Leerstellen an Bedeutung. »Die Metaphern sind verschwunden, die Worte haben jede Verkleidung, Verhüllung abgelegt, kein Wort fliegt mehr einem andern zu, berauscht ein anderes«, so Ingeborg Bachmann (»Frankfurter Poetikvorlesung«, 1959/60) über Celans neue Gedichte. Deren Sprache rauscht nicht mehr, sondern stockt: »Ja. / Orkane, Par- / tikelgestöber, es blieb / Zeit, blieb« (»Engführung«).

Auf diesem Weg soll der Sprache im Gedicht ein »Gegenwort« abgewonnen werden – so Celan 1960 in seiner Poetik des »Meridian« –, das die Stimme eines Einzelnen hörbar werden lässt. Mit der Verknappung der Sprache geht die »Vielstelligkeit« des Ausdrucks einher, welche im Zeichen des dialogischen Charakters der Gedichte steht. In der Ansprache anlässlich der Entgegennahme des Literaturpreises der Freien Hansestadt Bremen (»Bremer Rede«, 1958) heißt es: »Das Gedicht kann, da es ja eine Erscheinungsform der Sprache und damit seinem Wesen nach dialogisch ist, eine Flaschenpost sein.« Der Titel des Bandes bezeichnet in solcher präzisen »Vielstelligkeit« das für diese Gedichte charakteristische Spannungsverhältnis von »Sprechen und Schweigen, von Nähe und Distanz, von Offenheit und Geschlossenheit« (Lehmann), das in dem

Gedicht »Engführung«, einer Antwort auf die »Todesfuge«, exemplarisch verwirklicht ist.

Die *Niemandsrose* erschien 1963 und kann als Höhepunkt des Celan'schen Werks angesehen werden. Die in vier Zyklen angeordneten 53 Gedichte entstanden zwischen 1959 und 1963, in einer Phase, in der Celan intensiv an der Ausarbeitung seiner Poetik arbeitete (vgl. »Der Meridian«) und den Prosatext »Das Gespräch im Gebirg« (1960) schrieb. Auch fertigte Celan zu dieser Zeit einige seiner wichtigsten Übersetzungen aus dem Französischen und Russischen an, darunter von Gedichten Mandel'štams, der zu einer zentralen Bezugsfigur für Celan wurde und dem er Die *Niemandsrose* widmete. Schließlich erreichte 1960 die ›Goll-Affäre‹ ihren Höhepunkt. Celan, für den Dichten »unter dem Neigungswinkel seines Daseins, dem Neigungswinkel seiner Kreatürlichkeit« zu sprechen bedeutete, bedrohte dieser Rufmord existenziell, er wurde von ihm als (antisemitischer und damit erneuter) Versuch der Vernichtung empfunden. Nicht zuletzt hiermit hängt zusammen, dass in diesem Gedichtband das Judentum besondere Bedeutung gewinnt (»Psalm«, »Die Schleuse«).

Die *Niemandsrose* wurde von der Kritik freundlicher aufgenommen als der vorangehende Band. Nichtsdestoweniger setzt Celan ästhetisch den in *Sprachgitter* eingeschlagenen Weg konsequent fort, indem er, die eigene Schreibweise immer wieder befragend, weiter Abstand nimmt vom Ideal des ›schönen‹ Gedichts und seiner Sprache. Besonders augenfällig ist die dialogische Ausrichtung der Gedichte in diesem Band. Für Celan stehen Gedichte »im Geheimnis der Begegnung«. Dies äußert sich zum einen in einer auffällig häufigen Ansprache eines »Du«. Zum andern setzt sich Celan in den Gedichten der *Niemandsrose* intensiv mit der lyrischen Tradition (u. a. Hölderlin, Heine, Georg Büchner, Rilke), zeitgenössischen Dichtern wie Nelly Sachs und der eigenen früheren Dichtung auseinander, wie zahlreiche Zitate und Anspielungen zeigen (»Tübingen, Jänner«, »Eine Gauner- und Ganovenweise«).

Mit *Atemwende* (1967) setzt Celans Spätwerk ein, zu dem außerdem der zu Lebzeiten veröffentlichte Gedichtband *Fadensonnen* (1968) sowie die Nachlassbände *Lichtzwang* (1970), *Schneepart* (1971) und *Zeitgehöft* (1976) zählen. Hinzu kommen (neben einer großen Zahl an weiteren, inzwischen aus dem Nachlass veröffentlichten späten Gedichten) der in dem Sammelband *Aus aufgegebenen Werken* 1968 unselbständig publizierte Zyklus »Eingedunkelt« sowie zwei bibliophile Ausgaben (*Atemkristall*,

1965; *Schwarzmaut*, 1969), die Gedichte Celans gemeinsam mit dazu entstandenen Radierungen seiner Frau präsentieren und von einem intensi-
ven künstlerischen Dialog der beiden zeugen.

Es war eine besonders produktive Werkphase; in kurzer Zeit entstanden gleich mehrere Gedichtsammlungen mit einer hohen Anzahl meist
kurzer Gedichte. So enthält der Gedichtband *Atemwende*, der als eines der
bedeutendsten Werke Celans gilt, 80 Gedichte aus der Zeit von 1963 bis
1965; die 105 Gedichte aus *Fadensonnen* entstanden zwischen 1965 und 1967,
alle 81 Gedichte aus *Lichtzwang* schrieb Celan in der zweiten Hälfte des
Jahres 1967.

Celan radikalisierte in dieser Phase seines Schaffens die von ihm seit
Sprachgitter eingesetzten Verfahren derart, dass die damit einhergehende
Steigerung der Unzugänglichkeit seiner Gedichte als Kommunikations-
abbruch aufgefasst wurde und man von einer »Wende zum Verstummen« (Meinecke) sprach. Entsprechend ablehnend, mitunter auch ratlos
reagierte die Kritik.

Celan dagegen beharrte auf dem dialogischen Anspruch noch seiner
späten Gedichte. Auch sie begriff er als Zeugnis individuellen Sprechens,
wie der Bandtitel *Atemwende* bezeugt, ein Ausdruck aus dem »Meridian«:
»Dichtung: das kann eine Atemwende bedeuten.« Allerdings steigerte
sich der pessimistische Zug in Celans Dichtung: »FADENSONNEN /
über der grauschwarzen Ödnis. / Ein baum- / hoher Gedanke / greift sich
den Lichtton: es sind / noch Lieder zu singen jenseits / der Menschen.«
Geschichtspessimismus und Zivilisationskritik verbinden sich in den
späten Gedichten mit einem aggressiven Sarkasmus, der auch die eigene
Sprache und Dichtung nicht ausnimmt. In zahlreichen Anspielungen,
Zitaten und Selbstzitaten stellt Celan in teils ätzender Ironie die über-
kommene Sprachverwendung bloß, so z.B. in dem Gedicht »Du liegst«
aus *Schneepart*, das auf (im Zusammenhang mit der Ermordung Luxemburgs und Liebknechts) der Überlieferung nach tatsächlich Gesagtes
rekurriert: »Der Mann ward zum Sieb, die Frau / mußte schwimmen,
die Sau«. Ausgehend von der Frage, wie viel man über den Entstehungs-
kontext wissen muss, um dieses Gedicht zu verstehen, ist es in der Folge
einer Fragment gebliebenen Studie Szondis zu einem der meistinterpre-
tierten Gedichte Celans geworden.

Um der Sprache ein »Gegenwort« abzugewinnen, geht Celan bei
ihrer Destruktion im Spätwerk zunehmend aggressiver vor. Was übrig
bleibt, ist oft nicht mehr als das einzelne Wort in seiner lautlichen und

graphischen Materialität:»Tiefimschnee,/Iefimnee,/I–i–e.«(»Keine Sandkunst mehr«) Mehr und mehr weicht Celan aus dem Bereich der gewohnten Sprache, auch der gewohnten dichterischen Sprache zurück und verwendet ein auffälliges Vokabular, das sich aus verschiedenen Fachsprachen, besonders der Botanik und Geologie, speist; viele vermeintliche Neologismen Celans stammen dorther, z.B.»Büßerschnee«, »Gletscherstuben/-tische« und »Wabeneis« aus dem poetologischen Gedicht »Weggebeizt« (aus *Atemwende*):»WEGGEBEIZT vom / Strahlenwind deiner Sprache / das bunte Gerede des An- / erlebten – das hundert- / züngige Mein- / gedicht, das Genicht. // Aus- / gewirbelt, / frei / der Weg durch den menschen- / gestaltigen Schnee, / den Büßerschnee, zu / den gastlichen / Gletscherstuben und -tischen. // Tief in der Zeitschrunde, beim Wabeneis / wartet, ein Atemkristall, / dein unumstößliches / Zeugnis.« Die Texte werden zu Sprachlandschaften, die oft menschenleer, erstarrt und anorganisch-winterlich sind wie hier. JULIA ABEL

Robert Musil

* 6. November 1880 in Klagenfurt (Österreich)

† 15. April 1942 in Genf (Schweiz)

(d. i. Robert Edler von Musil) – Einziger Sohn aus altösterreichischer Familie; 1892–1898 militärische Ausbildung (Kadettenschulen, Militärakademie); 1898–1901 Maschinenbau-Studium in Brünn; 1903–1908 Studium der Philosophie und der experimentellen Psychologie in Berlin, Beginn der schriftstellerischen Arbeit; 1908 Promotion über Ernst Mach bei Carl Stumpf; 1911 Heirat mit Martha Marcovaldi, 1914–1918 Offizier; 1921 bis zum Tod Arbeit am *Mann ohne Eigenschaften* in Wien; 1938 Emigration in die Schweiz.

Der Mann ohne Eigenschaften

Der 1930 mit Band 1 (Teile 1 und 2) und 1932 mit Band 2 (Teil 3) erschienene Roman blieb unvollendet. Nach Robert Musils Tod (1942) gab seine Frau Martha die sogenannten »Druckfahnen-Kapitel« (20 Kapitel, die den zweiten Band fortsetzen sollten) im Selbstverlag heraus. Den umfangreichen Nachlass veröffentlichte Adolf Frisé 1952 zusammen mit diesen 20 Kapiteln und ihren sechs Varianten, an denen Musil bis zu seinem Tod gearbeitet hat. Diese Ausgabe wurde angesichts der Auswahlverfahren Frisés heftig kritisiert. Erst 1978 und 1981 erschienen verlässliche Ausgaben; wie Musils Pläne zur Fortführung der Ulrich-Agathe-Episode tatsächlich beschaffen waren, ist allerdings bis heute umstritten. Früheste Tagebuchaufzeichnungen um 1900 belegen die Kontinuität, mit der Musil an diesem Stoff unter verschiedenen Titeln (»Der Spion«, »Der Erlöser«) bis zu seinem Tod gearbeitet hat.

Der Roman beschreibt Ereignisse im Leben des Protagonisten Ulrich in den Jahren 1913 und 1914 in Wien, der Hauptstadt »Kakaniens«. Der Mathematiker Ulrich scheitert mehrfach an dem Versuch, »ein bedeutender Mann zu werden«, und nimmt »Urlaub von seinem Leben«. Er ist auf der Suche nach einem Grund zu leben, denn er bemerkt, dass ihm jede Ordnung in der technisierten Welt abhanden gekommen ist. Der rationalistische Geist und der Fortschrittsglaube der Moderne mit ihrem »Wirklichkeitssinn« irritieren ihn, den Mann ohne Eigenschaften, für den diese Welt eine Welt der Eigenschaften ohne Mann, also ohne integrierendes Zentrum ist. Er entwirft einen »Möglichkeitssinn«, mit dem er die Wirklichkeit als Erfindung betrachtet. Ulrich wird durch die Vermittlung seines Vaters als Generalsekretär an der »Parallelaktion« beteiligt, mit der Graf Leinsdorf und Ulrichs Cousine Diotima dem 30. Regierungsjubiläum Wilhelms II. 1918 mit der Jubiläumsfeier zum 70. Regierungsjahr Franz Josephs zuvorkommen wollen. Die Schilderungen zur Vorbereitung der Parallelaktion mit ihren vielen Beteiligten unter Führung des deutschen Großindustriellen Paul Arnheim, Antagonist Ulrichs, geben Einblick in den sozialkritischen Hintergrund des Romans, der die Vorkriegswelt der k.u.k.-Monarchie in ihrer weltanschaulichen und intellektuellen Disparatheit umfassend integriert und ironisiert. Darauf weist der Titel des zweiten Teils, »Seinesgleichen geschieht«, hin: Das »Seinesgleichen« bezeichnet eben diese inhaltsleere vaterländische Aktion, die nie eine wirkliche Programmatik entfalten kann. General Stumms Besuch in der Staatsbibliothek gibt davon ein Beispiel: Im Bestreben, das Buch über die »Verwirklichung des Wichtigsten« der Menschheit zu finden, wird er nur an Kataloge verwiesen und schließlich in die Bibliothekswissenschaft eingeführt.

Im Vordergrund steht allerdings Ulrichs »geistiger Aktivismus« und damit sein Bemühen, die ihm in Gestalt der Figuren des Romans angetragenen Versatzstücke philosophischer und kulturgeschichtlicher Theoriebildung dieser Zeit für sein Leben als »Möglichkeitsmensch« nutzbar zu machen. Paul Arnheim, eine Figuration Walther Rathenaus, ist ein aktiver und tatkräftiger Charakter, der die Synthese von Ratio und Seele für sich gefunden hat. Sein Denken und Handeln sind direkt aufeinander bezogen, Ulrich hingegen kann diese beiden Sphären nicht miteinander vereinbaren. Arnheims Realismus und Utilitarismus wird von Ulrich kritisiert und abgelehnt; er distanziert sich zunehmend von ihm. Walter und seine Frau Clarisse, Jugendfreunde Ulrichs, sind Figuren, die die Gegenwart Nietzsches in Musils Denken verkörpern. Walter, ein gescheiterter Künstler, verehrt Wagner und leidet an der Entartung Europas; er erwartet eine Umwertung, eine neue Rangordnung der abendländischen Werte. Clarisse, die zunehmend dem Wahnsinn verfällt, verehrt das Genie Nietzsche und zeigt einen Hang zu Sinnlichkeit, Musik, Tanz und Wollust. Beide sind als Figuren angelegt, die eine anti-rationalistische Tendenz verkörpern, die Ulrich als zu einseitig ablehnt.

Das Extrembeispiel dieser Tendenz findet sich in Christian Moosbrugger, einem geisteskranken Prostituiertenmörder, dem sich Clarisse zunehmend nähert. Sie regt ein »Nietzsche-Jahr« bei der Parallelaktion an und versucht, dadurch auch dem inhaftierten Moosbrugger zu helfen, denn Nietzsche und Moosbrugger betrachtet sie als in ihrer Geisteskrankheit vereint. Moosbrugger findet zwischen seinen Gefühlen und der Außenwelt keine Schwelle mehr, die der Entäußerung seiner Emotionen Halt gebieten könnte. Wie er die Eindrücke der Außenwelt ungefiltert empfängt, so muss er auch seine Empfindungen und seine Körperlichkeit haltlos ausleben. So wird Moosbrugger zu einem Teil der aus den Fugen geratenen Welt, die Ulrich für sich zu ordnen versucht, wohlwissend, dass eine Ordnung abhanden gekommen ist. Ein weiterer Figurenkreis gruppiert sich um das Haus der jüdischen Bankdirektorsfamilie Fischel, die unter Nationalismus und Antisemitismus leidet. Die Tochter Gerda lernt über den Hauslehrer Hans Sepp einen christlich-germanischen Kreis kennen, in dem die »deutsche mystische Tat« gepredigt wird.

Ulrichs erotische Beziehungen, die im Roman eine große Rolle spielen, sind in zunehmendem Maße von Enttäuschungen geprägt. Die Steigerung dieser Enttäuschungen nach der ihn noch erfüllenden »vergessenen Geschichte mit der Gattin eines Majors«, der Halbweltdame Leona, der platonischen Beziehung zu Diotima und dem Bruch mit seiner sinnlichen Geliebten Bonadea stellt der als sinnlos empfundene versuchte Geschlechtsverkehr mit Gerda dar. Gegen Ende des zweiten Teils spitzen sich die Verhältnisse zu. Während einer letzten Zusammenkunft werden die Vorschläge wiederholt, »die der Parallelaktion einen Inhalt hätten geben sollen«; Ulrich spricht sich für ein »Erdensekretariat der Genauigkeit und Seele« aus. Er verbalisiert damit seine Utopie des exakten Lebens, nämlich einer Verschwisterung von Ratio und Mystik, die das Inkommensurable, die »gleitende Logik der Seele«, von der sich nur in Gleichnissen reden lässt, mit höchster wissenschaftlicher Präzision und »Eindeutigkeit« zu erfassen versucht. Arnheim schlägt Ulrich eine Beteiligung an seiner Firma vor; dieser jedoch bemerkt auf dem Heimweg, dass ihm dieses »primitiv Epische« nun endgültig abhanden gekommen ist, dass sein Leben nämlich keinem Faden der Erzählung mehr folgt, »sondern sich in einer unendlich verwobenen Fläche ausbreitet«. Diese Existenzweise »gegen das logische Ordnen« ähnelt so dem Essayismus mehr als dem epischen Erzählen.

Der zweite Teil endet mit dem Tod von Ulrichs Vater; er ist im Ganzen vom Prinzip der Spaltung dominiert, während das mit dem dritten Teil beginnende zweite Buch eher vom Prinzip der Vereinigung her organisiert ist. Ulrichs Zweifel am Wirklichkeitssinn und an der Parallelaktion richten sich mit der Ankunft seiner Schwester Agathe zur Beerdigung des Vaters ganz auf die Suche nach dem »anderen Zustand«, den er mit Agathe zusammen zu erreichen trachtet. Ulrich und Agathe verstehen darunter die utopische Vereinigung von Ratio und Mystik in einem das Wirkliche und Alltägliche transzendierenden, kontemplativen Miteinandersein. Ulrichs erste erotische Beziehung zu der Majorsgattin fungiert ebenso wie frühe Kindheitserinnerungen als Folie für diese Erfahrung.

Bereits die erste Begegnung der Geschwister zeichnet ihre zwillingshafte und intime Beziehung und auch ihre Distanz zum Wirklichkeitssinn symbolisch vor, denn beide tragen die gleichen, an Pierrot-Kostüme erinnernden Pyjamas. Agathes Ehe mit Professor Hagauer, einem bekannten Pädagogen, steht kurz vor dem Scheitern; sie will trotz seiner Drohungen nicht mehr zu ihm zurück. Die Geschwister lösen sich von allen gesellschaftlichen Banden und streben die gesteigerte (nichtsexuelle) Liebe jenseits der gesellschaftlichen Moral an. In den »Heiligen Gesprächen« konkretisieren sie ihr Ideal in Anlehnung an Vereinigungsmythen und an die Schriften der Mystiker. Der Hermaphroditismus und die Mythen von Isis und Osiris, vom platonischen Kugelmenschen und vom Tausendjährigen Reich sind die Vorbilder für ihre Utopie. Diese »Reise an den Rand des Möglichen« der beiden »Verbrecher« wird auch durch die Testamentsfälschung initiiert, mit der Agathe Hagauer benachteiligt.

Nach einer Zeit des gemeinsamen Aufenthalts im väterlichen Haus kehrt Ulrich nach Wien zurück. Er tritt wieder in Kontakt zur Parallelaktion. Inzwischen lebt der seherische Philosoph Meingast bei Walter und Clarisse, die dessen Einfluss vollkommen unterlegen ist. Es kommt zum »Rückfall« Ulrichs, als er sich noch einmal mit Bonadea einlässt, sich jedoch mit Rücksicht auf Agathe von ihr trennt. Der dritte Teil endet in einer Parallelführung mehrerer Ereignisse: Agathe macht die Bekanntschaft des Mittelschullehrers Lindner, einem bürgerlichen Pedanten, und Ulrich begleitet Clarisse ins Irrenhaus zu Moosbrugger. Angesichts eines Volksaufstandes wird bei der Parallelaktion ein »gemeinsamer Beschluss« auf Anregung des patriotischen Dichters Feuermaul (eine Karikatur Franz Werfels) gefasst: »Für seine eigenen Ideen soll sich jeder töten lassen«, lautet diese Richtlinie. Musils Plan, mit dem Roman den Weg in den Ersten Weltkrieg zu zeigen, wird hier deutlich. Ulrichs Leiden an der Ordnung als Thema des ersten Buchs wird mit der vaterländischen

Aktion zusammengeführt, so dass General Stumms Prognose sich erfüllt: »Irgendwie geht Ordnung in das Bedürfnis nach Totschlag über.«

Die »Druckfahnen-Kapitel« führen zunächst die Handlung um Agathe und Lindner fort, der als Repräsentant gesellschaftlicher Ordnung und Moral für Agathe eine Entlastung von Ulrich darstellt. Lindners Aggressivität und Fanatismus in moralischen Fragen lässt sie bald zu Ulrich zurückkehren. Die sechs Kapitel-Entwürfe, an denen Musil zuletzt arbeitete, zeigen eine entschiedene Hinwendung zur Utopie des »anderen Zustands«. Die Geschwister werden in dieser »letzten Liebesgeschichte« zum »Letzten Mohikaner der Liebe«. Im Garten erleben sie Momente gesteigerter Erfahrung und lesen sich die Schriften der Mystiker vor. Als Höhepunkt gilt das Kapitel »Atemzüge eines Sommertages« mit der Schilderung des erlebten »anderen Zustands«: »Da ward mir das Herz aus der Brust genommen«, zitiert Agathe einen Mystiker, um ihr Erlebnis in Worte zu fassen. Es deutet sich jedoch bereits an, dass der »andere Zustand« in seiner kontemplativen Natur durch ein »appetithaftes« und »animalisches« Prinzip ergänzt werden muss, um der drohenden Erstarrung zu entgehen. Die Entwürfe weisen auch eine Kapitelgruppe unter dem Titel »Die Reise ins Paradies« auf, in der eine Reise ans Meer für Ulrich und Agathe im Inzest auch die sexuelle Erfüllung ihres Beisammenseins mit sich bringt.

Ulrichs Absage an das epische Erzählen ist auch das Grundprinzip der Musil'schen Erzählweise. Der Roman ist angesichts seiner Offenheit, der ironischen Grundhaltung, der Multiperspektivität und der essayistischen und nicht-linearen Erzählweise formal innovativ. Das »Erzählen im Konjunktiv« bricht mit dem Prinzip der Abschilderung der Wirklichkeit, an deren Stelle die Kategorien des Möglichen und des Experiments auch in der Erzählhaltung treten.

Der Roman war nach der Veröffentlichung des ersten Bandes 1930 ein ungebrochener Erfolg bei der Kritik. Das Verbot des Romans im ›Dritten Reich‹ und Musils akribische Arbeitsweise brachten es allerdings mit sich, dass Musil in der Folge bis zu seinem Tod mit erheblichen finanziellen Problemen zu kämpfen hatte. Der Erfolg des Romans führte zur Gründung von Musil-Gesellschaften in Berlin und Wien (u.a. durch T. Mann unterstützt), die ihn auch finanziell förderten und so die Fortführung des Projektes ermöglichten.

Nach dem Streit um die Edition Adolf Frisés bestand das Hauptziel der literaturwissenschaftlichen Rezeption in den 1970er Jahren darin, die geistesgeschichtlichen Hintergründe des Werks aufzuhellen. Besonders seit den 1980er Jahren ist die Anerkennung Musils gestiegen, was dazu führte, dass sich zahlreiche Untersuchungen unter dem Einfluss des Poststrukturalismus mit den formalen Eigenschaften des Romans auseinandersetzten. Die ironische und nicht-lineare Erzählweise wurde verstärkt im Zusammenhang mit dem Inhalt betrachtet. So wurde deutlich, dass die Offenheit des Romans kaum auf eine Deutung oder einen ›Sinn‹ reduziert werden kann. Es wurden Versuche unternommen, Musils literarisches Experiment mit den Grundhaltungen der Postmoderne zu vereinbaren. CHRISTIAN DAWIDOWSKI

Max Frisch

* 15. Mai 1911 in Zürich (Schweiz)
† 4. April 1991 in Zürich (Schweiz)

Ab 1930 Germanistik-Studium in Zürich, 1933 Studienabbruch; freier
Journalist für das Feuilleton der *Neuen Zürcher Zeitung*; 1933–1936 Reisen
durch Ost- und Südosteuropa; 1936–1941 Architekturstudium in Zürich;
1939–1945 Militärdienst; 1939 Wiederaufnahme schriftstellerischer Arbeit;
1942 erster Preis bei Architekturwettbewerb, Gründung eines eigenen
Architekturbüros; 1946 Reise nach Deutschland; 1947 Begegnungen
mit B. Brecht, F. Dürrenmatt und P. Suhrkamp; 1951/52 in den USA und
Mexiko; 1954 Erfolg mit *Stiller*; fortan freier Schriftsteller; 1956 zweite
Amerikareise; 1958–1962 Beziehung mit Ingeborg Bachmann; 1960–1965
Wohnsitz in Rom, 1965 Umzug ins Tessin; Reisen nach Israel und in die
UdSSR; 1970–1974 mehrere USA-Aufenthalte; 1975 Reise nach China in
der Delegation des deutschen Bundeskanzlers Helmut Schmidt; 1981
zeitweiliger Wohnsitz in New York; bedeutender, politisch engagierter
Epiker, Dramatiker, Diarist und Essayist.

Stiller

Der Roman erschien 1954. Max Frischs *Tagebuch* 1946–1949 zufolge
machen wir »Aussagen, die nie unser eigentliches Erlebnis enthalten, das
unsagbar bleibt; [...] das Eigentliche, das Unsagbare, erscheint bestenfalls
als Spannung zwischen diesen Aussagen«. Angemessen ausdrücken
könne »mich nur das Beispiel, das mir so ferne ist wie dem Zuhörer:
nämlich das erfundene«. »Geschichten gibt es nur von außen«, verdichtet
die Miszelle »Unsere Gier nach Geschichten« (1960) diese Einsicht zur
Maxime.

»Man kann alles erzählen, nur nicht sein wirkliches Leben«, lautet das
erzählerische Echo im *Stiller* (1954), in dem sich Fragen nach der Erkenntnis der Wirklichkeit des modernen Individuums und seiner Sprachnot,
die für den Schriftsteller Frisch charakteristische Identitätskrise der
Figuren sowie seine spezifische Bildnis-Theorie verquicken. Exemplarisch demonstriert bereits der erste Satz des Romans diesen komplexen
Sachverhalt: »Ich bin nicht Stiller!« Geäußert von dem über 40-jährigen
gescheiterten Zürcher Bildhauer Anatol Ludwig Stiller nach fast sieben-
jähriger Abwesenheit in Übersee, verleugnet er dessen Vergangenheit
aus Furcht vor der neuerlichen Fixierung auf die inzwischen verworfene

gesellschaftliche, künstlerische und privat-eheliche Rolle. Wer er nach seiner Wandlung sei, weiß Stiller alias White, der ›Unbeschriebene‹, allerdings nicht. Immerhin habe er nach einem missglückten Selbstmordversuch die Nichtigkeit seiner Existenz angenommen. Doch erst nach Untersuchungshaft und gerichtlicher Identifizierung überwindet er seinen Überzeugungszwang gegenüber der Öffentlichkeit und lebt schließlich ›stiller‹ zurückgezogen allein.

Die Serie der in den sieben tagebuchartigen »Heften« des ersten Romanteils von dem Gefangenen Stiller-White einem teilweise sensationslüsternen, unbedarften Publikum als Mordgräuel erzählten »Geschichten von außen« ist durch die Notwendigkeit der Geheimhaltung von Stillers Identität bedingt, verdankt sich wesentlich aber seiner sprachlichen Misere. Seine immer komplexeren Erfindungen oder gemäß Frischs Poetik von anderen Figuren übernommenen tatsächlichen Geschichten enthüllen chronologisch sein Leben, also auch und gerade dessen von ihm als misslungen beurteilten Anfangsteil. Überdies lassen die Anekdoten, »Schnurren« oder »Märchen«, besonders mittels Varianten, die Entwicklung seines Bewusstseins während des gesamten Erzählprozesses erkennen. So richtet sich die Moritat vom Apotheker Isidor an Stillers verlassene Frau Julika, von der er nach seiner Logik der Erneuerung als »anderer« akzeptiert werden möchte, und gibt Einblick in den verzweifelten Zustand der Ehe des vermeintlichen Versagers vor seiner Flucht. In der dreifachen Version des Traums von der gegenseitigen Kreuzigung der Eheleute – das Medium Traum fungiert als »Geschichte von außen« – bekennt sich Stiller letztlich zu seiner Schuld als selbsterwählter, am Ende tödlicher »Erlöser« der scheuen und frigiden, doch während seines Verschollenseins aufblühenden Julika.

Die Erzählungen vom Sägewerksbrand, der anhänglichen Katze Little Grey und der lebensfrohen Mulattin Florence setzen sich einmal mehr mit Stillers sexuellen Frustrationen in der Ehe – ironischerweise schwängert er seine Geliebte Sibylle – und seinen Wunschträumen als soldatischer Mann auseinander. Das Märchen von Rip van Winkle vermittelt Stillers Eskapismus und Wandlung, insbesondere als Künstler, durch Abkehr von den Überforderungen der Gesellschaft. Die bezeichnenderweise umdatierte Geschichte von der Eruption des Vulkans Parícutin versinnbildlicht Stillers Unbehagen in der Züricher Gesellschaft und seinen ›Ausbruch‹ aus ihr. Das amerikanische ›Höhlen-Gleichnis‹ schließlich behandelt hauptsächlich die heftige Auseinandersetzung zweier gleichnamiger Cowboys, des ›alten‹ und des ›neuen‹ Stiller also, um Licht und Lebensrecht. Die ständige Berufung auf die einschneidende Erfahrung des Selbstmordversuchs, die er mangels adäquaten Ausdrucks sein »Engelerlebnis« nennt, soll ihm helfen, seine neue, als authentisch empfundene Existenz gegen die Zumutungen des sozialen Wiedererkennungsdrucks zu verteidigen. Mit Hilfe des Berichts des mittlerweile befreundeten Staatsanwaltes, des Verfassers des »Nachwortes«, vom nicht abzustoßenden fleischfarbenen Kleiderstoff erkennt Stiller schließlich an, dass auch sein Naturell und seine verfehlte Vergangenheit zu seiner Identität gehören.

Gemäß dem Titel ist *Stiller* – zugleich Gesellschafts-, Ehe- bzw. Liebes-, Künstler- und Kriminalroman – in der Terminologie des *Gantenbein* (1964) primär eine vom Autor bevorzugte »Ich-Geschichte«. Das Doppelmotto aus Kierkegaards *Entweder – Oder* verweist auf Problematik und Freiheit der existenziellen Selbstannahme des Menschen. Der perspektivisch modulierte Roman thematisiert die Sprachnot seines ›Helden‹ seinerseits sprachlich souverän und lässt tektonisch kaum den Architekten Frisch erkennen. Das Strukturprinzip des indirekten, gleichsam allegorischen Erzählens weist vor allem auf den *Gantenbein* voraus. Als Nebenprodukt des Romans erschien das zentrale Rip-van-Winkle-Märchen in Hörspiel-Form (1953) mit relevanten Deutungshinweisen; eine Rip-Stillers Verhalten differenzierende Kurzfassung enthält das *Tagebuch* 1966–1971.

Stiller verhalf seinem Autor zum Durchbruch und, in zahlreichen Übersetzungen, zu Weltruhm. KLAUS HABERKAMM / SVENJA KROH

Friedrich Dürrenmatt

* 5. Januar 1921 in Konolfingen/Kanton Bern (Schweiz)
† 14. Dezember 1990 in Neuchâtel (Schweiz)

1941–1945 Studium der Philosophie, Naturwissenschaft, Germanistik in Zürich und Bern; ab 1952 Wohnsitz in Neuchâtel; 1968–1970 Theaterarbeit an den Bühnen in Basel; 1970 Mitarbeiter des Schauspielhauses Zürich; von Mitte der 1950er bis Anfang der 1970er Jahre einer der meistgespielten Bühnenautoren; nach dem ›Abschied vom Theater‹ zweite literarische Karriere als Erzähler (*Stoffe*-Projekt); bedeutender Dramatiker, Erzähler und Essayist des 20. Jh.s.

Der Besuch der alten Dame

Das 1955 geschriebene, am 29. Januar 1956 in Zürich uraufgeführte Schauspiel (überarbeitet 1980) ist fester Bestandteil von schulischen Lehrplänen und Theater-Spielplänen. Das Stück spiegelt die Hochkon-

junktur bzw. die Wirtschaftswunderära der 1950er Jahre und zeigt die Korrumpierbarkeit der westlichen Gesellschaft durch die ›Segnungen‹ des Geldes.

Die verarmte Schweizer Kleinstadt Güllen (Gülle = Jauche) erwartet den Besuch der Multimillionärin Claire Zachanassian, die hier als Klara Wäscher ihre Jugend verbrachte. Die Einwohner und insbesondere ihr ehemaliger Liebhaber, der Kaufmann Alfred Ill, erhoffen von ihr eine großzügige Spende. Die als groteske Alte auftretende Claire fordert indes von der Stadt »Gerechtigkeit«: Für die Tötung Ills, der sie geschwängert und danach verleugnet hatte, setzt sie eine Milliarde aus. Während die Bürger diese Zumutung zunächst empört zurückweisen, begibt sich Claire in den Wartezustand, weiß sie doch um die Verführungskraft des Geldes. Tatsächlich geht mit den Güllenern allmählich eine Wandlung vor: Sie beginnen auf so großem Fuß zu leben, als wären sie bereits im Besitz der versprochenen Millionen – ihre wachsende Kreditaufnahme aber liefert sie an Claire aus und treibt Ill konsequent in den Ruin. In einer kollektiven Aktion wird er getötet, doch nach außen hin wird sein Tod als Unglücksfall ausgegeben; der Arzt konstatiert »Herzschlag – Tod aus Freude«. Claire hinterlässt den glücklichen Güllenern die Milliarde und reist mit der eingesargten Leiche Ills ab.

Der *Besuch der alten Dame* hat einen dreiaktigen Aufbau. Der erste Akt enthält Claire Zachanassians ›unmoralisches Angebot‹, der zweite

Akt die langsame und genüsslich zelebrierte Korrumpierung der Dorf-
gemeinschaft, der dritte Akt den Vollzug der ›Gerechtigkeit‹. Formal als
Kontrafaktur zu Sophokles' *König Ödipus* angelegt (analytisches Drama)
und auf zwei Handlungsebenen spielend (tragisches Privatschicksal –
komisches Kollektivgeschehen), erinnert die nach Dürrenmatts eigener
Bezeichnung »tragische Komödie« auch in ihrer unerbittlichen Konsequenz an antike Tragödienvorbilder. Die ›innere Handlung‹ ist raffiniert
angelegt: Während sich die ›unschuldigen‹ Bürger Güllens immer tiefer
in die Verlockungsnetze verstricken und alle Moral über Bord werfen,
entwickelt der tatsächlich Schuldige ein Bewusstsein seiner Verfehlung.
Dem moralischen Niedergang des Gemeinwesens korrespondiert der
moralische Aufstieg eines Einzelnen.

Dürrenmatt legt den Finger auf das krude Motiv der Verführbarkeit:
Armut und die Aussicht auf Wohlleben. Anfangs voller Empörung über
Claires Angebot, lernen die Güllener nach und nach die Segnungen
des ›Wohlstands auf Pump‹ zu schätzen. Der kapitalistische Schulden-
Mechanismus höhlt das humanistische Moralsystem planmäßig aus.
Dürrenmatt führt das Umkippen der hochmoralisch antretenden Repräsentanten der gutbürgerlichen Gesellschaft in einer großen Klimax vor,
die in der zynischen Rede des Lehrers gipfelt, in der er das Vorgehen
der Güllener rechtfertigt. Die Wiederherstellung der Gerechtigkeit
erfordere geradezu die Annahme der Schenkung. Damit ist der Prozess
der »Umwertung der Werte« vollendet. Die auf Wohlstand erpichten
Güllener können zwar Claires Racheaktion in die Tat umsetzen, sie aber
als Ausdruck sittlicher Gerechtigkeit zu legitimieren, diese ›Leistung‹ ist
Sache der Intellektuellen: Sie erst machen aus Recht Unrecht und aus
Unrecht Recht. Die eigentliche Korruption der Gesellschaft manifestiert
sich daher letzten Endes im willkürlichen, aber zielbewussten Umbiegen
geltender Normen, in der Käuflichkeit sogar der ›Gerechtigkeit‹.

Die extreme Kapitalismus-Kritik wurde in den frühen Inszenierungen von der Schuld-Sühne-Thematik verdeckt. Bei der Uraufführung
brillierte in der Rolle der alten Dame Therese Giehse; grandios auch Elisabeth Flickenschild in der Fernsehinszenierung Ludwig Cremers von 1959
(Erstausstrahlung 19. Februar 1959). Seit Peter Brooks New Yorker Inszenierung von 1958 setzte sich das Stück auch im angelsächsischen Raum
durch. Gottfried von Einem hat eine gleichnamige Oper komponiert
(UA 1971 in Wien). GUNTER E. GRIMM

Günter Grass

* 16. Oktober 1927 in Danzig (Gdańsk, Polen)
† 13. April 2015 in Lübeck (Deutschland)

(Pseudo. Artur Knoff) – 1944/45 Panzerschütze bei der Waffen-SS, Verwundung, amerikanische Kriegsgefangenschaft; 1948–1953 nach Steinmetzlehre Kunststudium in Düsseldorf und Berlin; 1956–1959 in Paris, 1959 *Die Blechtrommel*; 1960–1995 in Berlin; ab 1961 politische Arbeit für die SPD (später auch Mitglied; 1992 Austritt, später wieder Eintritt); 1974 Austritt aus der katholischen Kirche; 1975–1979 Reisen nach Indien, Japan, Thailand, Indonesien und China; 1983–1986 Präsident der Akademie der Künste Berlin; 1986/87 zweiter Indienaufenthalt; 1989 Austritt aus der Akademie der Künste, 1998 Wiedereintritt; 1999 Nobelpreis für Literatur; 2002 und 2004 Reisen in den Jemen; 2005 dritte Indienreise; 2007 im Vorfeld des 80. Geburtstags Auftritt in den USA.

Die Danziger Trilogie

Mit dem 1959 erschienenen Roman *Die Blechtrommel*, dem ersten Band der später so genannten *Danziger Trilogie*, setzte die Karriere des Erzählers Günter Grass ein, nachdem er zuvor bereits Gedichte veröffentlicht hatte. Auf zwei miteinander verschränkten Zeitebenen macht Oskar Matzerath, die zwergenhafte Erzählergestalt der *Blechtrommel*, den Leser zum Zeugen des säkularen politischen Wandels kleinbürgerlicher Existenz im deutsch-polnischen Grenzland um und in Danzig. Es beginnt damit eine (Heimat-)Geschichte von der Nazifizierung Deutschlands und der totalitären Bedrohung Europas, die der schuldbeladene Anstaltsinsasse Oskar Matzerath in der Erzählzeit von 1952 bis 1954 niederschreibt, die aber eine ganze Ära von 1899 bis 1952 umfasst – von der Zeugung seiner Mutter Agnes auf dem Kartoffelacker über ihre Verehelichung mit dem Kolonialwarenhändler Matzerath und ihre Liebe zu dem polnischen Vetter Jan Bronski, dem allmählichen Einzug ›braunen‹ Volksgeistes in die privaten Lebensräume der Menschen, den Juden-Verfolgungswahn und die Kriegsgräuel der Nazis, die grotesken und amourösen, oft auch blutigen Frontabenteuer Oskars bis hin zu seiner vertrackten Künstlerkarriere inmitten einer bundesdeutschen Wohlstandsgesellschaft, in der die Unfähigkeit zu Trauer und Erinnerung Normalität ist.

Grass hat mit der *Blechtrommel* eine literarische Antwort zu geben versucht auf die Schuld all jener verrannten Deutschen, die gemeinsam mit Hitler »kleinbürgerliche Machträusche in Weltpolitik umsetzen wollten«. Der Roman will zeigen, dass die faschisierten Danziger Kleinbürger als »Individuen eben das todbringend erfahren mussten, was sie als kulturelles Kollektiv gutgeheißen« hatten – »was für Wünsche und Träume diese Leute hatten, und wie sie auf eine böse geniale Art und Weise befriedigt worden sind mit Folgen bis heute«. Zugleich möchte Grass ein Erzählspiel mit der von ideologischen Allgemeinplätzen und psychologischen Abwehrmechanismen überlagerten nationalen Schuldfrage ins Werk setzen, das die hartnäckige Niedergeschlagenheit und das Selbstmitleid der Deutschen nach 1945 in mentale Bewegung bringen kann.

Oskar, der mit drei Jahren jedes Körperwachstum einstellt, Zeuge und Mittäter der Nazifizierung der Danziger Lebensprovinz und noch des bundesrepublikanischen Nachkriegs-Biedermeiers, kann in jener wie in der gegenwärtigen Welt der Ideologien, der Lügen und der Schuldverleugnung die eigene Identität nicht aufklären. Das zeigt sich schon an seiner grotesken Erzählergestalt. Zwiespältig, hellwach und närrisch zugleich, weder »im Sakralen noch im Profanen beheimatet«, scheint Oskar, diese Kunstgeburt des Skeptizismus, in einer Art realitätshaltigem Nirgendwo angesiedelt zu sein, und dennoch ziehen er und die historische Tragödie seiner Zeit einander wie magisch an. *Die Blechtrommel* mit ihrem skeptischen, sich selbst und alles Gesagte relativierenden Ich-Erzähler, parodiert bis ins Groteske und Aberwitzige hinein, was deutsche Hypostasien des Geniekults und des Kunstreligiösen an Heils- und Erlösungsphantasien seit je beschworen haben. In diesem Roman ist jede Traditionsbindung nur noch unter groteskem Hohngelächter darstellbar. Persönliche Identität und geistige Geborgenheit sind in einer Gegenwart, die von inhumanen Ideologien zerfurcht ist, nicht einmal mehr bei Gewährsleuten wie Homer, Shakespeare, Goethe, E. T. A. Hoffmann, Nietzsche, Wagner, Schopenhauer, Thomas Mann, den Expressionisten, Gottfried Benn und der ›jungen Generation‹ von 1945 zu finden.

Oskar, der a priori Wissende und Welt-(Bild-)Zerstörer, der die Nazi-Ära durchschauende und realitätsverneinende Ästhet, ist nie ein Widerstandskämpfer gewesen, sondern lebt in und bekennt sich zu seinem distanzierten, ja »abwegigen« Kunstprotest. Seine Schuld trägt den Nimbus einer finsteren Paradoxie. Es geht um das Versagen eines Erkennenden, der sich wissentlich dem humanitären Handeln entzogen hat. Menschliches scheint kaum erkennbar an dieser »fragwürdigen Existenz« und

»irrtümlichen Geburt«. Und dennoch gilt, dass Oskars humoristische
Sinnlichkeit und hinterhältige Lust an der Geist- und Weltverfremdung,
an der grotesken Revolte gegen eine infantilisierte Erwachsenenwelt,
aus der ambivalenten Vernunftkraft eines Dichter-Narren erwächst, der
keineswegs aller menschlichen Empathie enträt. Denn seine Lebensdar-
stellung ist ein gewitzt intelligenter wie desillusionierender Prozess der
permanenten Welt- und Selbstentlarvung. Oskar hat keine gesicherten
oder ›höheren‹ Wahrheiten anzubieten, sondern widerspricht ihnen grin-
send, er will in seiner Willkürlichkeit, in seinen Übersteigerungen und
spielerischen Verkehrungen eine Zweifels- und Verunsicherungshaltung
beim Leser induzieren.

Das Humane an Oskar dürfte auf paradoxe Weise zusammenfallen
mit seiner mephistophelischen Fähigkeit zu konjunktivischer Negation
und widersinniger Wahrheitskraft, wenn man so will: mit seiner aufkläre-
rischen Verruchtheit. Was ihn menschlich abstoßend wirken lässt, bildet
den Kern seiner geistigen Attraktivität. Es geht keine Verstehensformel
an Oskar auf. Überschießende subjektive Sinnlichkeit und chronologisch
objektivierender Wirklichkeitsanspruch treffen vielmehr in einem artistischen (Be-)Deutungsspiel aufeinander, das wenig oder nichts besagt
über alles (denkbar) Authentische ihrer wechselseitigen Beziehungen.
Insofern betreibt die *Blechtrommel* auch eine kunstvolle Ironisierung
landläufiger Geschichtsschreibung, die nicht nur der Verweigerung
deutscher Schuldanerkenntnis widerstreitet, sondern jeder Form ›gelin-
gender‹ Vergangenheitsbewältigung, erst recht allem Erledigungsgestus
schlechthin. Unzählige Zeitgenossen haben dafür sogleich einen Blick
besessen. Doch vor allem an der hysterischen Negativrezeption des
Buches um 1960 wurde ablesbar, in welchem Stadium der ›Vergangenheitsbewältigung‹ sich damals eine deutsche Nachkriegsrepublik befand,
die dem Grass'schen Opus Gotteslästerung, Pornographie, moralischen
Infantilismus oder heillose politische Provokation vorwarf.

Mit seiner 1961 erschienenen Novelle *Katz und Maus* kehrt Grass abermals in den Geschichts- und Erinnerungsraum Danzig zurück. Es geht
um eine Jugend zwischen kleinbürgerlicher Normalität, NS-Ideologie
und Kriegsfuror, um die Geschichte einer Nazi-Fanatisierung, die gleichsam durch das leib-seelische Begehren junger Menschen hindurchführt
und beispielhaft sein soll für das Schicksal einer ganzen Generation ideo-
logisch verführter Zeitgenossen. Die Schuldfrage steht im Mittelpunkt
eines Erzählgeschehens, das sehr nah ans Autobiographische des Autors

Grass heranreicht, der gute 40 Jahre später bekennen sollte, für einige Wochen bei der Waffen-SS gedient zu haben. In der Novelle schreibt einer mit Namen Pilenz eine »Ohrenbeichte«, weil er schuldig geworden ist an seinem Freund Mahlke, weil Erinnerungen ihn quälen und Vergessen und Verleugnen inhuman wären. In mehrfacher Brechung, in einer Art epischem Krebsgang lässt Grass den Erzähler Pilenz versuchen, durch Korrekturen, Zurechtrückungen und nochmalige Anläufe so etwas wie »Wahrheit« im Sündenfall Mahlke aufs Papier zu bringen.

Pilenz hat einst die Katze auf den mächtigen Adamsapfel Mahlkes gesetzt und damit die menschliche Stigmatisierung, das Schamproblem des Jungen zum Fanal werden lassen. Wer mit einem solchen »fatalen Knorpel« geschlagen ist, scheint mit pathologischer Erlösungssehnsucht behaftet zu sein. Der absonderliche Mahlke möchte kraft seines anthropologischen Schadens etwas Besonderes darstellen, er will ein Held sein, prächtig, makellos und als Erwählter dastehen. Im Faszinosum des Politisch-Militärischen meinen er und die übrigen Danziger Jugendlichen »Glücksbegriffe« zu erfahren; Schule, Sport und Kirche erscheinen als Vorübungen, wenn nicht als Inbegriffe ruhmvoller militärischer Leistungen. Es ist eine durch und durch pervertierte Gesellschaft, in die Mahlke sich zu integrieren sucht. Alles, was er zu seiner »Erlösung« unternimmt, muss ihn selber degradieren. So klaut Mahlke einem bewunderten Jungoffizier, der in der Aula seiner Schule eine Rede halten darf, dessen Ritterkreuz, um sich im Vorgefühl künftigen Ruhmes zu wiegen. Nichts möchte er später sehnlicher, als vor seiner Schule mit der Ritterkreuz-Auszeichnung öffentlich auftreten, doch gerade der Diebstahl wird dazu führen, dass er trotz errungener militärischer Ehren nicht für vortragswürdig befunden wird. Das ist für Mahlke ein nicht zu bewältigendes Lebensereignis. Doch auch jetzt bemerkt er nicht, dass seine Ideale und sein jugendliches Heldentum vom NS-Staat missbraucht worden sind. Er findet nach der schulischen Enttäuschung nicht mehr zum Leben zurück, sondern verschwindet als Deserteur in der Tiefe eines verrosteten Minensuchbootes in der Danziger Bucht. Pilenz hat den fanatisierten Mahlke, der sein krummes Ich in der Machtherrlichkeit nazistischer Gleichschaltung erlösen will, zu Anfang bewundert und befeuert, nach dessen Scheitern aber versagt er als Freund kläglich. So kann die Erinnerung an Mahlke nur als andauernder Schuldvorwurf des Erzählers gegen sich selbst weiter leben.

1963, zwei Jahre nach der Novelle *Katz und Maus*, erschien Grass' zweiter Roman, *Hundejahre*. Auch er ist als hochkomplexer Erinnerungsprozess angelegt. Die Probleme deutscher Schuld und Schuldverdrängung, falschen jugendlichen Heldentums, der Hysterisierung des Nationalen bis in die Massenschlächtereien des Krieges hinein werden als anthropologische, vor allem aber als geschichtliche Verfallenheit zum Bösen einer Autorenfiktion anvertraut, die von der wechselweisen Infragestellung dreier Ich-Erzähler in Spannung gehalten wird. Amsel, Liebenau, Matern – Opfer, Zeuge und Täter prägen drei verschiedene Erzählweisen aus und verkörpern drei unterschiedliche Möglichkeiten, sich zur deutschen Vergangenheit und Gegenwart zu verhalten. *Hundejahre* ist ein Roman, der dem Übermaß an menschlichem Leid und ideologischer Wirrsal im 20. Jh. anschauende Erklärungen abgewinnen möchte. So gesehen stellt er den literarischen Höhepunkt der *Danziger Trilogie* dar. Grass selber hält das Werk seit je für sein gelungenstes, was dem Vertrautheitsgrad der Literaturkritik mit diesem Buch jedoch kaum aufgeholfen hat.

140   Erzählen wird in den *Hundejahre* abermals zum epischen Experimental-Verfahren. Zielpunkt dieser Kunstwahrnehmung ist das Geschichtskaleidoskop deutscher National-, Rassen- und Kriegshysterie ebenso wie deren Spätwirkungen in den Aufbau- und Normalisierungsallüren, ja in den Geschichtsmythen des bundesrepublikanischen Neo-Biedermeier. Das Erzählerkollektiv ist dazu ausersehen, ein weitgespanntes Geschichtspanorama der Opfer, der Zeugen und der Täter – je nach Blickwinkel und unter ständiger Ergänzung, Korrektur und Konterkarierung durch rivalisierende Perspektiven und Lesarten – mit großer Plastizität und Skurrilität zu vergegenwärtigen. Wahrheit, wenn überhaupt erreichbar, ist wieder einmal nur im Geist des Konjunktivischen, der unaufhebbaren Paradoxien, der erprobenden Wahrheitsfiktion und experimentellen Konstruktion zu haben.

Dem Leser der *Hundejahre* wird eine »schwebende Position« zugemutet. »Seinsvergessene suchen Transzendenzersatz: Gleichgemusterte Steuerzahler«, gewahrt der Roman in jenem von undurchschauten und verleugneten Überlasten der Vergangenheit geprägten ›neuen‹ Deutschland. Die Akteure des tosenden Gewinn- und Verlustbetriebs, auch die »Durchschnittsverdränger« wollen nichts mehr hören von nationaler Schuld und Judenvernichtung, sie sitzen einer nivellierenden, die Probleme zerredenden Kultur der Normalität auf. Scharf will der Roman dagegen die vielfach gespiegelte Doppelbiographie von Eddie Amsel und Walter Matern setzen. Amsel, der Künstler und Beobachter, steht im Widerspruch zu Matern, dem Täter und Handelnden. Vorkriegs-, Kriegs- und Nachkriegszeit fügen sich als alltäglich-monströses, in seinen Wirklichkeiten und Zerrbildern reflektiertes, doch stets entzifferbares Schuldverhängnis zusammen. Amsel, Materns Jugendfreund, kunstversessener »Halbjude« und Opfer des Nazi-Regimes, später Kulturmäzen und erfolgreicher Marktwirtschaftler, baut Vogelscheuchen, mechanische Puppengestalten nach menschlichem Vorbild, ikonische Warnmetaphern gegen die Versklavung und Manipulation von Menschen, gegen allen ideologischen Wahnwitz. Freilich wollen diese Kunstgebilde auch Protest einlegen wider die Konjunktur der Heidegger'schen Gestell- und Scheuchensprache nach 1945. Der Roman gibt beredten Sottisen Raum gegen das Seins-Geraune, dem die »Blut- und Boden«-Kräfte der fortwesenden Nazi-Mythen immer noch ablauschbar seien. Auf den Hund gekommen sieht der Roman die Vernunft in einer Zivilisation, die den Nazi-Wahnsinn und Auschwitz nicht habe verhindern können. Gegen jede »Affirmation eines geschlossenen und vorbestimmten Systems« möchte Grass die Kraft einer erzählerischen Ironie setzen, die allem Ideologischen seine Weltgerechtigkeit bestreiten will.

Die »Materniaden« im Ton von Jean Paul entfalten schließlich eine Totale menschlicher Schuldhaftigkeit im Nazi-Deutschland, deren Folgen bis ins bundesrepublikanische Wirtschaftswunder hineinreichen. Die *Hundejahre*, so hat Grass einmal formuliert, stellten den »Roman der angeschlagenen Vorstellungen und der angeschlagenen Figuren [dar], für die die Ambivalenz, die Doppeldeutigkeit unserer Zeit die Vorlage gibt«. Walter Matern ist zuvörderst Täter, ein vielfach Schuldverstrickter, changierender Parteigänger aller Ideologien und Interessen, ein »deutsch-idealistischer Ideenträger«. Dieser Maskeradeur unternimmt einen wahren antifaschistischen Rachefeldzug in jenem längst wieder kleinbürgerlich sekurierten Nachkriegswestdeutschland. Doch spiegeln seine Revanchegelüste nur die Unfähigkeit zum eigenen Schuldeingeständnis. Vergangenheitsbewältigung verkommt zur bloßen Projektionsanstrengung, die sich umso eher wieder mit Ideologien auflädt, mit Marktwirtschaftsfetischen oder mit sozialistischen Restutopien. Vor allem jedoch korrespondiert das Vergessen der Vergangenheit dem Zerreden von Gegenwartsproblemen in einem Kulturbetrieb, der seine (Schuld-)Indifferenz am vermeintlichen Ende aller Geschichte zur Normalität erheben möchte. Jedes Aufklärungswerk, so sehr es sich im Roman der besten geistigen Traditionen versichern will, begegnet dem Leser als ein bizarres Höhlengleichnis wieder, als ein Mahlstrom des Anti-Utopischen, in dem die Scheuchengestelle des Eddie Amsel das immer wieder drohende Hervorbrechen historischer Infernos aus schwarzem Untergrund bezeugen. Was immer in der Welt oben möglich und denkbar sein mag, es erscheint in dunkler Tiefe widergespiegelt.»Das ist die Hölle«, sagt Matern, doch er will weder die Wahrheit der (Scheuchen-)Kunst noch die der Geschichte anerkennen. HARRO ZIMMERMANN

Uwe Johnson

* 20. Juli 1934 in Cammin/Vorpommern (Kamień Pomorski, Polen)
† 23. Februar 1984 in Sheerness (Großbritannien)

Sohn eines Gutsverwalters; 1945 Flucht nach Recknitz/Mecklenburg;
ab 1946 Oberschule in Güstrow; FDJ-Mitglied; 1952–1954 Studium der
Germanistik in Rostock und Leipzig; 1959 Übersiedlung nach West-Berlin; 1966–1968 Schulbuchlektor in New York; 1974 Umzug nach England;
Romane, Essays und autobiographische Prosa.

Mutmassungen über Jakob

In dem 1959 erschienenen Roman des Autors, der in der DDR nicht
erscheinen konnte, sind bereits alle Themen angelegt, die das weitere
Werk bestimmen: die Chance eines menschenwürdigen Sozialismus, die
deutsche Teilung und deren Auswirkungen auf die Menschen beiderseits
des Eisernen Vorhangs. Schicksal und Entscheidungen der wenigen
Romanfiguren werden beeinflusst von den politischen Verhältnissen im
Herbst 1956 in der DDR und in der Bundesrepublik.

Die kunstvollen »Mutmassungen« des Erzählers über die Titelfigur,
den 28-jährigen Reichsbahnbeamten Jakob Abs, werden durch dessen
Tod ausgelöst: An einem nebligen Novembermorgen wird er auf dem
Gelände des Dresdner Bahnhofs von einer Lokomotive überfahren.
Beging Jakob Selbstmord? Wurde er aus politischen Gründen liquidiert?
Oder wurde er nur, weil er übermüdet und unachtsam war, das Opfer
eines Unfalls? »Aber Jakob ist immer quer über die Gleise gegangen« –
mit diesem gegen allzu einfache Erklärungen sich wendenden Satz
beginnt der Versuch, Klarheit in das scheinbar so offen daliegende Leben
und den Tod des verlässlichen, schweigsamen, vom Rangierer zum Inspektor aufgestiegenen Jakob zu bringen.

In einer Folge von Dialogfetzen aus Gesprächen von Bekannten
Jakobs, von erzählenden Passagen und von Bruchstücken aus inneren
Monologen der drei am engsten mit Jakob verbundenen Personen entsteht ein nicht immer ganz deutliches, aber eindringliches Bild seiner
Lebensumstände. Weil seine Mutter und seine Freundin Gesine, die
nun bei einer Dienststelle der NATO arbeitet, in den Westen geflohen
sind, wird er von Hauptmann Rohlfs, einem Mitarbeiter der Militärischen Spionageabwehr der DDR, beschattet. Als Gesine zu Jakob nach
Dresden kommt und mit ihm zusammen ihren Vater, den Kunsttischler

Heinrich Cresspahl besucht, werden sie von Rohlfs, der den Auftrag hat, Gesine für Spionagedienste zu gewinnen, in ein Gespräch verwickelt, das halb aus Drohungen, halb aus Grundsatzdiskussionen besteht; doch Rohlfs respektiert, besonders von Jakob beeindruckt, die heikle Situation, in der sich alle Personen befinden. Er lässt Gesine in den Westen fahren, kurz darauf sogar Jakob; er möchte von ihnen eine freie Entscheidung für die Sache des Sozialismus, denn er ist kein gemeiner »Hundefänger«. In der Tat kehrt Jakob trotz seiner Liebe zu Gesine bald in die DDR zurück, enttäuscht vom Leben im Westen; am Tage seiner Rückkehr wird er bei dem mysteriösen Unfall getötet. Doch so vertrauensvoll Rohlfs mit Jakob umging, so unnachgiebig verhält er sich gegen den ebenfalls in Gesine verliebten Dr. Jonas Blach: Wenige Tage nach Jakobs Tod verhaftet er den an den Tauwetter-Diskussionen der ostdeutschen Intellektuellen beteiligten Universitätsassistenten wegen staatsfeindlicher Umtriebe.

Jakob hat versucht, sich ohne politisches Engagement loyal gegen die sozialistische Obrigkeit und zugleich menschlich anständig zu verhalten; er ist eigentlich ein unpolitischer Mensch, doch durch die persönlichen Umstände (die ihrerseits nicht von den politischen zu trennen sind) und schließlich auch als Beamter gerät er in politische Verstrickungen: etwa wenn er wenige Tage vor seinem Tod Zügen, die russische Soldaten zur Niederschlagung des ungarischen Aufstandes bringen, freie Fahrt geben muss. Er und der alte Cresspahl sind die überzeugendsten Gestalten des Buches; zu ihrer fast altfränkischen, knorrigen und soliden Art passt auch am besten die herbe und spröde, mit plattdeutschen Einsprengseln durchsetzte, kauzig-umständliche Sprache des Buches, die nur dann Klarheit und völlige Durchsichtigkeit gewinnt, wenn über Details von Jakobs Tätigkeit im Stellwerk des Bahnhofs berichtet wird: Technische Vorgänge sind ohne Weiteres einsichtig, doch bei den menschlichen und politischen Fragen muss es bei »Mutmassungen« über die Wahrheit bleiben.
JÖRG DREWS

Jahrestage. Aus dem Leben von Gesine Cresspahl

Der Roman erschien in vier ›Lieferungen‹ mit einer großen Lücke zwischen den ersten drei Bänden (1970, 1971, 1973) und dem vierten Band (1983). 1966 bis 1968 mit seiner Familie in New York lebend, plante Johnson, vom August 1967 an genau ein Jahr lang Tag für Tag unter dem jeweiligen Datum ein Kapitel zu schreiben, vermochte das jedoch aus konzeptionellen wie privaten Gründen ebenso wenig durchzuhalten wie die dann vorgesehene Aufteilung auf drei gleich umfangreiche Bände.

Eine Episode des Romans lässt sich als dessen Keimzelle verstehen und zugleich als Reaktion auf die zeitgenössische Kontroverse um das politische Engagement der Literatur: der misslingende Versuch des »Schriftstellers Uwe Johnson«, vor einer jüdischen Organisation, vor der der Autor am 16. Januar 1967 tatsächlich aufgetreten war, über neofaschistische Tendenzen in Deutschland zu sprechen. Angesichts seines Scheiterns wählt ihn die dort anwesende Hauptfigur Gesine Cresspahl, so die Basisfiktion, zu ihrem »Genossen Schriftsteller« und erlaubt ihm den Zugang zu ihrem Bewusstsein. Nicht im Medium der öffentlichen Rede, sondern – seiner eigentlichen Kompetenz gemäß – in dem des literarischen Textes setzt sich der Schriftsteller nun mit der jüngeren deutschen Geschichte auseinander. Dazu erzählt er genau ein Jahr »aus dem Leben von Gesine Cresspahl«.

An dessen Anfang arbeitet die aus den *Mutmassungen über Jakob* bekannte Hauptfigur als Fremdsprachensekretärin in einer New Yorker Bank, kümmert sich aber vor allem um die Erziehung ihrer zehnjährigen Tochter Marie. Befreundet ist sie mit einem für die Rüstung arbeitenden Wissenschaftler, Dietrich Erichson (D. E.), der wie sie aus Mecklenburg stammt und sie heiraten will. Am öffentlichen Leben nimmt sie mit der Devise, »daß ich nur tu was ich im Gedächtnis ertrage«, zunächst nur über die *New York Times* teil, die sie mit einem »Bewußtsein des Tages« versorgt. Quer durch deren Nachrichten über den Vietnam-Krieg, den Rassismus in den USA, die ost- und westdeutsche Nachkriegspolitik oder den Prager Frühling ziehen sich auch viele Meldungen über soeben stattfindende Jahrestage. Diese vom Romantitel betonte Erinnerungstechnik ist für Gesines Tagesdisposition mitverantwortlich. Es lässt sich von einer gewissen Kalenderfixierung sprechen, die in gegenläufiger Weise zum Tragen kommt: Gesine entzieht sich demonstrativ den historisch-politischen Jahrestagen der Amerikaner, steht aber ganz unter dem Einfluss des jüdischen Festkreises, wie sie überhaupt jedweder Kontakt mit New Yorker Juden auf ihre Nationalität und eine Mitschuld am Holocaust festlegt.

Die Erzählung arbeitet sich in der Weise am jüdischen Festkreis ab, dass sich dort zentrale Themen und Motive kristallisieren: Die Überlieferung der Familiengeschichte etwa setzt erst mit dem jüdischen Jahresanfang sechs Wochen nach Beginn der Handlung ein; die Feste des Entrinnens aus der Bedrohung und der Hoffnung aufs gelobte Land werden zu Drehpunkten der vielen Emigrations- und Fluchtgeschichten; und zum Tempelweihfest schenkt Marie ihrer Mutter ein Modell von deren Kindheitshaus, das so zum zentralen Gedächtnisort des Romans und zum Gradmesser der Erinnerungsarbeit wird. Doch diese Referenzen sind ebenso verschleiert wie die ›Kulturtechnik Jahrestag‹ und das deutsch-jüdische Verhältnis von Beginn an hervorgehoben werden. Mit diesem ›offenen Geheimnis‹ spekuliert der Fachmann für Fremdheitserfahrungen, der Johnson mit seiner spezifischen Biographie war, mit der interkulturellen Kompetenz seiner Leser und zielt auf eine blinde Stelle im deutschen Nachkriegsgedächtnis, dem wesentliches Wissen über das Judentum fehlte.

Man kann die *Jahrestage* als ein Überlieferungsexperiment verstehen, zu dem die jüdische Kultur entscheidende Stichworte liefert. Angesichts der Gefahr, dass die deutsche Schuldgeschichte, deren Aufarbeitung nach 1945 weitgehend unterblieb und die Gesine ihrer Tochter nun als Familiengeschichte erzählen will, durch den Tod der einst Handelnden nicht mehr zur Sprache kommen könnte, formiert der Roman eine ›Überlieferung ohne Gebot‹ und führt das Protokoll seiner Entstehung. Er bemüht dazu auch zahlreiche Erinnerungspraktiken: z. B. Fotos, Gräber und Denkmäler, Paraden, Museen und etwa 70 Jahrestage. Dabei gewinnt die Vergangenheit gerade durch solche Hindernisse an Umfang und Tiefenschärfe, die ihrer Darstellung entgegenzustehen scheinen: Aus soziologischer Sicht sind die Erinnerungsbedingungen Gesines durch den Tod aller Familienmitglieder und die Verlegung des Überlieferungsorts in die Fremde radikal zugespitzt. Die drei aufeinanderfolgenden Generationen müssen bei der Rekonstruktion der Vergangenheit kooperieren. Selbst Marie, die erzählt haben will, »wie es gewesen sein mag, als Großmutter den Großvater nahm«, ist Auftrag- und Impulsgeberin sowie Korrektorin. Aus psychologischer Sicht sind es die Totenstimmen der Großelterngeneration und ein frühkindliches Trauma, die verhindern, dass Gesine dem Vergessens- und Assimilationsdruck in New York nachgibt. Sie erzählt aber nicht nur zur Stabilisierung ihres Selbstkonzepts, sondern – aus pädagogischer Sicht – auch für Marie. Deren Einwände, ihre Schwierigkeiten mit der Schule, der amerikanischen Politik oder einer schwarzen Schulfreundin entzünden immer wieder einen Erziehungsimpuls, der sich in den Geschichten über die Vergangenheit entlädt.

Auch der Prager Frühling, an dem Gesine im Auftrag ihrer Bank durch die Vermittlung eines Großkredits mitarbeiten soll, ist weniger die politische Utopie des Romans als vielmehr eines der Erzählstimulantien. Das zeigt vor allem der dritte Band, in dem Gesine ihre antikommunistisch geprägte Tochter für das sozialistische Projekt gewinnen will, ihr aus eigenem Erleben aber auch die Geburtsfehler der DDR erzählen muss. Eine Vermittlung ist ausgeschlossen, ein Zur-Sprache-Kommen der Familiengeschichte keineswegs: Gesines Vater Heinrich, nahe London lebender Kunsttischler und einstiges SPD-Mitglied, lernte Lisbeth, die Tochter des »Königs von Jerichow« Albert Papenbrock, 1931 während eines Besuchs in seiner mecklenburgischen Heimat kennen, heiratete sie und zog mit ihr nach England. Lisbeths Religiösität verhinderte jedoch ihr Heimischwerden. Sie brachte Gesine 1933 in Jerichow zur Welt, zwang Cresspahl, seine Werkstatt aufzulösen und nach Deutschland zurückzukehren, wo mittlerweile Hitler regierte.

Wegen dieser Rückkehr rechnet Gesine sich selbst »zu einer nationalen Gruppe, die eine andere Gruppe abgeschlachtet hat in zu großer Zahl«. Dafür, für die Familientragödie im ›Dritten Reich‹ und ihre eigene Traumatisierung sieht sie vor allem die rigorose protestantische Moral der Mutter verantwortlich: So griff Lisbeth, um Gesine vor »Schuld und Schuldigwerden« zu bewahren, nicht ein, als ihre vierjährige Tochter in einer Regentonne zu ertrinken drohte. In der Reichskristallnacht ohrfeigte Lisbeth einen Nazifunktionär und kam danach unter nicht gänzlich geklärten Umständen ums Leben. Cresspahl, der Gesine vor Lisbeth zu schützen suchte, arbeitete, nur scheinbar ins Private zurückgezogen, als britischer Spion. Zwar hielt er trotz zunehmender Gefahr zum jüdischen Tierarzt Semig, verweigerte aber einem flüchtigen Berliner Juden die Hilfe. Dieses einzig sichere Indiz für eine familiäre Mitschuld am Holocaust erinnert Gesine während des jüdischen Festes des Entrinnens aus der Bedrohung. Nach Kriegsende machten die Briten Cresspahl zum Bürgermeister; die nachrückenden Sowjets duldeten ihn aber nur kurz im Amt und inhaftierten ihn willkürlich für fast drei Jahre. Während dieser Zeit kümmerten sich Marie Abs und ihr Sohn Jakob, die als Flüchtlinge zu den Cresspahls gekommen waren, um Gesine. Nach dem Abitur begann diese ein Anglistik-Studium, floh 1953 in den Westen und arbeitete dort zunächst für die NATO, dann für eine Bank. 1957 kam, in Verlängerung der Handlung der *Mutmassungen*, Marie als Tochter Jakobs zur Welt.

Der Roman selbst endet nicht in Prag, wohin Gesine und Marie in der

Fiktion zur selben Stunde unterwegs sind wie die sowjetischen Panzer in der Realität, sondern mit einer Generationenkette an der dänischen Ostseeküste. Der Leser muss nun erfahren, dass die Familiengeschichte, in die er über nahezu 2000 Seiten verwickelt wurde, gar nicht für ihn bestimmt war. Gesine überreicht deren schriftliches Protokoll ihrem alten Lehrer Kliefoth, der unterwegs ist »an den Ort wo die Toten sind«. Ein mündliches Protokoll wartet im »Tresor eines Bankhauses in Düsseldorf« auf Marie: in Form von Tonband-Gesprächen zwischen Mutter und Tochter und Gesines Monologen »für wenn ich tot bin«. Damit favorisiert der Roman ein Weiterwirken geschichtlicher Erfahrung im Persönlichen und Vertrauten. Die Übergabe an die Toten, mit der sich die Überlieferung vor den Interessen der Gegenwart schützt, nimmt dann erstaunlicherweise auch jenen Anspruch auf Arbeit am nationalen Gedächtnis zurück, den der Roman durch seine vielen Verschränkungen mit Politik, Geschichte und Kultur eigentlich erhebt und der sich vor allem in Titel und Textform zeigt. Für beide brach Johnson mit seinen kompositorischen Maximen.

Beziehen sich die Romantitel zuvor auf literarische Darstellungsverfahren, so bezeichnet *Jahrestage* eine Praktik des Feierns und Gedenkens, und auch die Basisstruktur ist einer kulturellen Technik näher als einer literarischen Form wie dem Tagebuch: Sie bedient sich mit dem lückenlosen Durchdatieren der zwischen wenigen Zeilen und 19 Seiten langen Kapitel vom 21. August 1967 bis zum 20. August 1968 rigoros der vom Kalender angebotenen Einteilungsmöglichkeiten. Hier zieht sich nicht die Erzählung eine Form »auf den Leib«, wie es Johnson für seine Texte zuvor beanspruchte. Hier bestimmt die Form weit mehr die Erzählung und sorgt für die Aufteilung des Stoffes auf relativ autonome, episodisch erzählte Sequenzen, die durch Themen, Motive, Orte, Personen oder Anspielungen miteinander verwoben sind. Die Kalenderform organisiert auch die disparaten Materialien: Zeitungsartikel, Einkaufslisten, Dialoge – auch in niederdeutscher Mundart, Abschnitte mit anglifizierter Syntax oder überhaupt in Englisch, Russisch oder Tschechisch sowie die Gespräche zwischen Gesine und dem Schriftsteller. Bei aller Modernität finden sich auch längere Abschnitte über die Jerichow-Vergangenheit in der Nachfolge von Realisten wie Fontane oder Thomas Mann.

Alles in allem ist der Roman eine kunstvoll durchkomponierte und sich ständig selbst reflektierende Legierung aus Familiensaga, historischen Quellen, alltagsgeschichtlichen Dokumenten, fiktionalen Hypothesen, Erzähl- und Erinnerungstheoremen, die zudem die Personage und die Erzählstränge der früheren Texte Johnsons in einen großen Erzählkosmos einbindet und sein bisheriges Hauptthema, die deutsche Teilung, internationalisiert. Gezielte Verunsicherungsstrategien, die den Roman einer konventionellen Einordnung entziehen, sowie Genauigkeit und Wahrhaftigkeit des Erzählens sollen eine »Version der Wirklichkeit« schaffen, die sich mit nichtliterarischen Versionen messen kann. Auf diese verzwickte Weise suchte Johnson, als Reaktion auf die Legitimationskrise der Literatur in den 1960ern, einen »Notausgang« aus der, wie er meinte, »trostlosen« »Gegend der literarischen Erfindung«, den er weder im politischen Engagement noch im puren Dokumentarismus fand.

Eigene dokumentarische Pläne (»Das ostdeutsche Jahr 1966«, »Die Gruppe Girrmann«) gingen durch die Zeitungsartikel, das Speichermedium Tonband und das Kalenderjahr in den Roman ein. Trotz Anleihen bei Joyce, Proust und Benjamin, trotz virtuos eingesetzter Montagetechniken und trotz des eigenständigen Experimentierens mit der Gedächtnisfähigkeit der Literatur wurden die *Jahrestage* wegen ihres Heimatbezugs und traditioneller Erzählpassagen anfangs eines antimodernen Rückfalls vor die *Mutmassungen* bezichtigt oder fanden sich gar in die Nähe der »Blut- und Boden-Literatur von gestern« (M. Reich-Ranicki) gestellt. Mit dem Abschlussband, spätestens aber mit dem Ende der deutschen Teilung avancierte der Roman, der noch unter Johnsons Mithilfe ins Amerikanische übersetzt und 2001 durch M. von Trotta fürs Fernsehen verfilmt wurde, zu einem der wichtigsten deutschsprachigen Erzählwerke des 20. Jh.s. THOMAS SCHMIDT

Martin Walser

* 24. März 1927 in Wasserburg/Bodensee (Deutschland)

Sohn eines Gastwirts und Kohlenhändlers; 1943 Flakhelfer; 1946–1951
Studium der Literaturwissenschaft, Philosophie, Geschichte in Regens-
burg und Tübingen; Promotion über F. Kafka; Reporter und Hörspiel-
redakteur beim SDR, Reisen nach Italien, Frankreich, England, Polen und
in die ČSSR; seit 1957 freier Schriftsteller; seit 1983 häufig Gastdozent in
den USA; Erzähler, Dramatiker, Essayist.

Anselm-Kristlein-Trilogie

Zumindest dem Umfang nach – sie zählt über 1500 Seiten und nimmt
immerhin zwei der zwölf Bände der Werkausgabe ein – könnte die als
Bewusstseinskompendium der unmittelbaren Vergangenheit der 1950er
und 1960er Jahre angelegte Trilogie als Martin Walsers ›opus magnum‹
gelten. Walser schrieb insgesamt 15 Jahre an *Halbzeit* (1960), *Das Einhorn*

(1966) und *Der Sturz* (1973), die er selbst nicht als Romane, sondern in
einem Interview als »Ich-Oratorien« bezeichnet hat: »Sie sind einfach
solange gelaufen, wie die Sprache gelaufen ist. Sie haben Form nur durch
Erschöpfung erhalten [...].« Das ist durchaus wörtlich zu nehmen: Tatsächlich erlitt Walser, der sich bis dahin beim Schreiben immer erst dann
Luft zu holen gestattete, wenn ein Satz beendet war, 1965 bei der Arbeit
an *Das Einhorn* einen Kreislaufkollaps, von dem er sich zwölf Wochen
lang erholen musste. Initial dieser Schreibwut war ein USA-Aufenthalt,
von dem der Autor 1958 zurückgekehrt war: In *Halbzeit* kanalisierte er
anschließend seine Verzweiflung, nun wieder in der beengten Bundesrepublik, in festgefügten Verhältnissen leben zu müssen. So beginnt und
endet der Roman mit den Anpassungsschwierigkeiten des aufwachen-
den Protagonisten an die alltägliche Realität nach überstandener Krankheit, »Gefangener der Sonne für einen weiteren Tag.« Die Kafka'sche
Konstellation des Im-Bett-Liegens ist Ein- und Ausgangssituation aller
drei Bände.

Im Zentrum der Anselm-Kristlein-Trilogie steht der aufstiegswil-
lige und anerkennungssüchtige Kleinbürger und Antiheld Anselm
Kristlein. Anselm ist ein ›Anpassler‹, dem dennoch kein dauerhafter
Erfolg beschieden ist. Die Abhängigkeits- und Konkurrenzsituation
des Lohnempfängers, die geltenden Zwänge und moralischen Normen
hindern ihn fortgesetzt, seine Wünsche auszuleben. Er reagiert immer

wieder mit Krankheiten, aber auch mit triebhaften Ausbruchsversuchen auf das ihm Zugemutete, versucht wendig Krisen in Liebe und Beruf zu meistern und kann am Ende doch keine eigene, gefestigte Identität ausbilden. In seinem Bewusstseinsstrom – der Erzähler Anselm schildert Episoden aus dem Leben der Figur Anselm – spiegeln sich literarische und zeitgeschichtliche Diskurse, ›ergießt‹ sich förmlich eine Fülle oft ironisch gebrochener Alltagsbeobachtungen und kunstvoll verschränkter Erzählminiaturen auf den Leser. A. E. Waine beschreibt den Reiz des Erzählverfahrens: »Dem Leser wird […] mehr als eine Häufung von alltäglichen Vorkommnissen geboten. Er dringt in alle Bewusstseinsecken und -etagen des Erzählers ein.« Die Trilogie ist durch die fortwährende Parallelisierung von Verkäufer- und Schriftstellerberuf, von Wirtschaft und Kulturbetrieb als Bewusstseinsprotokoll eines Intellektuellen und Zeitgenossen in der frühen Bundesrepublik zu lesen. Ein Spezifikum dieser Trilogie ist die Verwischung der Grenzen zwischen dem Autor Walser, seinem Erzähler Kristlein und der erzählten Figur Kristlein – ohne dass dies eine plumpe Gleichsetzung bedeutet, doch auch ohne dass sie zu trennen wären.

Im ersten Band, *Halbzeit*, wird Anselm – ähnlich wie Hans Beumann in Walsers Erstling *Ehen in Philippsburg* (1957) – mit den Schwierigkeiten des sozialen Aufstiegs (vom Vertreter zum Werbefachmann) konfrontiert. Als Werbender ewig redend, verschafft er sich nicht nur im Beruf und bei den Frauen eine gewisse Anerkennung, sondern ist zugleich auch ein Erzähler. Allein die Schilderung des 18. Juni 1957, an dem wenig Außergewöhnliches passiert, nimmt 320 Seiten ein: Seiner Familie überdrüssig und von drohendem Bankrott getrieben, besucht der 35 Jahre alte Protagonist seinen Friseur, dem er eine neue Heizung verkaufen will, einen Freund und seine Mutter, um sich Geld zu leihen, zwei Geliebte, mit denen er schläft, schaut zwischendurch kurz zu Hause vorbei und geht am Abend noch auf eine Verlobungsfeier. Der Roman, dessen Themenvielfalt von erotischen Eskapaden bis zu personellen Kontinuitäten von NS-Tätern in der »Bunzreplik« reicht, kreist vor allem um Fragen des Wirtschaftssystems: Verkaufen, Bewerben, Konsumieren. Walser lässt seinen Helden in einem Umfeld agieren, das alles, auch Zwischenmenschliches, zur Ware degradiert, nach seinem Tausch- und Prestigewert bemisst und dementsprechend – im doppelten Wortsinn – handelt. Nach Verlauf eines Jahres findet sich Anselm wieder im Bett, konfrontiert mit einer unveränderten Wirklichkeit.

In *Das Einhorn* erfährt Anselm die Unmöglichkeit der Selbstverwirklichung auch in jenen Kreisen, in die er – mittlerweile gesellschaftskritischer Schriftsteller und Vortragsreisender – nun (die erzählte Zeit ist 1962) aufgestiegen ist. Nach der Veröffentlichung eines Schlüsselromans mit dem Titel »Halbzeit« sind die Kristleins, um Anfeindungen zu entgehen, nach München gezogen. Anselm bleibt eingezwängt in familiäre und moralische Korsetts, scheitert sowohl in seinen Beziehungen als auch bei dem Versuch, für die solvente Schweizer Verlegerin Melanie Sugg einen »Sachroman über die Liebe« zu schreiben. Seine Auftraggeberin lässt nicht locker und verlangt von ihm »öppis Gnaus« (etwas Genaues): die explizite Schilderung sexueller Erfahrungen. Anselm versucht, aus früheren Affären zu schöpfen, muss aber feststellen, dass die Erinnerung mit den vergangenen Erfahrungen nie in Übereinstimmung zu bringen ist. So wird aus dem Sachroman über die Liebe eine Reflexion über die Unmöglichkeit, ein derartiges Buch zu schreiben. Dabei scheitert Anselm nicht nur als Liebesuchender, der nach- und durcheinander Verhältnisse mit Melanie und zwei Barbaras pflegt, sondern auch als Schriftsteller. Sein Stoßseufzer »Ach-Du-Lieber-Proust« offenbart das Misslingen seines Versuches, Verlorenes allein durch die Kraft der Sprache wieder aufleben zu lassen (wie Marcel Proust in A *la recherche du temps perdu*, 1913–1927). Um Anselm zu enthemmen, schickt Melanie ihn in das »Seehaus« eines Fabrikanten an den Bodensee, wo er sich zunächst mit ihr vergnügt, dann jedoch abgöttisch in die junge Holländerin Orli verliebt, derer er sich nur durch absolute Enthaltsamkeit würdig fühlt. So wird sein Auftrag, Sexuelles zu schildern, abermals durchkreuzt, zudem verschwindet Orli plötzlich; Anselm kehrt unverrichteter Dinge nach München zurück. Das Einhorn bleibt damit Symbol eines unerfüllten Begehrens in beiden Sphären, des Schreibens und der Liebe. Zugleich spielt Walser, der analog zu Anselm in den 1960er Jahren mehr und mehr in die Rolle eines politisch engagierten Schriftstellers hineinwuchs, selbstreferenziell und -kritisch mit der Rolle der von der Gesellschaft vereinnahmten Intellektuellen, die er vor allem in diversen Partyszenen karikiert.

Im letzten Teil des Zyklus, *Der Sturz*, versucht Anselm, nun Anfang 50, vergeblich, sich vor dem Ruin zu retten. Er verliert das Erbe seiner Frau und schlägt sich auf einer albtraumartigen Wanderung an den Bodensee durch. Dabei begegnet er fast märchenhaften Gestalten wie einer Nymphomanin, einem Rassenforscher, verschiedenen Landkommunen und einem Naturkind, wird schließlich des Mordes verdächtigt, vor Gericht gestellt und freigesprochen, nur um bald darauf zusammengeschlagen zu werden. Auch im zweiten Teil des Romans bleibt Anselm ein Spielball anderer. Seine zwischenzeitlich erlangte Stellung als Leiter eines Arbeitererholungsheimes am Bodensee wird ihm gekündigt. All seine Bemühungen – Liebe, Freundschaft, Arbeit, Kindererziehung, Schreiben – scheitern. Die gesellschaftliche Ordnung, symbolisiert durch die allgegenwärtige Hausordnung des ihm anvertrauten Heimes, erweist sich als unerbittlich. Zahlreiche Figuren sterben auf skurrile Weise, am Ende verschwinden auch Anselm und seine Frau durch einen angedeuteten Unfall: Sie kommen mit ihrem Wagen im Schneetreiben von der Straße ab, als sie mit einem Segelboot im Schlepptau versuchen, die Alpen zu überqueren. Im Gegensatz zu *Halbzeit* und *Das Einhorn* verändert sich in *Der Sturz* die Erzählzeit: Berichtet Anselm zunächst aus der Rückschau, geht er im Mittelteil in die Gegenwartsform über, um den Schluss des Romans – die Planung der Flucht in den Süden und den Absturz – in die Zukunft zu verlagern. Damit wird das Proust'sche Erzählverfahren endgültig verabschiedet, aus dem Vorgang des Erinnerns wird am Ende bloße Imagination. So eröffnet sich, trotz des von ihm selbst geschilderten Unfalls, eine Perspektive für Anselm: ein Entfliehen aus allen Zwängen. Tatsächlich kommt Anselm, der die Anforderungen der Gesellschaft trotz seiner ironischen Kommentierung derselben vollständig internalisiert hat und daher nie seine Identität festigen oder gar Liebe finden kann, nur als Erzähler seiner selbst zu sich.

Walser führt mit der Kristlein-Trilogie ein neues Milieu in den Gesellschaftsroman ein, indem er seine gewöhnlichen und angepassten Protagonisten, die in der vergleichsweise öden bundesdeutschen Gegenwart agieren, so ernst nimmt und mit so reicher Empfindungsgabe ausstattet wie etwa Romanfiguren Balzacs. Dabei verzichtet er wie sein frühes Vorbild Kafka auf jede Art von souveränem Erzähler, vielmehr wird alles konsequent aus der eingeschränkten Perspektive Anselms geschildert; nur vermittelt durch seine Reaktionen lässt sich auf die ›Realität‹ schließen. In jeder Begegnung – in jedem Handschlag zwischen Kollegen, jedem Schweigen zwischen Eheleuten, jedem Geplänkel zwischen Partygästen – erschließen sich so Machtverhältnisse, gesellschaftliche Rollenzuweisungen und die Identitätsnöte des ›Aufsteigers‹, der sich stets vor allen anderen und sich selbst zu rechtfertigen bemüht, ohne dabei je die gegebenen Abhängigkeiten abschütteln und ein Selbstbewusstsein entwickeln zu können. Die Identitätsproblematik spiegelt, wie auch die Wahl des Vertreterberufs, das aufstrebende, doch aufgrund der NS-Vergangenheit (die Walser in *Halbzeit* erstmals zu seinem Thema macht) unterlegitimierte Wirtschaftswunderdeutschland.

Alle drei Romane wurden bei Erscheinen breit und kontrovers diskutiert. Zahlreiche Kritiker empfanden die ›Formlosigkeit‹ des Werks ebenso als Provokation wie die harsche Abrechnung mit der bundesdeutschen Gesellschaft. Selbst der schärfste Kritiker von *Halbzeit*, Friedrich Sieburg, der das Erzählverfahren vergleichend so beschrieb, »als ob einige Schulkinder versuchten, einen toten Elefanten auf einen Handkarren zu laden«, gestand Walser dabei zu, er sei »ein Genie der deutschen Sprache«. Obgleich wohl Walsers avanciertester Versuch, eine eigene, neue Erzählweise zu entwickeln, blieb den Büchern der Kristlein-Trilogie der langfristige Erfolg versagt. Zwar festigten sie seinen Ruf als Chronist sowohl der Bundesrepublik als auch des Bewusstseins ihres Angestelltenmilieus, doch eine anhaltende Beschäftigung mit dieser Walser-typischen Materie konnten sie nicht bewirken: Heute werden die drei Romane kaum noch gelesen, Walsers Ansatz einer ausschweifenden Bewusstseinsgeschichtsschreibung hat keine Nachahmer gefunden (auch der Autor hat sich im Verlauf der 1970er Jahre davon gelöst), die zentralen literaturwissenschaftlichen Arbeiten zu diesen Texten stammen aus den 1970er und frühen 1980er Jahren. Auch die aufwendigen Verfilmungen von *Das Einhorn* (BRD 1977, Regie: P. Patzak) und *Der Sturz* (BRD 1979, Regie: A. Brustellin) haben hieran nichts zu ändern vermocht: Nur eine Dekade nach dem Erscheinen von *Der Sturz* war das Interesse an der historisch gewordenen Kristlein-Trilogie weitgehend erloschen.

MATTHIAS N. LORENZ

Peter Handke

* 6. Dezember 1942 in Altenmarkt/Griffen (Österreich)

Aufgewachsen in ärmlichen Verhältnissen in Griffen (Kärnten), 1944–1948 im Ostsektor Berlins; mütterlicherseits Kärnten-slowenischer Abstammung; erste Schreibversuche in der Schulzeit; 1961–1965 Jurastudium in Graz; 1966 Publikation des ersten Romans *Die Hornissen* und Uraufführung des Theaterstücks *Publikumsbeschimpfung*; Abbruch des Studiums, seither freier Schriftsteller; wechselnde Wohnsitze in Deutschland, Frankreich und Österreich; 1987–1990 ausgedehnte Reisen in Europa, Amerika und Japan; lebt seit 1991 in Chaville bei Paris; zahlreiche Romane, Theaterstücke, Hörspiele, Gedichte und Übersetzungen.

Das dramatische Werk

Obwohl Peter Handke vor allem als Autor von Erzählliteratur bekannt ist, wurde er zunächst mit Arbeiten für das Theater schnell berühmt. Sein Durchbruch als Autor kam mit der *Publikumsbeschimpfung*, die 1966 im Frankfurter Theater am Turm uraufgeführt wurde. Das Stück brach radikal mit den kommunikativen Konventionen des Theaters, indem es auf eine auf der Bühne vorgeführte Handlung verzichtete und die Aufmerksamkeit des Publikums auf die Konventionen selbst zu lenken versuchte. Damit stellte Handke die Weichen für sein weiteres dramatisches Werk, denn so vielseitig dieses Werk auch ist – die inszenierte Fiktion bleibt doch eher die Ausnahme. In der *Publikumsbeschimpfung* werden in einem auf vier Stimmen verteilten Monolog die gängigen Erwartungen in einer Anrede an das Publikum artikuliert, das dadurch zum Hauptakteur der Vorstellung gemacht wird.

Publikumsbeschimpfung gehört zu einer Reihe von kleineren Stücken, die Handke als »Sprechstücke« bezeichnete. Typisch für diese ist die Loslösung der Sprache von Handlung. So besteht etwa *Selbstbezichtigung* (1966) aus einer Reihe von Sätzen, die zwar auf sehr allgemeiner Ebene eine Art Lebenslauf oder auch Bekenntnis ergeben könnten, aber nichts Spezifisches enthalten. Das Ich ist dort nur als grammatisches Subjekt zu verstehen. Durch formale Anklänge etwa an die Struktur der Beichte wird das Wesen gesellschaftlicher Machtausübung thematisiert.

In *Kaspar* (1968), das im Titel auf den legendären Fall Kaspar Hausers anspielt, der seine Kindheit und Jugend von jedem menschlichen Kontakt isoliert in einem Keller verbringt und daher erst im Erwachsenenalter die Sprache lernt, wird einer einzelnen Figur auf der Bühne von vier sogenannten »Einsprechern« über Lautsprecher Sprache und im Wittgenstein'schen Sinne mit der Sprache auch ein bestimmtes Weltbild eingetrichtert. Dieser Sozialisierungsprozess führt die Kaspar-Gestalt durch Phasen der Verzweiflung und der euphorischen Weltaneignung bis zur endgültigen Zermürbung durch die Übermacht der letztlich doch fremdgesteuerten Sprache.

Der Ritt über den Bodensee (1971) benutzt erstmals eine konventionell eingerichtete Bühne und Figuren mit Namen, doch stellen sich diese, berühmten Schauspielern entliehenen, Namen als beliebig heraus. Zwar werden Rollen gespielt, doch lassen sie sich keinen klar charakterisierten Figuren zuordnen; sie dienen eher als Vehikel eines verselbständigten sprachlichen Leerlaufs, mit dem die Auftretenden sich gegenseitig unterdrücken und der der Entfaltung eigener Persönlichkeit grundsätzlich im Wege steht.

Ein eindeutiges fiktives Bühnengeschehen nach Art des traditionellen Illusionstheaters gibt es erst in *Die Unvernünftigen sterben aus* (1974) und acht Jahre später in *Über die Dörfer*, das den Abschluss der Tetralogie *Langsame Heimkehr* bildet. In *Die Unvernünftigen sterben aus* geht es um den erfolgreichen Geschäftsmann Quitt, der im ersten der beiden Akte ein Kartellabkommen mit seinen verbleibenden Konkurrenten schließt, das er aber selbst nicht einhält. Im zweiten Akt versuchen die inzwischen ruinierten Konkurrenten, ihn zur Rechenschaft zu ziehen. In einem Anklang an das Jedermann-Motiv wird versucht, Quitt in Todesangst zu versetzen. Der Mordversuch eines Kleinaktionärs, der im ersten Akt eher als Clown wahrgenommen wurde, schlägt fehl, doch rennt sich Quitt danach vor Verzweiflung und Vereinsamung selbst den Schädel ein. Der Dialog im Drama ist weiterhin größtenteils von dieser Handlung losgelöst. Quitt lässt im ersten Akt seinen Empfindungen freien Lauf, sucht menschlichen Kontakt, bestimmt aber zugleich so sehr das Geschehen, dass die anderen keine Möglichkeit haben, sich ihm wirklich zu nähern. Erst nach der wirschaftlichen Niederlage treten die Kollegen und sogar der Diener selbstsicherer auf. Es ist aber eine Scheinsicherheit, die auf keiner Substanz gründet. So führt auch in diesem Stück die Sprache in ihrer ganzen Brillanz unausweichlich zum Scheitern der Kommunikation.

In den Mittelpunkt der weiteren Stücke Handkes rückt die Möglichkeit, sich als Individuum in der Welt zu entfalten, wobei der Kampf mit der Last sprachlicher Konventionen zugunsten einer neu entdeckten Empfänglichkeit für narrativ oder mythisch geprägte Sinngebung zurücktritt. Die Sprache ist nunmehr nicht nur Folterinstrument, sondern bietet demjenigen, der sich ihrer frei zu bedienen versteht, durchaus Möglichkeiten der freien Entfaltung. Nach wie vor wird aber auf die Repräsentation einer außertheatralischen Realität verzichtet.

In *Das Spiel vom Fragen oder die Reise ins sonore Land* (1990) wird eine allegorische Reise durch Raum und Zeit unternommen, die laut Regieanweisungen durch geringfügige Verschiebungen des Bühnenbildes markiert werden soll. Die Figuren sind ein älteres Paar, ein junges Schauspielerpaar, das im Verlauf des Abends verschiedene Etappen einer Paarbeziehung durchspielt, der grundsätzlich optimistisch gesinnte »Mauerschauer« und sein Gegenspieler, der »Spielverderber«. Außerdem treten noch Parzival, der als Einziger einen Namen trägt, und, in regelmäßigen Abständen, ein Einheimischer auf, der den Reisenden abwechselnd gastfreundlich und feindselig begegnet. Unter den Reisenden entwickelt sich zunächst ein Fragenspiel, bei dem spontan Spielregeln entstehen, die streckenweise befolgt, dann wieder modifiziert werden. Dieses wird sowohl paarweise als auch in der ganzen Gruppe durchgespielt. Einzig Parzival ist anfangs unfähig, die richtigen Fragen zu stellen, und verspielt so wie sein mittelalterlicher Vorläufer seine Entfaltungsmöglichkeiten. Er wird im Verlauf der Handlung zwangsweise zum Fragen gebracht, wobei ein Anklang an Handkes *Kaspar* deutlich wird. Doch hier fehlt die Resignation, die *Kaspar* kennzeichnete. Denn nun ist die Sprache nicht nur Machtinstrument, sondern auch positives Mittel, das Staunen über die Welt zu artikulieren. Sie entwickelt über lange Strecken eine poetische Kraft, die ihr in *Kaspar* noch mit Absicht versagt blieb. Durch das Befragen der Welt und der Anderen können die Reisenden ihre Einsamkeit überwinden, und am Ende bleibt nur der ewige Einheimische in Einsamkeit zurück.

Eine ähnliche Märchenhaftigkeit wird auch im Stück *Die Stunde da wir nichts voneinander wußten* (1992) erzielt. Hier verzichtet Handke, wie schon früher im Sprechstück *Das Mündel will Vormund sein* (1969), ganz auf Dialog. Der Text besteht aus ausführlichen Regieanweisungen. Die Bühne stellt einen Dorfplatz dar, über den zahlreiche Gestalten einzeln und in Gruppen spazieren. Nichts verbindet sie miteinander außer der gemeinsamen Teilhabe am öffentlichen Raum. Dabei deuten sich unzählige Geschichten an, die sich zu erzählen den Zuschauern überlassen bleibt.

Märchenhafte Züge weist auch das im Untertitel als *Ein Königsdrama* bezeichnete Stück *Zurüstungen für die Unsterblichkeit* (1997) auf. Es stellt das Schicksal einer winzigen »Enklave« dar, die ihre Identität und Souveränität sucht und dabei immer wieder von kriegerischen »Raumverdrängern« heimgesucht wird. Das »Volk« des winzigen Staates wird bezeichnenderweise von einem einzigen Schauspieler repräsentiert. Hauptfiguren sind der bei einer Vergewaltigung gezeugte erfolgreiche Königserbe Pablo und sein in Liebe gezeugter Vetter, der erfolglose Dichter Felipe. Während der Dichter sich in eine »Flüchtlingin« verliebt, liiert sich der König mit einer »Erzählerin«. Gemeinsam versuchen sie, einen poetischen Königsbegriff dem politischen entgegenzustellen, doch entlarvt das Auftauchen der »Raumverdränger« am Ende dieses Vorhaben als utopisch.

Mit dieser allegorischen Darstellung von Versuchen narrativer Identitätskonstruktion spielt Handke auf die kriegerischen Auseinandersetzungen in den Nachfolgestaaten des zerfallenen Jugoslawien an. Die Realität des Krieges wird dabei eher poetisch überspielt. Das ist im nächsten Drama nicht mehr der Fall. Anders als das *Königsdrama* und auch anders als die kontroversen Reiseberichte, die der Autor im Zusammenhang mit den Konflikten in Bosnien und im Kosovo veröffentlichte, ist das Drama *Die Fahrt im Einbaum oder Das Stück zum Film vom Krieg* (1999) ein einziger Ausdruck von Verzweiflung über die Unmenschlichkeit des Krieges und über die Unmöglichkeit, ihn ästhetisch gerecht zu erfassen. Zwei Regisseure, ein Spanier und ein Amerikaner, planen einen Film über den kurz zurückliegenden Balkankrieg und suchen am Ort des Geschehens die Darsteller und Ideen für den genaueren Handlungsverlauf. Die Schauspieler übernehmen abwechselnd die Rollen von Tätern und Opfern, Einheimischen und Außenseitern und führen die verschiedenen unvereinbaren Diskurse der Betroffenen und der Beobachter vor, wobei sie nicht davor scheuen, von den abscheulichsten Gräueltaten, die sie oft auch selbst begangen haben wollen, zu berichten. Mit dem Symbol des Einbaums, den die Einheimischen gegen Ende über die Bühne schleifen, wird die Möglichkeit einer Versöhnung allegorisch angedeutet. Die Regisseure, die das Gehörte nicht zu einem sinnvollen Ganzen zusammenfügen können, verzichten schließlich auf ihr Projekt.

Um Misanthropie, Einsamkeit und Versöhnung geht es auch im Doppelmonolog *Untertagblues* (2004). In einer Untergrundbahn, die mit ihren aus allen Erdteilen zusammengetragenen Stationsnamen die heutige globalisierte Ortlosigkeit repräsentiert, beschimpft ein »wilder Mann« seine Mitfahrgäste und den Zustand der Welt, bis er kurz vor der Endstation von seinesgleichen, einer »wilden Frau«, zurechtgewiesen und gezähmt wird. Die stummen Fahrgäste bilden in ihrer Anonymität einen ähnlichen Querschnitt der Menschheit wie die Leute auf dem Platz in *Die Stunde da wir nichts voneinander wußten* und bieten mit ihren Gesten einen Raum für die dramatische Andeutung der kleinen Geschichten des Alltags, die Handkes gesamtes dramatisches Werk charakterisieren. Weitere Stücke sind *Spuren der Verirrten* (2007), *Bis dass der Tag euch scheidet oder Eine Frage des Lichts* (2009), *Immer noch Sturm* (2011), das 2010 zuerst als Roman erschienen ist, und *Die schönen Tage von Aranjuez* (2012). CHRISTOPH PARRY

Langsame Heimkehr. Tetralogie

Die nachträglich zur Tetralogie zusammengefassten Werke aus den Jahren 1979 bis 1981, zwei Erzählungen, ein Essay und ein »dramatisches Gedicht«, markieren in Handkes Werk den Beginn eines neuen ästhetischen Konzepts, das von der Kritik als Wende zu einer neuen mythischen Affirmativität verstanden wurde.

Schon die Titelerzählung *Langsame Heimkehr* (1979) unterscheidet sich im Milieu, in der Handlung und vor allem im bedächtigen Erzählgestus von den früheren Erzählungen. So fängt sie nicht in einer modernen Großstadt, sondern in der Wildnis Alaskas an, dessen landschaftliche Gestalt genau beschrieben wird. Sorger, der Held der Erzählung, ist Geologe und Künstler, der im Rahmen eines Forschungsaufenthaltes an einer Universität an der amerikanischen Westküste mehrere Monate lang Feldforschung in Alaska betrieben hat. Mit seinen Zeichnungen versucht er, die Landschaftsformen in ihrer geologischen Dauer festzuhalten. Während frühere Protagonisten Handkes, wie Bloch in *Die Angst des Tormanns beim Elfmeter* (1970) und Gregor Keuschnig in *Die Stunde der wahren Empfindung* (1975), sich von ihrer unmittelbaren Umgebung geradezu bedrückt fühlten, sucht Sorger in den größeren landschaftlichen Formen nach Zusammenhang und nach dem, was Handke »Gesetz« zu nennen beginnt. Seine Absicht ist es, einen großen »Versuch über Räume« zu schreiben.

Das Buch beschreibt die Etappen der langsamen Heimkehr in Richtung Europa, den Abschied von Alaska im ersten und von der Küstenstadt im zweiten Teil und von den Zwischenaufenthalten in Colorado und New York auf dem Rückflug in Richtung Europa im letzten Teil. Die »langsame Heimkehr« des Titels kann man auch als Heimkehr des Erzählers zu einem langsameren Erzählen verstehen. Als Muster dient nicht mehr das sperrige, fast statische Erzählen nach dem Vorbild des nouveau roman, das Handkes frühe Prosa, insbesondere *Die Hornissen* (1966), auszeichnet, sondern ein bedächtiges, manchmal ausuferndes Erzählen im Stil Adalbert Stifters und des 19. Jh.s.

Über den Entstehungszusammenhang und die Absicht der Erzählung berichtet Handke selber im folgenden Werk, dem erzählerischen Essay *Die Lehre der Sainte Victoire* (1980). Im Mittelpunkt dieses schmalen Bandes stehen die Malerei des postimpressionistischen Malers Paul Cézanne und die provenzalische Landschaft um das Gebirgsmassiv der Sainte-Victoire, die diesen inspiriert hat. Daneben geht es aber auch um die »ästhetische Erziehung« des Autors, der von seinen ersten Begegnungen mit Kunst in der heimatlichen Dorfkirche und der späteren Bekanntschaft mit der Malerei so verschiedener Meister wie Gustave Courbet oder Edward Hopper berichtet. Cézanne ragt kunsthistorisch gesehen hervor, weil er, an der Schwelle zur modernen Malerei stehend, jedoch ohne den Weg in die Abstraktion zu nehmen, eine neue Darstellungsweise entwickelte, die sich vom Illusionismus der Zentralperspektive löste. Handke greift Cézannes Begriff der »Réalisation« (»Verwirklichung«) auf und versucht, durch eigene Beobachtung in der Landschaft, die Cézanne malte, festzuhalten, wie diese in der Praxis zu verstehen ist. Die Beschäftigung mit der malerischen Erfassung der Wirklichkeit ist letztlich auch durch die Frage motiviert, wie sich Ähnliches durch Erzählen erreichen lässt. Man erfährt, dass die Gestalt des Sorger von Cézannes Gemälde *Mann mit den gekreuzten Armen* angeregt ist. Doch die eigentliche Lehre besteht in der Forderung, die Arbeit auf genauem Studium der Gegenstände und Landschaften zu gründen, was Sorger in *Langsame Heimkehr* auch versucht. Beim Gang durch die von Cézanne gemalte Landschaft erreicht der Erzähler zeitweilig ein Hochgefühl von Harmonie mit sich und der Welt, das aber keineswegs ungefährdet ist, wie eine besonders einprägsame Episode mit einem aggressiv kläffenden Hund zeigt, der nachgerade zur Verkörperung des Bösen schlechthin stilisiert wird.

Der dritte Text der Tetralogie, die Erzählung *Kindergeschichte* (1981), ist insofern eine Ergänzung des Vorangegangenen, als er die ästhetische Erziehung durch Bilder um die Dimension der moralischen Erziehung durch die Aufgaben und Erfahrungen der Vaterschaft ergänzt. Handke erzählt von den ersten zehn Lebensjahren seiner ersten Tochter, die er zum größten Teil als Alleinerzieher mit ihr verbracht hat. Neben praktischen Problemen, wie der Einschulung in der fremdsprachigen französischen Umgebung, geht es um die mit der Vaterrolle verbundenen Konflikte beim Vater selbst, um Eifersucht, Zornausbrüche und Gewissensqual. Dennoch versucht Handke, z. B. durch die Vermeidung von Eigennamen, das Bekenntnishafte etwas einzuschränken und so zu einer allgemeingültigen Aussage zu gelangen.

Im letzten Teil der Tetralogie, dem größtenteils in langen Monologen ausgeführten dramatischen Gedicht *Über die Dörfer* (1981), wird die Heimkehrthematik wieder aufgegriffen. Nach langer Abwesenheit kehrt der Intellektuelle Gregor zu seinen Geschwistern in einem Alpental heim. Ein Erbkonflikt bahnt sich an, doch Gregor verzichtet auf sein Erbteil, und am Ende des Dramas ruft eine göttinnenähnliche Figur alle zur Versöhnung auf. Somit wird die Idee der Versöhnung, die am Anfang der Tetralogie als persönliche, durch ästhetisches Studium zu erreichende Versöhnung mit der Welt verstanden und in *Kindergeschichte* auf die zwischenmenschliche Ebene gehoben wurde, nun um eine breitere gesellschaftliche Dimension erweitert. Mit der unmodernen Gattungswahl soll die postmoderne Reaktualisierung des Mythischen unterstrichen werden, doch die Sentenzhaftigkeit der Gattung und das Fehlen des die anderen Teile der Tetralogie auszeichnenden genauen Studiums der Gegenstände gefährden das Konzept. CHRISTOPH PARRY

Thomas Bernhard

* 9. Februar 1931 in Herleen (Niederlande)
† 12. Februar 1989 in Gmunden am Traunsee (Österreich)

Enkel des Schriftstellers J. Freumbichler, Kindheit bei den Großeltern, ab 1938 in Traunstein/Oberbayern; 1941–1944 NS-Schülerheime in Saalfeld/Thüringen und Salzburg (›Johanneum‹); 1944 Rückkehr nach Traunstein; 1945 Aushilfsgärtner, Selbstmordversuch, Gymnasium in Salzburg (bis 1947); Kaufmannslehre, ab 1948 Unterricht in Gesang und Musiktheorie; 1948–1951 TBC-Erkrankung, mehrere Aufenthalte in Lungensanatorien, lebenslange Beschwerden; erste literarische Arbeiten; 1952 Reporter beim *Demokratischen Volksblatt* in Salzburg; 1954 im Caféhaus-Künstlerkreis Wien, Bekanntschaft u.a. mit H.C. Artmann, I. Bachmann und P. Celan; 1955–1957 Studium der Musik (Gesang und Musikgeschichte) und Dramaturgie am ›Mozarteum‹ Salzburg; ab 1957 freier Schriftsteller, 1963 Durchbruch mit dem ersten Roman *Frost*, lebte ab Mitte der 1960er Jahre im Raum Gmunden/Traunsee.

Das dramatische Werk

Mit annähernd 20 ›abendfüllenden‹ Theaterstücken, die ab 1970 bis zu seinem Tod beinahe im ›Jahrestakt‹ erschienen, sowie einigen Kurzschauspielen und Dramoletten avancierte Thomas Bernhard zu einem der erfolgreichsten deutschsprachigen Dramatiker der Gegenwart: Die Uraufführungen seiner Stücke fanden ohne Ausnahme an den renommiertesten Bühnen Deutschlands und Österreichs (z.B. Burg- und Akademietheater Wien, Staatsschauspiel Stuttgart, Berliner Ensemble und Schauspielhaus Bochum) mit hervorragenden Schauspielern (darunter mehrfach Bernhard Minetti und Traugott Buhre) statt; einigen Aufführenden brachte Bernhard – für ihre kongeniale Umsetzung seiner Texte – sogar zweimal in Form einer ›dramatischen Hommage‹ seinen Dank zum Ausdruck (*Minetti*, 1976, und *Ritter, Dene, Voss*, 1984). Wichtigster Regisseur war von Anfang an Claus Peymann, der fast alle Uraufführungen inszenierte.

Der Autor hatte sich allerdings bereits als Prosaist einen Namen gemacht – so etwa mit *Verstörung* (1967) und *Das Kalkwerk* (1970) – und dafür bereits den Büchner-Preis (1970) bekommen, als er im selben Jahr mit *Ein Fest für Boris* (entstanden 1966, UA Schauspielhaus Hamburg, 29. Juni 1970) offiziell als Dramatiker debütierte. Schon dieses erste

Drama weist typische Motive der späteren Stücke auf, vor allem das der (unweigerlich zum Tod führenden) Hilflosigkeit und Handlungsunfähigkeit von Figuren innerhalb eines Machtsystems: Mit der Darstellung der Geburtstagsfeier des beinlosen, an den Rollstuhl gefesselten Boris, zu der seine 13 ebenfalls beinlosen Freunde erscheinen und die mit seinem Tod endet, stellt *Ein Fest für Boris* bereits eine ›tiefschwarze‹ Tragödie dar (die allerdings – aufgrund der Überzeichnung – letztlich nicht frei von Momenten des Grotesken und Komischen ist).

Mit *Der Ignorant und der Wahnsinnige* (UA Salzburger Festspiele, 29. Juli 1972) stellte Bernhard das erste einer ganzen Reihe von ›Künstlerdramen‹ vor. Die im erzählerischen Werk Bernhards immer wiederkehrende Metapher von der Welt als Bühne, auf der die Menschen ihre ›Todesrolle‹ spielen, wird hier vom Autor inhaltlich, formal und stilistisch konsequent in das Medium des Schauspiels transponiert. Die Absage an die Möglichkeit einer sinnhaften Existenz, ein zentrales Thema zeitgenössischer Literatur, entwickelt Bernhard auf originäre Weise, indem er dem Individuum eine energische Manifestation seines Existenzwillens im scheiternden Versuch, eine Gegen-Welt zu schaffen, zugesteht. Die Radikalität dieser pessimistisch-nihilistischen Weltauffassung, die letztlich auf den Stillstand der Geschichte zielt, hat für das Drama eine extreme Reduktion der szenischen Dynamik zur Folge: Die Figuren sprechen vorzugsweise in Monologen, in denen sie ihre Obsessionen ausbreiten und die den Stücken Bernhards den Charakter monotoner Sprechpartituren verleihen.

Die in zwei Teile gegliederte Handlung des Fünfpersonenstücks spielt unmittelbar vor Beginn der Vorstellung von Mozarts *Zauberflöte* in der Operngarderobe der Darstellerin der »Königin der Nacht« sowie nach der Aufführung im Restaurant »Drei Husaren«. Der beinahe erblindete, seit dem Beginn der künstlerischen Laufbahn seiner Tochter dem Alkoholismus verfallene Vater der »berühmtesten aller Koloratursängerinnen« wartet bereits zwei Stunden in Gesellschaft des »Doktors« auf das Eintreffen der Sopranistin. Der Arzt, eine weltweit anerkannte Kapazität im Bereich der Anatomie, vertreibt dem immer nervöser werdenden Trunkenbold (er ist der »Ignorant« des Titels, der Arzt ist der »Wahnsinnige«) die Zeit, indem er ihm detailliert die Sektion einer menschlichen Leiche erklärt; in seine Ausführungen flechtet er Bemerkungen über Karriere und Kunst der »Königin der Nacht«, des »vollkommen künstlerischen Geschöpfs« ein. Die Gerühmte ist ihm die Verkörperung seiner

Überzeugung, dass Kunst, um ihrem eigenen Anspruch gerecht zu werden, radikal künstlich werden muss und damit den einzig möglichen Ausweg vor der Bedrohung durch das Zerstörerische der Natur bietet. Die Ouvertüre ist bereits intoniert, da betritt die Sängerin, eine gefühllose Marionette, die Garderobe, wird kostümiert und weiß geschminkt (»das unterstreicht die Künstlichkeit«) und enteilt auf die Bühne. – Während des abendlichen Diners gewinnt die Künstlerin menschlichere Züge, in einer plötzlichen Aufwallung des Gemüts beschließt sie, ihre nächsten Termine abzusagen und in die Berge zu fahren. Der Doktor setzt indessen seine ausführlichen Erläuterungen zur Leichenöffnung und seine Reflexionen zum Verhältnis von Kunst und Natur fort. Dabei wird er immer wieder vom Husten der Sängerin unterbrochen, dem Symptom ihrer tödlichen Erkrankung. Nachdem der Doktor Leben und Kunst zu Ende ›seziert‹ hat, senkt sich totale Finsternis auf die Szene, das Schlusswort hat das Kunstgeschöpf: »Erschöpfung / nichts als Erschöpfung.«

Unter den monothematischen Stücken schlägt *Der Ignorant und der Wahnsinnige* – ebenso wie *Ein Fest für Boris*, das erste der sogenannten ›Salzburger Stücke‹ – einen grotesk-makabren Ton an: Ignoranz und Wahnsinn fungieren als Randmarken einer Existenzbetrachtung, die den Tod stets mitdenkt. Als einziges Mittel menschlicher Selbstbehauptung lässt der Autor künstlerische Perfektion gelten, die allerdings in ihrer absoluten Form nicht erreicht werden kann und daher das Scheitern impliziert. So birgt die exakte Mechanik der Koloraturmaschine bereits den Keim der Vernichtung in sich, die Heilkunde ist zur Obduktionslehre pervertiert, die Trunksucht führt zum völligen Erblinden. Das Motiv der totalen Finsternis – eine sinnstiftende Konstante in Bernhards Gesamtwerk – steht für die Ausweglosigkeit der menschlichen Existenz. Insofern kann der Skandal anlässlich der Uraufführung des Stücks – die Theaterleitung weigerte sich, entsprechend Bernhards Anweisung die Notbeleuchtung im Zuschauerraum abzuschalten, das Stück wurde vom Spielplan der Salzburger Festspiele 1972 abgesetzt – als exemplarisch für das weitverbreitete Unverständnis gegenüber Bernhards Werk gelten.

1974 präsentierte Bernhard mit *Die Macht der Gewohnheit* (UA Salzburger Festspiele, 27. Juli 1974) erstmals ein Drama, das – weniger düster als seine Vorgänger – im weitesten Sinne als ›Komödie‹ verstanden werden kann. »Wir wissen nicht, handelt es sich um die Tragödie um der Komödie, oder um die Komödie um der Tragödie willen [...], aber alles handelt von der Fürchterlichkeit, von Erbärmlichkeit, von Unzurechnungsfähigkeit [...]. Wir sind (und das ist Geschichte, und das ist der Geisteszustand der Geschichte) die Angst, die Körper- und die Geistesangst und die Todesangst als das Schöpferische«, so der Autor 1970 in seiner Rede zur Verleihung des Georg-Büchner-Preises. Die Kennzeichnung des Stücks als ›Komödie‹ durch den Autor muss im Zusammenhang mit Bernhards ästhetisch-poetologischen Auffassungen verstanden werden, die sich wiederum konsequent aus seiner Lebensphilosophie ableiten. *Die Macht der Gewohnheit* variiert die Einstellung Bernhards gegenüber der Sinnlosigkeit der Kunst wie des Lebens (vgl. andere seiner ›Künstlerdramen‹ wie *Der Ignorant und der Wahnsinnige*; *Die Berühmten*, 1976; *Der Theatermacher*, 1984), wobei in diesem Stück der Zirkus als Metapher für Artistik schlechthin und damit für jene ohne jegliche Rücksichtnahme auszuübende Perfektion erscheint, die im Kampf gegen den Tod die einzige Waffe darstellt.

Schauplatz der in drei Szenen gegliederten Handlung ist der Wohnwagen des von Altersgebrechen und Konzentrationsschwäche geplagten Zirkusdirektors Caribaldi, der verzweifelt bemüht ist, eine perfekte Aufführung von Schuberts *Forellenquintett* (op. 144 / DV 667, postum 1829) zustandezubringen. Zu diesem Zweck nötigt er seit 22 Jahren seine Truppe – den Jongleur, den Spaßmacher, den Dompteur und die seiltanzende Enkelin – Tag für Tag, dieses Stück zu proben. Die Übungen, bei denen man über das Stimmen der Instrumente kaum jemals hinauskommt, sind zu einem qualvoll-dilettantischen Ritual geworden, auf das die Mitspieler mit Disziplinlosigkeit, Aggression, Trunkenheit und Sabotage reagieren. Caribaldi lässt in seinem Perfektionszwang jedoch nicht davon ab, seinen Traum zu verfolgen (»Wir wollen das Leben nicht / aber es muß gelebt werden / Wir hassen das Forellenquintett / aber es muß gespielt werden«), und übt seine »Schreckensherrschaft« über die vier ihm ausgelieferten Existenzen aus, die er mit seiner Idee von der großen Kunst peinigt. Die Dialektik von Macht und Unterwerfung strukturiert das Stück nicht nur innerhalb der Figurenkonstellation, sondern auch im Sinne einer ›Tücke des Objekts‹: Triviale Requisiten wie das ständig vermisste Kolophonium, das Schuhfetzchen des Jongleurs oder die permanent rutschende Haube des Spaßmachers entwickeln Züge eines metaphysischen Verhängnisses, vor dem der Geist kapituliert. Die Macht der Gewohnheit führt das jämmerliche Ensemble auch in der dritten Szene des Stücks zur notwendig scheiternden Probe zusammen: Während die vier Streicher – Caribaldi/Cello, Spaßmacher/Kontrabass, Enkelin/Viola,

Jongleur/Violine – ihre Instrumente stimmen, traktiert der stumpfsinnige, wie üblich betrunkene Dompteur mit seinem wegen einer Bisswunde einbandagierten Arm das Klavier. Auf dem Höhepunkt des orgiastischen Lärms wirft der Direktor die Truppe hinaus: Parabelartig endet die Probe wieder in Kakophonie, ein Bild für den täglich vergeblichen Versuch einer Sinngebung des Daseins. Erschöpft lässt sich Caribaldi in ein Fauteuil fallen, da tönen wie zum Hohn aus dem Radio die ersten fünf Takte des Forellenquintetts – erneut ein Anlass für den Versuch, den Traum vom vollendeten Kunstwerk zu realisieren.

Das Stück, das in der szenischen Gliederung an die ›dramatische Struktur‹ von Schuberts Forellenquintett angelehnt ist – die energisch-heiteren Außensätze schließen einen ruhigen Mittelteil ein –, gilt als eines der ›rundesten‹ Bühnenwerke Bernhards. Im Unterschied zu den früheren, stilistisch im Bereich des Grotesk-Makabren angesiedelten ›Salzburger Stücken‹ führt Bernhard in Die Macht der Gewohnheit sein Thema von der Unmöglichkeit einer Selbstverwirklichung im Außerordentlichen in lustspielhafte Dimensionen: Durch seinen Sentenzenstil mit stehenden Wendungen (»Morgen in Augsburg«) wie durch seine possen- und slapstickhaften Elemente gewinnt das Stück komisch-absurde Qualität.

Mit der Caribaldi-Figur präsentierte Bernhard einen Protagonisten, der als Vorlage für die Hauptfiguren auch anderer seiner Dramen diente: Fast immer sind sie derart egozentrisch und selbstgerecht, dass man sie kaum ernst nehmen kann. Die extremste Ausformung einer solchen Figur findet sich in Der Weltverbesserer (1980, UA Schauspielhaus Bochum, 6. September 1980), in dem ein gehbehinderter alter Mann in Erwartung einer Delegation wissenschaftlicher Amtsinhaber, die ihm für sein »Traktat zur Verbesserung der Welt« einen Orden verleihen möchte, annähernd drei Stunden auf einem Lehnstuhl sitzend seine Frau tyrannisiert.

In Vor dem Ruhestand. Eine Komödie von deutscher Seele (1979, UA Württembergisches Staatstheater Stuttgart, 20. Juni 1979) behandelt Bernhard zum ersten Mal die unzureichend aufgearbeitete NS-Vergangenheit Deutschlands. Das Stück über den Gerichtspräsidenten Höller, der wie jedes Jahr in SS-Uniform den Geburtstag Heinrich Himmlers feiert und am Ende – infolge seines Alkoholkonsums – einen tödlichen Herzanfall erleidet, greift symbolisch den damaligen baden-württembergischen Ministerpräsidenten Hans Filbinger an, der als Marinerichter in den letzten Tagen des Zweiten Weltkriegs noch Todesurteile gegen Deserteure verhängte.

1984 veröffentlichte Bernhard das Stück in vier Szenen *Der Theater-macher* (UA Salzburger Festspiele, 17. August 1985). Einmal mehr wählte Bernhard für dieses Auftragswerk der Salzburger Festspiele das Genre des ›Künstlerdramas‹, um die Auflehnung des radikalen Künstlers gegen die »lebensfeindliche Natur« und »geistfeindliche Gesellschaft«, gleichzeitig aber auch das notwendige Scheitern dieser Auflehnung zu thematisieren. Trostloser Ort der Handlung ist der verstaubte Tanzsaal im Gasthof »Schwarzer Hirsch« in Utzbach, einem Provinznest mit 280 Einwohnern, wo der (nach eigenem Verständnis) »größte aller Staats-schauspieler« Bruscon mit seiner lungenkranken Frau Agathe und beider Kindern Sarah und Ferruccio in der von ihm verfassten Menschheits-komödie »Rad der Geschichte« gastiert. Die Exposition markiert bereits das für Bernhards Theaterstücke charakteristische, szenisch-thematische Spannungsfeld zwischen dem radikalen künstlerisch-ideellen Anspruch des Protagonisten und der schäbigen Wirklichkeit. Die Handlung lebt aus diesem Missverhältnis, eine eigentliche dramatische Entwicklung findet nicht statt, kann nach der philosophischen Prämisse des Autors Bern-hard – wonach das Individuum in einer auf Lebensvernichtung angeleg-ten Welt »naturgemäß« bei seinem Versuch, eine sinnvolle Gegen-Welt zu schaffen, scheitern muss – auch gar nicht stattfinden. Die Absage an die Geschichtsmächtigkeit des Menschen und eine sinnhaft gestaltbare Existenz führt zur äußersten Reduktion des szenischen Geschehens.

Die ersten drei Szenen zeigen die Schauspielertruppe damit beschäf-tigt, den Saal für die abendliche Vorstellung herzurichten, die Requisiten herbeizuschaffen, die Kostüme von Nero, Churchill, Hitler, Einstein, Madame de Staël auf Kleiderständer zu hängen. Die Familie nimmt eine karge Mahlzeit zu sich, Bruscon erteilt den Mitwirkenden letzte Regieanweisungen, sieht aber ein, dass dies ein vergebliches Bemühen ist. Die quälende Dummheit seiner Leute, ein permanentes, jegliche Konzentration verhinderndes Schweinegrunzen von draußen, ein sich ankündigendes Gewitter und die bis zuletzt anhaltende Ungewissheit, ob die Vorstellung denn überhaupt stattfinden könne, da der Feuerwehr-hauptmann bislang keine Genehmigung zum Abschalten der Notbe-leuchtung am Schluss der Aufführung erteilt hat (»In meiner Komödie hat es / am Ende / vollkommen finster zu sein«) – eine mokante Anspie-lung auf die tatsächlichen Vorkommnisse im Rahmen der Uraufführung von *Der Ignorant und der Wahnsinnige* 1972 in Salzburg –, verursachen schließlich einen nervösen Schwächeanfall des Theatermachers. Das

Finale gerät, wie nicht anders zu erwarten, zum Fiasko: Unmittelbar vor Vorstellungsbeginn beschwört Bruscon noch einmal seinen unerschütterlichen Glauben an die Schauspielkunst als einzigen Existenzgrund, er schminkt das Gesicht seiner Frau schwarz (»das ganze Atomzeitalter / muß in diesem Gesicht sein«), als plötzlich das Gewitter über Utzbach zu toben beginnt; in Panik verlassen die Zuschauer den Saal, zurück bleiben allein die Schauspieler, auf die es durch die undichte Decke herabregnet. Bruscon, im Napoleon-Kostüm, sinkt auf seinem Stuhl zusammen.

Das eigentliche Handlungsinteresse gilt dem Selbstverständnis des Theatermachers, der als Schauspieler, Stückeschreiber und Prinzipal in einer Person Inbegriff des autonomen Bühnenschaffenden ist. In seinen monologischen Tiraden spricht sich einmal mehr die für Bernhards dichterische Welt charakteristische Existenzauffassung aus: Der perfektionistische, in seinem Absolutheitsanspruch zwangsläufig zum Scheitern verurteilte Behauptungswille des Künstlers steht in einem tragikomischen Verhältnis zu Provinzialismus, Stumpfsinn und Dilettantismus seiner Umgebung.

Nach *Der Theatermacher* schrieb Bernhard das Zweipersonenstück *Einfach kompliziert* (1986; UA Schillertheater Berlin, 28. Februar 1986), ein weniger umfangreiches Drama über die Isolation eines einsamen alten Menschen (einmal mehr grandios verkörpert von Bernhard Minetti), dessen menschliche Kontakte allein auf ein täglich Milch bringendes kleines Mädchen beschränkt sind, und 1987 *Elisabeth* II. (versehen mit dem Untertitel »Keine Komödie«), eine Satire über die großbürgerliche Dekadenz (UA Schillertheater Berlin, 5. November 1989).

Mit *Heldenplatz* legte Bernhard sein letztes großes Drama vor (die Aufführungsdauer beträgt über drei Stunden). Das Stück präsentiert – ausgerechnet als Auftragsarbeit zum 100-jährigen Bestehen des Wiener Burgtheaters – über weite Strecken eine Abrechnung mit der politischen und sittlichen Niedertracht der (österreichischen) Welt. Die Uraufführung fand am 4. November 1988 im Burgtheater unter der Regie Claus Peymanns statt; sie verursachte einen der größten Theaterskandale in der jüngeren Geschichte der Alpenrepublik: Den theatralischen Tiraden gegen die Mediokrität, gegen politische Parteien, kulturelle Institutionen, Justiz, Universitäten, Presse, Kirche, Industrie sowie der Kritik an der unzureichenden Entnazifizierung in Österreich wurde – bereits vor der Premiere – von der Boulevardpresse (vor allem der *Kronenzeitung*) und nationalkonservativen Politikern – »Hinaus aus Wien mit dem Schuft!«, forderte etwa Jörg Haider – mit einer Hetze gegen den Autor begegnet, wie sie von ihm selbst nicht irrwitziger hätte erfunden werden können. Gleichwohl erzielte Bernhard, der nur wenige Monate nach der Uraufführung starb (und testamentarisch eine nur für Österreich geltende Aufführungssperre seiner Theaterstücke verfügte), mit *Heldenplatz* einen seiner nachhaltigsten Erfolge. Bereits die Uraufführung wurde vom Publikum frenetisch gefeiert.

 Der dramatische Vorgang des Stücks besteht im Grunde aus vielschichtigen, von Ratlosigkeit getragenen Reflexionen über die Situation der wegen ihrer jüdischen Wurzeln ehemals exilierten Familie Schuster nach dem Selbstmord des Professors Josef Schuster. Die erste Szene des Stücks erzählt die tragische Vorgeschichte und damit zugleich auch den eigentlichen Kern der Handlung aus der Perspektive des Personals. Mit dem Bügeln beschäftigt, erläutert die Wirtschafterin »Frau Zittel« dem Hausmädchen Herta wortreich das Schicksal des Verstorbenen. Er hat sich zum 50. Jahrestag des ›Anschlusses‹ Österreichs an das Deutsche Reich aus dem Fenster seiner Wohnung auf den Heldenplatz gestürzt, jenen Platz, auf dem die Österreicher am 15. März 1938 Hitler zugejubelt hatten. Der Haushalt befindet sich in Auflösung. Eigentlich hatte der Professor beabsichtigt, seiner nervenkranken Frau zuliebe wieder nach Oxford zu gehen, von wo er nach dem Krieg aus der Emigration nach Wien zurückgekehrt war. Für ihn hätte dieser abermalige Weg ins Exil jedoch eine intellektuell unhaltbare Existenz mit sich gebracht (»Ich kann doch die Wohnung nicht aufgeben / nur weil du dieses Geschrei vom Heldenplatz hörst / hat er immer wieder gesagt / das hieße ja, daß mich dieser Hitler zum zweitenmal / aus meiner Wohnung verjagt«).

Die zweite Szene spielt im Volksgarten, einer Parkanlage in unmittelbarer Nähe des Heldenplatzes. Die beiden Töchter des Toten, eloquent die eine, schweigsam die andere, begleiten ihren Onkel Robert, ebenfalls Professor, auf dem Weg vom Begräbnis nach Hause. Anna und ihr Onkel führen in der Textpartitur, gleichsam zweistimmig, den Monolog der Frau Zittel weiter, indem sie in vielerlei Variationen über die philosophische Weltanschauung und den gescheiterten Lebens- und Berufsweg des Verstorbenen debattieren; die Szene gipfelt in einer gewaltigen Hasstirade Roberts auf Österreich, wie es war und wie es ist.

Die dritte Szene zeigt die Hinterbliebenen beim ›Leichenschmaus‹. Um einige Figuren erweitert, wird das Thema von der tragischen Existenz des Professors neuerlich abgewandelt; immer wieder blicken die

Protagonisten aus den Fenstern des Speisezimmers hinunter auf den Heldenplatz, von wo Hedwig Schuster, die »Frau Professor«, ständig das Jubelgeschrei der Nazimassen zu hören glaubt. Die politische Lage im gegenwärtigen Österreich – so der Befund der Familienangehörigen – ist »noch viel schlimmer als vor fünfzig Jahren«. Während Robert das Leben seines Bruders resümiert (»Das Ganze war ja eine absurde Idee nach Wien zurückzugehen / Aber die Welt besteht ja nur aus absurden Ideen«), wird die Zwangsvorstellung – der Text sieht per Regieanweisung das Erklingen der »Heil«-Schreie durch Lautsprecherbeschallung ›aus dem Off‹ vor – in Hedwig Schuster übermächtig, und sie bricht tot zusammen.

Der »Übertreibungskünstler« (*Auslöschung*) Bernhard variiert in *Heldenplatz* seine aus vorangegangenen Werken bekannten Themen und Motive ein weiteres Mal; Kunstfiguren ergehen sich in paranoidem Monologisieren, die virtuosen Perorationen beziehen ihre Wirkung aus einer Kontrapunktik des äußersten Ernstes mit lächerlichster Trivialität. In seiner fulminanten Sprachkraft, stilistischen Durchformung, dramatischen Konstruktion und seinem monologischen Charakter schließt Bernhard mit *Heldenplatz* konsequent an sein Bühnenwerk an. Die dort immer wieder gestellte Frage nach dem Verhältnis von Kunst und Wirklichkeit beantwortet er hier aus einer elitären Position kategorisch: »Was die Schriftsteller schreiben ist ja nichts gegen die Wirklichkeit, [...] die Wirklichkeit ist so schlimm, daß sie nicht beschrieben werden kann.« Bernhards radikaler Pessimismus, der verstörende Authentizität und extreme Künstlichkeit zusammenführt, ist im Rahmen einer Fehlrezeption auf eine bloße Österreichbeschimpfung reduziert worden und hat auch in der einschlägigen Forschung noch keine schlüssige Deutung gefunden.

Bernhards Dramatik ist – wie seine Prosa – häufig von großer Musikalität geprägt (entsprechend lautet bereits in *Der Ignorant und der Wahnsinnige* das dem Stück vorangestellte Motto: »Das Märchen ist ganz musikalisch«): Er wiederholt und kombiniert Lexeme wie musikalische Motive, arbeitet mit bestimmten Silbenzahlen, die zwangsläufig bestimmte Rhythmen evozieren, und bildet Phrasenstrukturen (z. B. A-B-A-C) nach.

Neben den großen, ›abendfüllenden‹ Dramen, hat Bernhard auch Kurzschauspiele und Dramolette vorgelegt, darunter die Sammlung *Der deutsche Mittagstisch* (1988), in der ebenfalls die NS-Thematik aufgegriffen wird.

In seinem Testament hinterließ Bernhard die (von ihm selbst angeblich als »posthume literarische Emigration« bezeichnete) Verfügung, dass für die urheberrechtliche Dauer von 70 Jahren jede Aufführung und Publikation seiner Werke innerhalb von Österreich verboten werden solle. Die Testamentvollstrecker (Bernhards Halbbruder Peter Fabjan und Siegfried Unseld) handelten gegen seinen Wunsch, da sie befürchteten, sein Werk könnte sonst der Vergessenheit anheim fallen. Die Skandale im Zusammenhang mit mehreren Uraufführungen – vor allem aufgrund der Abrechnung mit Österreichs NS-Vergangenheit – haben seinen Erfolg beim Publikum und seinen Rang als Dramatiker zu keiner Zeit geschmälert. CORNELIA FISCHER / AXEL DILLER

Alte Meister. Komödie

Der mit dem Untertitel »Komödie« versehene absatzlose Prosatext, der sich der exakten Zuordnung zu einer Formbezeichnung wie Roman oder Erzählung entzieht, erschien 1985. Mit Alte Meister legte Bernhard seine letzte Prosaarbeit vor (die 1986 erschienene Auslöschung war bereits 1982 weitestgehend fertiggestellt).

Ort der – für Bernhards Prosa typischen – spärlichen äußeren Handlung, die nicht einmal einen Tag abdeckt, ist das Kunsthistorische Museum in Wien. Dort treffen sich seit Jahren mehrmals wöchentlich der Erzähler Atzbacher und der 82-jährige, verwitwete Musikwissenschaftler und -kritiker Reger auf der Sitzbank im »Bordone-Saal« vor dem Bildnis eines weißbärtigen Mannes (ca. 1570) von J. Tintoretto, um einem (meistens von Reger dominierten) philosophischen Gedankenaustausch nachzugehen. Reger sucht das Kunsthistorische Museum seit 36 Jahren auf, da er in der dortigen Atmosphäre – mit Blick auf Tintorettos Bild – die Idealbedingungen vorzufinden meint, die ihm ein wunschgemäßes Denken überhaupt erst ermöglichen: Hier findet er die Ideen für seine in der Times veröffentlichten Musikkritiken, hier fühlt er sich dazu in der Lage, über die Welt zu reflektieren.

Die beschriebene Begegnung zwischen Atzbacher und Reger im Kunsthistorischen Museum findet erstmalig an einem Samstag statt, womit die beiden Männer ihre jahrelange Gewohnheit durchbrechen, sich niemals an zwei aufeinanderfolgenden Tagen dort zu treffen. Der Bericht beginnt mit dem Eintreffen des Erzählers im Museum am Vormittag, eine Stunde vor dem mit Reger vereinbarten Zeitpunkt, die Atzbacher nutzt, um Reger endlich – als Erfüllung eines lange gehegten

Wunsches – einmal unbemerkt und »ungestört beobachten zu können«. Diese eine Stunde wird extrem gedehnt: Der Leser muss mehr als 160 Seiten bewältigen, bis Atzbacher – vereinbarungsgemäß um »Punkt halb zwölf« – zu dem auf der »Bordone-Saal-Sitzbank« wartenden Reger hinüber geht. Die von Atzbacher währenddessen gemachten Beobachtungen nehmen nur einen geringen Raum ein (beschrieben wird unter anderem, wie Reger gelegentlich mit dem Saal-Aufseher Irrsigler spricht, der ihm stets den Platz auf der Bank reserviert, oder wie eine Gruppe russischer Besucher durch den Bordone-Saal promeniert). Ausführlich berichtet der Erzähler dagegen von früheren Gesprächen mit Reger oder Irrsigler. Regers Äußerungen werden dabei derart umfangreich wiedergegeben, dass dem Leser nur durch die gelegentlich eingestreute Inquit-Formel (»sagte er«, »sagte Reger« oder »so Reger«) oder ähnliche kurze Einschübe in Erinnerung gerufen wird, welche Figur überhaupt gerade redet: »Die Kunsthistoriker überschütten die Besucher nur mit ihrem Geschwätz‹, sagt Irrsigler, der mit der Zeit viele, wenn nicht gar alle Sätze Regers wort-

wörtlich übernommen hat. Irrsigler ist das Sprachrohr Regers, fast alles, das Irrsigler sagt, hat Reger gesagt, seit über dreißig Jahren redet Irrsigler das, was Reger gesagt hat.«

Im weiteren Verlauf berichtet Atzbacher über das Gespräch mit Reger im Bordone-Saal und über ein Gespräch, das zu einem früheren Zeitpunkt in Regers »Singerstraßen-Wohnung« stattgefunden hat. Der Duktus des ersten Teils und dessen narrative Strategien werden dabei übernommen, die äußere Handlung bleibt weiterhin auf ein Minimum reduziert. Alles andere als spärlich sind allerdings Regers Reflexionen: Seitenweise spottet er über den Kulturbetrieb (»Wenn wir den Führern zuhören, hören wir doch nur immer das Kunstgeschwätz der Kunsthistoriker, das uns auf die Nerven geht [...]«), über bestimmte Figuren der Kultur- und Geistesgeschichte (z. B. über Goethe oder den als »literarischen Umstandmeier« bezeichneten Stifter, über den »Voralpenschwachdenker« Heidegger, über Bach, Beethoven und Schubert), über den Staat, die Kirche und letztlich die ganze Menschheit: »[...] in dieser Welt ist alles stumpfsinnig und in dieser Menschheit ist alles ebenso stumpfsinnig [...]. Alles in dieser Welt und in dieser Menschheit ist bis auf die niedrigste Stufe herunter abgestumpft.«

Am Schluss des Textes wird die Frage des (ihre Gewohnheit brechenden) Samstagsbesuchs der beiden Hauptfiguren im Kunsthistorischen Museum gelöst: Der Grund Regers für den Wunsch, sich an diesem Tag zu treffen, bestand allein darin, Atzbacher die lange hinausgezögerte, aber eigentlich banale Bitte zu unterbreiten, ihn am Abend zu einer Aufführung von Kleists *Zerbrochnem Krug* im Burgtheater zu begleiten. Atzbacher nimmt die Einladung an; sein Bericht endet – im Idiom Regers – mit den Worten: »Die Vorstellung war entsetzlich.«

Alte Meister wirft die Frage auf, ob Kunst es in einer »stumpfsinnig« gewordenen Welt zu leisten vermag, dem Menschen Trost zu spenden. Das Kunsthistorische Museum stellt für Reger – vor dem Hintergrund des Todes seiner Frau eigentlich eine tragische Figur – einen Zufluchtsort dar, an dem er – umgeben von den »Alten Meistern« – versucht, seine Trauer zu überwinden. Seine Bilanz ist ernüchternd: »Ohne Menschen haben wir nicht die geringste Überlebenschance [...], wir können uns noch so viele große Geister und noch so viele Alte Meister als Gefährten genommen haben, *sie ersetzen keinen Menschen* [...].« Die maßlosen Übertreibungen Regers bringen aber ein starkes Moment des Komischen in den Text, so dass sein Untertitel (»Komödie«) durchaus treffend erscheint.

In Anbetracht der im Wesentlichen nur zweiteiligen ›Minimalhandlung‹ (Beobachtung Regers, Gespräch mit Reger) kann in *Alte Meister* eine Zweiteilung gesehen werden, die mit der in *Auslöschung* vergleichbar ist: Zwar gibt es in *Alte Meister* keine Unterbrechung des Textflusses, aber auch hier liegt der (inhaltliche) Einschnitt ungefähr in der Mitte des Textes. In diesem, Bernhards letztem Prosatext finden die in den vorausgegangenen Jahrzehnten erprobten und stetig weiterentwickelten poetologischen Strategien ihre intensivste Anwendung: Mehr noch als in seinem (von ihm selbst als ›literarisches Testament‹ betrachteten) Opus magnum *Auslöschung* ist in *Alte Meister* all das nachweisbar, was Bernhards Prosa zu einem Unicum der deutschsprachigen Gegenwartsliteratur gemacht hat: Massive Lexemwiederholungen auf engstem Raum, ›Endlossätze‹ (die sich gelegentlich über mehr als eine Seite erstrecken), konsequente Kontrastierung divergenter Ideen oder Lokalitäten (»den Vormittag verbringt Reger im Kunsthistorischen Museum, den Nachmittag im Ambassador«), polyphone Stimmführung und reibungslose Stimmwechsel (von Reger zu Atzbacher und umgekehrt) und schließlich die schier endlosen ›Schimpftiraden‹ gegen alle Künste und ihre populärsten historischen Figuren, gegen den Staat und die Politiker, gegen die Habsburger und den Katholizismus, wie sie sich auch bereits in *Wittgensteins Neffe* (1982) und *Holzfällen* (1984) finden.

Darüber hinaus ist – ähnlich wie in *Der Untergeher* (1983) – auch die massive Anwendung musikalischer Formungsprinzipien in *Alte Meister* nachweisbar, so etwa die Verknüpfung von Haupt- und Nebenmotiven, die in der Musik der Klassik (vor allem von Mozart) entwickelt wurde; z. B. finden sich häufig Sätze mit Lexem-Kombinationen wie »Staatsdiener«, »Staatsopfer«, »Staatsmenschen«, »Staatskunst« und »Staatsstumpfsinn«.

Vor diesem Hintergrund darf *Alte Meister* als der sprachlich-künstlerisch elaborierteste Prosatext Bernhards angesehen werden.

AXEL DILLER

Auslöschung. Ein Zerfall

Das umfangreichste und zu seinen Lebzeiten zuletzt publizierte Prosawerk des Autors, verfasst weitestgehend bis 1982, erschien 1986; es wurde von der Literaturkritik als Opus magnum, als ›Summe‹ und ›Testament‹ seines literarischen Werks gewürdigt, zuweilen aber auch polemisch als ›Wiederaufbereitungsprosa‹ abgetan. Konsens besteht darin, dass Bernhard mit *Auslöschung* eine weitere Kombinationsvariante seiner Themen und Stileigenheiten vorgelegt hat. In der Tat entwickelt Bernhard in seinem Werk aus der rhetorischen Figur der Wiederholung ein ästhetisch-philosophisches Prinzip: Alles, was geschieht, ist eine Wiederholung, stets ist das Leben die zum Tode führende Krankheit. Wenn sich in Erzählstruktur (Zweiteiligkeit, Rollenprosa mit kompliziertem Ineinander von direkter und indirekter Redeform), Stilistik (kreisförmige Syntax, die Hyperbel als dominantes Stilmittel) und Thematik von *Auslöschung* also kaum Neues findet, so manifestiert sich aber gerade in den zahlreichen Anspielungen und Verweisen auf frühere Arbeiten die Eigengesetzlichkeit von Bernhards Schreiben.

Im ersten, bereits rund 300 Seiten umfassenden Teil des Werks, betitelt »Das Telegramm«, erhält der in Rom lebende 46-jährige österreichische Privatgelehrte und Schriftsteller Franz Josef Murau ein Telegramm seiner beiden Schwestern, in dem ihm der Unfalltod seiner Eltern und des Bruders mitgeteilt wird. Die Nachricht lässt ein Erinnern einsetzen, das vor allem um die Kindheits- und Jugendjahre Muraus auf dem Familiengut Schloss Wolfsegg in Oberösterreich kreist. Dieses Erinnern, ergänzt von kunst- und kulturphilosophischen Betrachtungen und Reflexionen über Muraus letzten, erst eine Woche zurückliegenden Wolfseggaufenthalt (seine Schwester hatte geheiratet), zieht zunehmend weitere Kreise und hält bis zum Ende der Erzählung an. Unterbrochen wird Muraus Gedankenstrom lediglich von wenigen, meist sehr knappen Einschüben, in denen er über sein Auf-und-Abgehen in seiner Wohnung an der Piazza Minerva oder sein Hinabschauen vom Fenster auf den Platz berichtet, sowie von weiteren Einschüben, in denen er von den ›philologisch-philosophischen‹ Gesprächen während der Stadtspaziergänge mit seinem erwachsenen Privatschüler Gambetti erzählt.

Im zweiten, knapp 350 Seiten umfassenden Teil, betitelt »Das Testament«, reist der Erzähler zur Beerdigung nach Wolfsegg. Während seines Aufenthalts wird ihm bewusst, dass er sich von dem verhassten Erbe trennen muss: Er fasst den Entschluss, über Wolfsegg zu schreiben, mit dem Ziel der Auslöschung des inneren, geistigen Erbes: »[...] tatsächlich bin ich dabei, Wolfsegg und die Meinigen auseinanderzunehmen und zu zersetzen, sie zu vernichten, auszulöschen und nehme mich dabei selbst auseinander, zersetze mich, vernichte mich, lösche mich aus.« Am Ende macht Murau das Schloss mit den dazugehörigen Ländereien der von seinem »Geistesbruder« Rabbi Eisenberg geführten Israelitischen Kultusgemeinde in Wien zum Geschenk. »Auslöschung« ist denn auch der Titel der Aufzeichnungen, die er während seines letzten Lebensjahres verfasst hat: Der Prozess der Selbstzerstörung – von dem alle Werke Bernhards handeln – findet seinen Ausdruck in der Vernichtung der eigenen Existenzgrundlagen durch den Protagonisten und in dessen Untergang, der »Selbstauslöschung«. Folgerichtig stirbt Murau, wie der Leser erst auf der letzten Seite des Buches erfährt, bald nach der Niederschrift seiner »Auslöschung«; übrig bleibt nur das Werk, das dem Verfall abgetrotzt wurde.

Wie auch in anderen Prosawerken seines ›Spätwerks‹ – so etwa in *Der Untergeher* (1983) oder in *Alte Meister* (1985) – hat Bernhard in *Auslöschung* mehre Handlungs- bzw. Zeitebenen kunstvoll miteinander verflochten: Zum einen die Ebene der – wie fast immer in seiner Prosa – mit nur wenigen Worten zusammenfassbaren äußeren Handlung (Muraus Nachdenken in seiner Wohnung in Rom nach dem Erhalt des Telegramms, sein erneuter – und letzter – Wolfsegg-Aufenthalt einschließlich der Trauerfeier und letztlich das Verschenken des Schlosses sowie die Niederschrift seiner Memoiren); zum anderen die Ebene der ›philosophischen Spaziergänge‹ mit Gambetti und schließlich die Ebene der Reflexionen über die abendländische Kunst und über die eigene Lebensgeschichte, die den größten Raum in *Auslöschung* einnehmen.

Die äußere Handlung wird über das Bewusstsein des Erzählers gefiltert, ja das Denken selbst wird zum eigentlichen Thema des Geschehens. Beweggrund der Niederschrift des Gedankenflusses ist dabei der Wille zur Aufarbeitung des »Herkunftskomplexes« von Murau, die Summe jener Einflüsse, die seine Persönlichkeit und Existenz bestimmen und letztlich zerstören. Dabei findet die für Bernhard typische Philippika gegen den österreichischen Staat und dessen gesellschaftliches Klima, gegen Tradition und Kultur, Fotografie, Leitz-Ordner und Goethe ebenso Raum wie Muraus persönliche Auseinandersetzung mit seiner Familie (»meine Mutter ist widerwärtig, meine Schwestern sind es ebenso, der Vater ist schwach, mein Bruder ist ein Narr, alle sind sie Dummköpfe«). Die einzige Möglichkeit einer »Existenzüberbrückung« sieht Murau in der maßlosen Übertreibung, in der Stilisierung zum »größten Übertreibungskünstler«. Nur gegenüber wenigen Figuren – jenen Menschen, die er seine Freunde oder Lehrer nennt – schlägt er einen freundlicheren Ton an: Es sind dies sein gleichaltriger Cousin Alexander, die Dichterin Maria (in deren Porträt unschwer Ingeborg Bachmann zu erkennen ist) und sein Onkel Georg. Diesem verdankt Murau sein »Geistesvermögen«, seine künstlerischen und philosophischen Neigungen und die Hinführung »auf den tatsächlichen Weg, auf den Gegenweg«. Der Gegenweg mündet in einen Gestus der Verweigerung und Entäußerung; das Motiv der Verschenkung des Erbes wurde schon in Interpretationen früherer Werke Bernhards als Aufgabe von Geschichte und Identität bewertet.

Mit der virtuosen Kongruenz von Idee und sprachlicher Form stellt *Auslöschung* einen eindrucksvollen Beitrag zur avancierten modernen Prosa dar. CORNELIA FISCHER / AXEL DILLER

Arno Schmidt

* 18. Januar 1914 in Hamburg (Deutschland)
† 3. Juni 1979 in Celle (Deutschland)

Besuch der Volks- und Realschule in Hamburg; 1928 nach dem Tod des Vaters Umzug nach Lauban/Schlesien; erste schriftstellerische Versuche bereits als Schüler; 1933 Abitur; 1937–1940 kaufmännischer Angestellter in Greiffenberg/Schlesien; 1940 Einberufung zur Wehrmacht; Kriegsgefangenschaft; Vertreibung aus Schlesien, Verlust der Bibliothek und fast aller Manuskripte; 1946–1950 wohnhaft in Benefeld; Arbeit als Dolmetscher an einer Hilfspolizeischule; 1951 Umzug nach Kastel/Saar, 1955 nach Darmstadt; seit 1958 in Bargfeld; Übersetzer, Essayist, bedeutender deutscher Nachkriegserzähler.

Zettels Traum

Das 1970 erschienene monumental umfangreiche Buch ist Fluchtpunkt und Summe des gesamten bis dahin entstandenen Werks des Autors. Es enthält 1330 Seiten vom Format DIN A3, die mehrspaltig beschrieben sind – ist Epos und Essay, Übersetzungstheorie und Dichterpsychographie zugleich, Fortführung und konsequente Zusammenfassung der erzähltechnischen und literaturtheoretischen Ansätze der früheren Bücher Schmidts, die im Nachhinein wie Fingerübungen zu diesem Riesenbuch erscheinen.

Die Handlung des Romans spielt an einem Sommertag des Jahres 1968, den die vier Hauptpersonen von vier Uhr früh bis zum folgenden Morgen in dem Dörfchen Ödingen in der Celler Ostheide miteinander verbringen. Beim Ich-Erzähler Daniel Pagenstecher, dem in ländlichem Refugium in einem mit Büchern vollgestopften Haus lebenden gelehrten Schriftsteller und Übersetzer, sind das befreundete Übersetzerehepaar Paul und Wilma Jacobi und dessen 16-jährige Tochter Franziska zu Gast; die vier kennen sich, so lange sie denken können, und was sie diesmal zusammenführt, sind die Übersetzungsprobleme der Jacobis: Ihre Übertragung der Werke Edgar Allan Poes bietet Anlass, sich in einer Art Marathon-Symposion den lieben langen Tag immer wieder mit Werk und Gestalt Poes zu beschäftigen, und dieser Poe-Essay in Gesprächsform, meist gegen Zweifel und Einwände der Jacobis von Daniel Pagenstecher bestritten, gewinnt die gleiche Bedeutung wie das Tun und Treiben der Personen und ihr Verhältnis zueinander. Geschehnisse des Dorfalltags sind immer wieder der Anstoß zu Gesprächen über bestimmte Themen und Motive im Werk Poes, das seinerseits die Folie bildet für die zart-melancholischen Beziehungen des alternden Pagenstecher zu Franziska, die dem literaturbesessenen Hagestolz noch einmal den Schmelz halbwüchsiger Weiblichkeit verlockend vorführt. Ähnlich wie Poe die 13-jährige Virginia Clemm heiratete, könnte Pagenstecher die »Kindsbraut«, das elfische, unsterblich in ihn verliebte Wesen zu sich nehmen, um so mehr, als Franziska sich mit ihrer Mutter schlecht versteht und die Jacobis in finanziellen Nöten sind. Doch Pagenstecher, einsiedlerisch, ängstlich und überdies weise die Komplikationen abwägend, die eine solche Verbindung angesichts seiner schwindenden Manneskraft mit sich bringen würde, entzieht sich schweren Herzens dem Werben Franziskas; er sorgt dafür, dass die Jacobis ihr Abitur und Studium ermöglichen können. Die Bedingung, die dieser Pakt mit Franziskas Eltern enthält: Franziska darf ihn, Pagenstecher, nie wiedersehen. In der Frühe des folgenden Tages, als Pagenstecher sich unter dem Vorwand, der dörflichen Feuerwehr bei einem Brand assistieren zu müssen, entfernt hat, verlassen die Jacobis mit ihrer Tochter das Dorf und kehren nach Lünen/ Westfalen zurück.

178

Diese Personenkonstellation war schon vorgezeichnet in Schmidts Erzählung »Die Wasserstraße« aus dem Buch *Kühe in Halbtrauer* (1964): Hier entsagt der Erzähler einer Romanze mit der 16-jährigen Hel. Auf der Ebene der Literaturtheorie ist Schmidts Untersuchung *Sitara und der Weg dorthin* (1963), eine psychoanalytische Studie von Werk und Person Karl Mays, das Vorspiel zu *Zettels Traum*. Wie Schmidt aus der Biographie und den Schriften Mays ein Psychogramm seiner Persönlichkeit abzuleiten suchte (mit dem von der Karl-May-Forschung bis heute nicht bestätigten Ergebnis, dass May wahrscheinlich latent homosexuell gewesen sei und dass diese unterdrückte Triebrichtung Spuren in seinem Wortschatz und seinen Romanfiguren hinterlassen habe), so versucht nun Schmidts Alter ego Daniel Pagenstecher an Poes Schriften die psychoanalytische Sonde anzulegen. Gegen den – allerdings immer mehr schwindenden – Widerstand der Jacobis, insbesondere Wilmas, die ihr idealisch-reines Bild Poes retten will, entwickelt er seine »Etym-Theorie«, ein tiefenpsychologisch-spekulatives Theorem, das er an den Erzählungen, Gedichten und Rezensionen Poes zu exemplifizieren sucht.

Gestützt auf die Darlegungen Sigmund Freuds in der *Traumdeutung* (1900) und der *Psychopathologie des Alltagslebens* (1901), behauptet Pagenstecher, Poes Sprache und Bilderwelt in den poetischen Werken verrate eine darunter liegende Schicht von »eigentlich« (im Unbewussten) gemeinten sexuellen Vorstellungen, wenn man sie auf »Etyms« abhorche, das heißt auf Wortgruppen, die durch Klangähnlichkeit gebündelt sind, wobei jeweils das Wort, welches eine dem Über-Ich zulässige, »anständige«, poetische Bedeutung habe, die psychische Zensur passierte, während »unanständige« (aber dem psychoanalytisch geschulten Ohr durch die Klangähnlichkeit assoziierbare) Worte verdrängt, überformt, »sublimiert« wurden. So vermutet Pagenstecher hinter »Pallas« ein unbewusstes »Phallus«, hinter »pen« ein verstecktes »Penis«, hinter »true« und »whole« ein »trou« (französisch, Loch) und »hole« (englisch, Loch), hinter der Silbe »con« das englische »cunt« (Vagina) usw. Das Aufspüren der unbewussten Wort- und Bilderwelt Poes erfolgt aber nicht nur über Einzelwörter, über die als »Graue Eminenzen« und »Schaltstellen« des Gehirns bezeichneten »Etyms«, sondern auch über obsessiv in Poes Erzählungen wiederkehrende Szenen, Gegenstände, Pflanzen, Landschaftsformationen etc., deren Form, Farbe und andere optische und haptische Qualitäten sie im Sinne der psychoanalytischen Symbolik bedeutungsträchtig erscheinen lassen. Pagenstecher gelangt auf diese Weise zu einem sehr düsteren Psychogramm Poes; wenn man seiner Theorie glauben darf, so war dieser ein impotenter, syphilitischer Voyeur mit einer starken Neigung zur Koprophilie.

Pagenstechers weit ausgreifende Theorienbildung gipfelt in der Erklärung, neben den drei von Freud behaupteten Instanzen der Persönlichkeit (Es, Ich und Über-Ich) noch eine »4. Instanz« gefunden zu haben: eine psychische Instanz, die sich bei intelligenten Menschen ungefähr vom 50. Lebensjahr an bilde und die es übernehme, Sexualität, die real nicht mehr gelebt werden kann, in bewusst schalkhafte Wortspiele zu sublimieren, in witzig-doppeldeutige Anspielungen umzubiegen. Pagenstechers Kronzeugen für diese Theorie sind James Joyce' Sprachbehandlung in *Finnegans Wake* (1939) und Laurence Sternes anzügliche Wortwitze im *Tristram Shandy* (1763). Es versteht sich von selbst, dass der ebenso selbstkritische wie, in anderen Dingen, selbstbewusste Daniel Pagenstecher sich zu den großen altersweisen Schriftstellern rechnet, die den trickreichen Mechanismen des Unbewussten nicht anheim fallen, sondern daraus sprachwitziges Kapital schlagen und damit im beginnenden Alter noch einmal künstlerisches Format zeigen.

Gebrochen und relativiert, dadurch aber auch in seiner – ohnehin zumindest problematischen – Gültigkeit in der Schwebe gehalten, wird das Psychogramm Poes dadurch, dass Daniel Pagenstecher und der immer begeisterter zustimmende Paul Jacobi an Poe vielleicht nur das erkennen, was in ihnen selbst ist: Beide sind von beginnender Impotenz und von Voyeurismus getriebene ältere Herren, die ihren eigenen Zustand in Poe hineinprojizieren. Umgekehrt erklärt sich Wilma Jacobis Widerstand gegen Pagenstechers Poe-Bild daraus, dass sie, eigentlich schon zu alt dafür und überdies in schwierigen materiellen Umständen lebend, noch einmal schwanger geworden ist und daher einen starken Widerstand gegen alle Sexualität entwickelt, was auch erklärt, warum sie ihre ständig mit Pagenstecher tändelnde Tochter immer wieder scharf zur Tugend mahnt.

Die außerordentlichen Schwierigkeiten, die die Lektüre von *Zettels Traum* bereitet, liegen nicht so sehr im Umfang des Buches, auch nicht in der zwar stark gedehnten, in den Grundzügen aber leicht überschaubaren Handlung und auch nicht in der dem mit Freuds Schriften vertrauten Leser durchaus verständlichen Etym-Theorie. Längere Eingewöhnung erfordern vielmehr die ›Spaltentechnik‹ des Buches, d. h. die Aufspaltung des Textes jeder einzelnen Seite in drei – wechselnd umfangreiche – Textstränge, die ungewöhnliche Orthographie und Interpunktion sowie die unzähligen, zum Teil fremdsprachigen Zitate, Randbemerkungen, Anspielungen und Querverweise, die das Buch durchziehen. Die einzelne Seite des – übrigens nicht gesetzten und gedruckten, sondern fotomechanisch nach dem Typoskript des Autors vervielfältigten – Buches enthält in der Regel einen Haupt-Textstrang, der auf der Mitte der Seite verläuft und der ›realen‹ Handlung, dem Tun, Erleben und Sprechen der Figuren, vorbehalten ist, links davon eine schmale Spalte für jene Zitate aus den Werken Poes, die die Personen gerade assoziieren, und rechts vom Haupt-Textstrang eine ebenfalls schmalere Spalte für die persönlichen Einfälle, Gedankenspiele und Randbemerkungen des Erzählers Pagenstecher, die weitgehend – und oft in autobiographisch sehr aufschlussreicher Art – mit denen Arno Schmidts gleichgesetzt werden können.

Der über die Seite mäandrierende Text – je nachdem, ob das Hauptinteresse gerade Poe, der Realität oder den Gedankenspielen des Erzählers gilt, kann der Haupt-Textstrang auch rechts oder links verlaufen – ist in einer Orthographie abgefasst, die, ebenso wie die Interpunktion, allen Regeln hohnspricht: Die Wörter sind häufig phonetisch (wenn auch mit dem normalen Alphabet) aufgezeichnet, oft aber erscheinen auch ähnlich zweideutige Wortbastarde wie in Joyce' *Finnegans Wake*. Als Beispiel diene der Titel des IV. Buches von *Zettels Traum*: »Die Geste des Großen Pun«. Das lässt sich lesen als »Die Gäste des Großen Pan«, aber auch als »The jests of the great pun« (»Die Taten des großen Wortspiels«), des Weiteren als »Die Späße der großen Feder« und als »Die Gesten des großen Herrn Penis« (je nachdem, welche deutschen, französischen und englischen Klänge und Bedeutungen man assoziiert oder unterschiebt). Und schließlich wird die Aufmerksamkeit vom Haupttext immer wieder abgelenkt durch die in alle Spalten und auf alle Seiten verstreuten, im Gespräch der Personen oder in freier Assoziation des Erzählers eingeführten Zitate aus der psychoanalytischen Fachliteratur, der deutschen, englischen und französischen Literatur von Johann Fischart über Lewis Carroll bis Jules Verne, aus Opern- und Operettentexten, aus Singspielen und Vaudevilles von Mozart bis Offenbach, aus Bücherkatalogen und Reklametexten; zum Teil sind Herkunft und Funktion der Zitate und Einschiebsel sofort erkennbar, zum Teil aber bleibt ihre Herkunft dunkel und ihre Funktion in der Schwebe.

Schwierig bleibt es schließlich, den Grad der Fiktionalität vieler Szenen des Buches richtig einzuschätzen, denn es gibt zwar auf weite Strecken eine ›reale‹ Ebene der Handlung, doch wandelt sich die Szene bisweilen ins Phantastische, ins Träumerische und Gedankenspielerische, und schließlich tauchen in weitgehender Suspendierung von realistischen Zeit- und Raumkategorien vor allem in den Büchern IV und VII die Sirene Ligeia, antike Seegötter, neapolitanische Schiffer und sogar, in seltsamer Vermummung, Edgar Allan Poe selbst auf, der kurz, auf einem zum Walpurgisspuk und grandiosen Panoptikum aller sexuellen Perversionen umgedeuteten Jahrmarkt, mit Pagenstecher und Jacobi konfrontiert wird, um sich dann, entsetzt von Pagenstechers Deutungen seines Seelenlebens, ebenso schnell wieder in nichts aufzulösen. Auf diesen traumhaften Charakter des ganzen Romans verweist auch der Titel, der nicht nur ironisch auf die 120 000 Notiz-»Zettel« deutet, auf die Schmidt vor und bei der Niederschrift des Buches Einfälle und Stichworte notiert hatte, sondern auch auf die Traumerzählung Zettels, des Webers in Shakespeares *Sommernachtstraum*, anspielt: »Ich hab' ein äußerst rares Gesicht gehabt! Ich hatt' nen Traum – 's geht über Menschenwitz, zu sagen, was es für ein Traum war« – dieses Zitat hat Schmidt dem Buch als Motto vorangestellt.

Die ersten Rezensionen und Aufsätze über das Werk, an dem Schmidt – selbst ein hervorragender Kenner und Übersetzer Poes – 1963 zu arbeiten begann und dessen Niederschrift vier Jahre – von 1965 bis Anfang 1969 – dauerte, waren im Grund nur Zeugnisse des tastenden Versuchs, sich in dem Labyrinth zurechtzufinden. Schmidt selbst setzte die Schwierigkeit der Lektüre so hoch an, dass er die Meinung äußerte, nur etwa 400 Leser würden das Buch nach vieler Mühe verstehen können. Das ist sicher übertrieben; man kann sogar sagen, dass *Zettels Traum* in vieler Hinsicht leichter zu verstehen ist als etwa James Joyce' *Finnegans Wake*, zu dem Schmidt mit seinem Buch sicher in Konkurrenz treten wollte. Aber es ist bezeichnend, dass in der Schmidt-Philologie *Zettels Traum* bisher wesentlich weniger intensiv erforscht worden ist als etwa der Erzählungsband *Kühe in Halbtrauer*; die schiere Textmenge samt endloser Zitatenfülle scheint geradezu lähmend zu wirken, sogar auf Schmidt-Fanatiker.

Fraglos wird kaum je alles ›entschlüsselt‹ werden können, was an Bedeutungen und Anspielungen in dem Roman steckt, der von einem System von einander auslösenden, aufeinander verweisenden, leitmotivisch funktionierenden Zitaten durchzogen ist. Das ist die eine, die quasi philologische Seite. Auf der anderen Seite wäre zu untersuchen, ob auch die Gesamtkonstruktion des Buches tragfähig ist, die ja nicht nur bei der ersten, sondern wohl auch noch bei der zweiten und dritten Lektüre nur in Umrissen deutlich wird. Klar ist, dass in manchen Passagen die Handlung auf der Stelle tritt, ja sich bis zum Fadenscheinigen verdünnt, weil die Erörterungen zur Psychographie Poes ganz in den Vordergrund treten; außerdem entsteht im Verlauf des Buches natürlich auch, da viele Passagen stark bekenntnishafte Züge tragen, ein Psychogramm Arno Schmidts, das von der großen Ehrlichkeit des Verfassers, aber auch von seinen Schwächen, Ressentiments, Skurrilitäten und seinen unreflektiert-verhärteten Einstellungen gegenüber vielen Erscheinungen der Gegenwart und gegenüber bestimmten Bevölkerungsgruppen (Hippies, Studenten, Bauern, usw.) zeugt.

Dennoch stieß das Buch, das in Deutschland die literarische Sensation des Jahres 1970 war, auf ein so starkes Interesse, dass die zwangsläufig sehr teure Erstausgabe nach wenigen Monaten vergriffen war und dass ein Berliner Kollektiv von Raubdruckern im Herbst 1970 einen gegenüber der Originalausgabe stark verkleinerten Piratendruck verkaufen konnte. JÖRG DREWS

Heinrich Böll

* 21. Dezember 1917 in Köln (Deutschland)
† 16. Juli 1985 in Langenbroich/Eifel (Deutschland)

Sohn eines Kunsttischlers; 1937 Abitur in Köln, Buchhändlerlehrling; 1939
Studienbeginn (Germanistik, klassische Philologie) in Köln, 1940–1945
Soldat; 1947 erste Kurzgeschichten, 1949 erster Prosaband, ab 1951 freier
Schriftsteller, 1960 Mitherausgeber der Zeitschrift *Labyrinth*, 1971–1974
Präsident des internationalen PEN-Clubs, 1972 Nobelpreis für Literatur;
ab 1976 Mitherausgeber der Zeitschrift L'76/L'80; weltweiter Einsatz für
Menschenrechte; Erzähler, Essayist, Hörspielautor.

Gruppenbild mit Dame

Hauptfigur des 1971 erschienenen Romans ist die etwa 48-jährige Helene
Maria Pfeiffer, geborene Gruyten, die »seit ihrem vierzehnten Lebensjahr
unkirchlich dahinlebt« und noch immer in ihrem Geburtshaus wohnt.
Lenis fast lückenloser Lebenslauf wird auf pseudo-dokumentarische
Weise erzählt, nämlich in Form von aneinandermontierten Berichten,
Protokollen, Gesprächen, Erinnerungen und Befragungen von Personen, die zu ihr in Beziehung standen oder noch stehen. Ein sich selbst –
wenigstens anfangs – nur »ausnahmsweise« ins erzählte Geschehen ein-
mischender, »Verf.« genannter Erzähler protokolliert seine Recherchen
über diese hilfsbereite und herzliche Frau, die aus unerschütterlicher
Gefühlssicherheit heraus stets das für sie Selbstverständliche tut und
deren inneren Kern der Autor als »eigentlich unzerstörbar« bezeichnet.
Die Umwelt jedoch, der sie stolz, unnahbar, in ihrer niemals taktisch-kal-
kulierenden Ehrlichkeit unbequem und in ihrer erotisch aufgeladenen
Güte und Herzlichkeit oft auch unheimlich vorkommt, »möchte Leni am
liebsten ab- oder wegschaffen«. Der Erzähler weist darauf hin, »daß man
Lenis religiöse Begabung so verkannt hat wie ihre Sinnlichkeit, daß in ihr,
an ihr vielleicht eine große Mystikerin zu entdecken und zu entwickeln
gewesen wäre«.

   In den einzelnen Kapiteln wird aus jeweils unterschiedlicher Sicht
stets eine wichtige Lebensetappe der Protagonistin geschildert, so etwa
Lenis Kindheit und der parallel dazu stattfindende Aufstieg ihres Vaters,
der als Baufachmann in den 1930er und 1940er Jahren zu Reichtum und
Ansehen gelangt. Die junge Leni, die einmal »einen ganz großartigen Auf-
satz« über Kleists »Marquise von O.« geschrieben hat, steht der für ihre

geistig-moralische Entwicklung überaus wichtigen jüdischen Nonne Rahel bei, einer »Mittelexistenz zwischen Toiletten- und Putzfrau«, die während der Nazi-Zeit von ihren Mitschwestern versteckt, aber auch degradiert und vernachlässigt wird. Nach einer nur drei Tage währenden Ehe mit dem ungeliebten »mißglückten Germanen« Alois Pfeiffer, der im Krieg fällt, arbeitet Leni in der Kranzbinderei des opportunistischen Walter Pelzer. Dort lernt sie den russischen Kriegsgefangenen Boris Lvovic Koltowski kennen, der zu ihrer großen und einzigen Liebe wird, nachdem eine lebensgefährliche und nicht von ungefähr im Zentrum des Buches stehende »Entscheidungsschlacht« geschlagen ist: Leni reicht dem verachteten und angefeindeten »russischen Untermenschen« ganz selbstverständlich eine Tasse Kaffee und lässt sich in ihrer naiv-reinen Menschlichkeit durch nichts beirren. »Der Boris wurde einfach durch Lenis mutige Tat zum Menschen gemacht, zum Menschen erklärt.«

Die immer dichter aufeinander folgenden Bombardements sorgen dafür, dass sich für das – unter zahlreichen Hinweisen auf die biblischen Figuren Joseph und Maria geschilderte – Liebespaar Zeit zum Alleinsein in ihrem »Sowjetparadies in den Grüften« ergibt. Boris, der wenige Tage nach Kriegsende in einem lothringischen Bergwerk stirbt, ist der Vater von Lenis Sohn Lev Borrisovic Gruyten, der ihr in seiner vielfach auf Jesus Christus verweisenden Leidenschaft für Menschen in Not ähnelt. Lev, der mit Lenis Zustimmung Müllkutscher werden möchte, bezahlt für sein geradliniges soziales Engagement mit drei Monaten Gefängnis: Er hat Urkunden gefälscht, um sich an der Familie Hoyser zu rächen, die nach dem Motto »wer fortschreitet, muß über so manchen hinweg- schreiten« die Altbauwohnung von »Tante Leni« zum Spekulations- objekt machen möchte. In der etwa um 1970 spielenden Erzählgegenwart kämpft Leni, die den vor ihr knienden türkischen Arbeiter Mehmet Sahin »erhört« hat, von ihm ein Kind erwartet und vielleicht Mohammedanerin werden wird (»da auch der Koran der Madonna einen Platz eingeräumt hat«), zusammen mit ihren zahlreichen, »sozial fast zum Abfall« gehören- den Untermietern (Arme, Ausländer, Müllkutscher) um ihre Wohnung. Ein »Helft-Leni-Komitee« wird gegründet, dem sich auch der »Verf.« anschließt, und die Müllkutscher inszenieren am Schluss eine große Verkehrsstauung, die die angeordnete Wohnungsräumung zumindest für einige Zeit verhindert. KLAUS HÜBNER

Heiner Müller

* 9. Januar 1929 in Eppendorf/Sachsen (Deutschland)
† 30. Dezember 1995 in Berlin (Deutschland)

Sohn eines Angestellten und einer Textilarbeiterin; 1949 Abitur, Arbeit als Journalist; ab 1951 in Berlin, erste Veröffentlichungen, Mitglied der SED; 1958 Mitarbeiter des Maxim-Gorki-Theaters Berlin; 1961 Verbot der Uraufführung der *Umsiedlerin* und Ausschluss aus dem Schriftstellerverband, Beginn zahlreicher Aufführungsverbote in der DDR; ab 1976 Mitarbeit an der Ostberliner Volksbühne und am Berliner Ensemble; ab 1990 Präsident der Akademie der Künste in Ostberlin.

Deutschland-Stücke

Heiner Müller gehört zu den wenigen Dramatikern, die nach 1945 die deutsche Geschichte, insbesondere die des 20. Jh.s, immer wieder zum Thema machten. Die dramatische Tradition, die er in seinen Stücken oft montageartig zitiert, reicht über Brecht hinaus bis zu Kleist. Einen ersten großen historischen Bogen zieht *Germania Tod in Berlin*; Entwürfe dazu reichen bis 1956 zurück, 1962 begann Müller mit dem Schreiben des Revue-Stücks, das er 1971 beendete; es erschien 1977 und wurde im gleichen Jahr an den Münchner Kammerspielen uraufgeführt; in der DDR kam das Stück erst im Januar 1989 auf die Bühne.

Die dreizehn Bilder von *Germania Tod in Berlin* haben nicht einmal im Ansatz eine durchgehende Handlung; die meisten Szenen sind zwar um ein historisches Datum der deutschen Geschichte zentriert, brechen aber durch montageartige Bildeinlagen, Text- und Figurenzitate das Geschehen auf, so dass Müller in der Form des offenen, fragmentierten Dramas eine vieldeutige Geschichtscollage geschaffen hat, die zu kontroversen Interpretationen einlädt. Zum Aufbauprinzip gehört die kontrapunktische Anordnung der Bilder, so dass beispielsweise der das Spiel eröffnenden Szene »Die Strasse 1. Berlin 1918« eine Szene »Die Strasse 2. Berlin 1949« entgegengesetzt wird.

Müllers Drama zeigt, dem historischen Stoff entsprechend, weithin eine deutsche Katastrophengeschichte. Es beginnt folgerichtig mit der gescheiterten Revolution von 1918 und der Spaltung der Arbeiterbewegung. Die geschichtliche Handlung tritt in den Hintergrund, weil Müller das Geschehen zu einer Bildparabel verfremdet: Kinder werden beim Bäcker um ihre Groschen betrogen. Das zynische Lachen am Szenenschluss kommentiert den misslungenen Auftakt der deutschen Republik und hat symbolische Bedeutung. Solche Anspielungstechniken gehören zur Dramaturgie des Stücks, das seine Bildstruktur oft in verschlüsselte Bildkompositionen fasst, die Rolle des Dialogs relativiert und manche Handlung ins Groteske steigert. So erscheint im »Brandenburgischen Konzert 1« Friedrich II. von Preußen als bösartiger Clown, der Prinzipien der Aufklärung ins Gegenteil verkehrt, während er in der zweiten »Konzert«-Szene als Wiedergänger und Vampir auftritt, der – Inbegriff des in der DDR weiter fortwirkenden Obrigkeitsstaates – einen Maurer mit seiner Krücke zu malträtieren versucht, weil er 1951 mithilft, das Friedrich-Denkmal Unter den Linden abzubauen. Der Arbeiter, den ein ranghoher Genosse von den offiziellen Feierlichkeiten ausgeschlossen hat, vermag sich zu wehren: eine Szene, in der einen Moment lang ein utopisches Element deutscher Geschichte aufscheint.

Im Kontext des gesamten Dramas sind solche Bildreflexe nicht überzubewerten. Müllers *Germania Tod in Berlin* liefert keine geschlossene Interpretation deutscher Geschichte, es lebt vielmehr von stakkatoartigen Bildwechseln, die das Publikum im Sinne einer Dramaturgie der »Überschwemmung« (Müller) und Überforderung an die Grenzen des Fassbaren führen soll. So beginnt die »Hommage a Stalin 1« mit Menschenfleisch fressenden Soldaten in der Kesselschlacht bei Stalingrad; der Kannibalismus, ein Leitmotiv Müller'scher Dramen, führt den Schrecken des Krieges unmittelbar vor und steigert ihn noch durch das gespensterhafte Auftreten von Napoleon, Cäsar und den Nibelungen Gunther, Hagen, Volker und Gernot, die sich am Ende gegenseitig umbringen, bis schließlich, wie es in der Regieanweisung heißt, »die Leichenteile aufeinander zu« kriechen und ein »Monster aus Schrott und Menschenmaterial« bilden.

Höhepunkt des grotesken Spiels ist zweifellos die Szene »Die heilige Familie«: Hitler, der schwangere Goebbels, Germania und die drei Alliierten (die »Heiligen 3«) treten auf, bis zuletzt Germania erschossen und die Bundesrepublik geboren wird – als »Contergan-Wolf«. Szenen wie diese haben Müller bei der Theaterkritik lange das Image eines Autors eingebracht, der mit *Germania Tod in Berlin* die Vision eines sozialistischen Deutschland verbunden habe. Das Stück selbst gibt dafür keinen Beleg. So sind die Anspielungen auf den 17. Juni 1953 in der Szene »Die Brüder 2« keine Verteidigung der DDR-Führung; der ins Gefängnis geworfene Kommunist trifft auf einen Nazi, der ihn zusammen mit anderen umbringt.

Nach dieser Szene folgt eine als »Nachtstück« apostrophierte Bildpantomime, in der die Vernichtung eines Menschen vorgeführt wird: »Aus den leeren Augenhöhlen des Menschen, der vielleicht eine Puppe ist, kriechen Läuse und verbreiten sich schwarz über sein Gesicht. Er schreit. Der Mund entsteht mit dem Schrei.« Die Pantomime transformiert die Dramaturgie der Geschichtsinterpretation in die allegorische Deutung der Menschwerdung, die bei Müller der Inbegriff von Gewalterfahrung, Schmerz, Folter und Verletzung ist. In *Germania Tod in Berlin* kehrt dieses zutiefst pessimistische Verständnis menschlicher Bestimmung in Motiven der Missgeburt, des Krieges, des Bruderkampfes, der Denunziation, des Mordens und Abschlachtens wieder, bis im letzten Bild der sterbende Maurer Hilse – eine aus Gerhart Hauptmanns *Die Weber* (1894) entlehnte Figur, der sich von der gewaltsamen Revolte distanzierende Arbeiter – in seinem Krankenzimmer »die roten Fahnen über Rhein und Ruhr« sieht. Diese Vision zielt keineswegs auf die Zukunft, sondern erinnert an die Toten, insbesondere an Rosa Luxemburg, welcher Hilse seinen Schlussmonolog als Epitaph widmet: »Das Wasser hat dich nicht gehalten, Rosa. / Und wenn sie aus uns allen Seife machen / Dein Blut wäscht ihnen keine Seife ab.«

Müllers Geschichtsverständnis ist erst aus der Differenz zu marxistischen Geschichtstheorien erklärbar. Es geht nicht um Determinismen und gesetzmäßige Evolutionsprozesse und nicht um eine teleologische Ausdeutung historischer Epochen. Der zentrale Ort der Geschichte ist bei Müller die Schlacht und das Massaker, der Inbegriff von Grausamkeit, Verstümmelung, Perversion und Tod.

Ein Beispiel dafür liefert das am 30. Oktober 1975 an der Ostberliner Volksbühne uraufgeführte Stück *Die Schlacht. Szenen aus Deutschland*, das in seiner Kürze den Kern des Müller'schen Faschismusbildes dramatisiert. Die »Schlacht« hat bei Müller, Artauds surrealistisches »Theater der Grausamkeit« weiterentwickelnd, im konkreten Sinne mit (Ab-)Schlachten zu tun, wie für ihn die Geschichte selbst ein großes »Schlachthaus« darstellt. So eröffnet die Szene »Die Nacht der langen Messer« die Bildfolge mit einem Bruderkampf, der am 27. Februar 1933, dem Tag des Reichstagsbrands, stattfindet. Ein nur als Figur A eingeführter Kommunist tötet seinen Bruder, die Figur B, der – selbst ein ehemaliger kommunistischer Arbeiter – zur SA übergelaufen war. A kann B nicht verzeihen, dass er unter der Folter die Partei verlassen hat, und erschießt B, nachdem dieser, seine Identität aufgebend (»Ich bin der eine und der andre ich. / Einer

zuviel«), die Hinrichtung ausdrücklich gewünscht hat. Das Bruderkampf-
und Verratsthema verengt das historische Ereignis zum Familienzwist
und setzt Rache als signifikantes Grundmotiv menschlichen Handelns
ins Bild.

In der zweiten Szene – »Ich hatt einen Kameraden« – greift Müller das
Kannibalismusmotiv aus *Germania Tod in Berlin* wieder auf: Drei verhun-
gernde Soldaten verschlingen einen ihrer Kameraden und singen dazu
das von Ludwig Uhland geschriebene Lied »Ich hatt einen Kameraden«,
das im Krieg zum festen Ritual deutscher Soldatenbestattungen gehörte.
Die ohne jede Psychologie und Schuldthematik gestaltete Szene ist in
ihrer Grausamkeit dramaturgisch durchaus kalkuliert und entspricht
Müllers Strategie der dramatischen Übersteigerung, in der menschliches
Verhalten in seiner archaischen, affektgesteuerten, triebenergetischen
Form erscheint. Tötungsszenen sind Schlüsselszenen des Müller'schen
Theaters, die stets auch an Opferrituale erinnern und damit das Drama
zum Ort von Totenkult und Totengedächtnis werden lassen. Ein solches
Stück folgt weder der Pädagogik des Brecht'schen Lehrtheaters noch
dem an historischer Sinnstiftung interessierten Genre des Geschichts-
dramas. Die grausigen Effekte – Blutrausch, Mordlust, Schmerz, Folter,
Abschlachtung – haben nicht den Anspruch, Geschichte diskursiv zu deuten, sondern deren den Körpern eingeschriebene Spuren aufzudecken.

Kernstück der *Schlacht* ist die Szene »Fleischer und Frau«, die in fünf
Episoden nacherzählt, wie ein Fleischer sich bei Kriegsende an der Jagd
nach einem abgeschossenen Amerikaner beteiligt, diesen umbringt, dann
vor den herannahenden Russen Richtung Westen flüchtet und dabei, als
er einen Fluss überqueren will, von seiner Frau umgebracht wird, die er
aus Angst vor den feindlichen Soldaten zurückgelassen hat. Das Stück
endet Anfang Mai 1945 in der Kellerszene »Das Laken oder unbefleckte
Empfängnis«, als die Russen Berlin erreichen. Feigheit, Angst, Verrat,
Hinterhältigkeit und brutaler Mord werden noch einmal zu einem Bild
verdichtet, als die SS verhindert, dass die Menschen die weiße Fahne his-
sen (»Das Laken«), und einen flüchtigen deutschen Soldaten erschießt,
bevor sie selbst flieht. Die vorrückenden Russen geben den Menschen
Brot; die Regieanweisung am Schluss zeigt in satirischer Überzeichnung,
dass damit keineswegs eine neue Zeit begonnen hat: »Über dem Toten
beginnt der Kampf der Überlebenden um das Brot.«

Animalische Triebentfesselung ist bei Müller die Kehrseite menschlicher Disziplinierung und Zivilisierung; die deutsche Geschichte liefert

ihm anschauliche Beispiele für eine gesellschaftliche Form der Trieb-unterdrückung und der Verdrängung vitaler Energien durch Unter-werfung unter Obrigkeiten und Autoritäten. Ein zentrales Stoff- und Bildreservoir liefert daher die preußische Geschichte, die Müller stets als Teil unbewältigter, gespenstisch in die Gegenwart hineinragender DDR-Historie begriff.

Im Zentrum der Auseinandersetzung mit Preußen steht das 1975/76 entstandene, 1979 erschienene und in Frankfurt a. M. uraufgeführte, mit dem Untertitel »Greuelmärchen« versehene Preußenstück *Leben Gundlings Friedrich von Preußen Lessings Schlaf Traum Schrei*. Es gehört zu den hochkomplexen Theatertexten Müllers, weil es mit seinen grotes-kenartig zugespitzten, kurzen Bildfragmenten aus der preußischen Geschichte weder einen durchgängigen Handlungsstrang noch eine thematisch geschlossene Konzeption hat. Der Titel des Stücks kündigt die Verweigerung konventioneller Dramenformen bereits an, lässt jedoch die Möglichkeit offen, die Bilderfolge nach Teileinheiten zu bün-deln.

Den Auftakt des Stücks bildet die Szene »Leben Gundlings«; es schlie-ßen sich daran mehrere Szenen an, die sich auf den Teiltitel »Friedrich von Preußen« beziehen. Dann folgt die (im Titel nicht erwähnte) Bild-pantomime »Heinrich von Kleist spielt Michael Kohlhaas«; das Stück endet mit »Lessings Schlaf Traum Schrei«, einer Szene, die Vergangenheit, Gegenwart und Zukunftsvision in eins setzt und aus Projektionen, Zita-ten und pantomimischen Elementen besteht. Lessing – der Schauspieler spielt die Rolle in einer »Lessingmaske« – erscheint wie die Inkarnation eines an der Gegenwart verzweifelnden Intellektuellen, der keine Macht hat: eine Figur, in die sich der Autor eingeschrieben hat – mit autobiogra-phischen Andeutungen auf den Tod Inge Müllers (»Die Frau mit dem Kopf im Gasherd«), mit dem auf Lessing projizierten »wachsenden Ekel an der Literatur« und der »immer heftigeren Sehnsucht nach Schweigen«. Die Lessing-Szene ist als eine Art Bildcollage angelegt, die völlig dispa-rate Elemente zu einer apokalyptischen Schlussvision verknüpft: Lessing begegnet »auf einem Autofriedhof in Dakota [...] dem letzten Präsiden-ten der USA«; »unter den Autowracks« erscheinen »in verschiedenen Unfallposen klassische Theaterfiguren und Filmstars«. Lessing tritt »mit Nathan dem Weisen und Emilia Galotti« auf; Textfragmente werden zitiert, eine Stimme zählt unterschiedlichste apokalyptische Motive wie die »Stunde der Weissglut« und die »Grammatik der Erdbeben« auf, wäh-

rend es Lessing in der »Projektion Apotheose Spartakus ein Fragment«
nicht gelingt, den Spartakus-Torso auszugraben.

Das Stück interpretiert nicht nur die preußische Geschichte – Müller
deutet sie als eine durch Triebabtötung, Unterwerfung und Disziplinierung bedingte Verstümmelung des Menschen –, sondern zugleich auch
die aufgeklärte europäisch-amerikanische Zivilisationshistorie als ein
inhumanes, gescheitertes Projekt der Menschheitsgeschichte. Weitere
Bild- und Textstränge thematisieren in immer erneuten Variationen die
Figur des Intellektuellen, für die der von Friedrich Wilhelm I. erniedrigte
Akademiepräsident und königliche Hofnarr Gundling nur das Auftakt-
beispiel darstellt; Voltaire und Schiller, zwei Nebenfiguren aus den Szenen um »Friedrich von Preußen«, haben den rigiden Herrschaftsformen
nichts entgegenzusetzen, Kleist zerstört sich selbst – in der Bildpantomime »zerhackt« er »mit dem Degen die Kleistpuppe« –, während Lessing
zuletzt Müllers radikal eingeschwärzte Geschichtsmaxime verkündet:
»Die Geschichte reitet auf toten Gäulen ins Ziel.«

Vollends zu einer Gespenster- und Albtraum-Geschichte mutiert das
20. Jh. in Müllers *Germania 3 Gespenster am Toten Mann*, das der Autor kurz
vor seinem Tod beendete und dessen Uraufführung postum im Mai 1996
am Bochumer Schauspielhaus stattfand. Das Stück, 1996 als Buch erschienen – die Nummerierung *Germania 3* hat Müller nicht erläutert –, ist in
mehreren Arbeitsphasen entstanden. Begonnen hat es der Autor noch
in den letzten Jahren der DDR; deren rasches Ende wird nicht nur im
Drama kommentiert, sondern bildet die Grundlage für Müllers Versuch,
das Scheitern des Sozialismus im 20. Jh. mit der deutschen Zeitgeschichte
zu verknüpfen. Vor diesem Hintergrund erscheint das Stück wie ein
Nekrolog auf das gerade zu Ende gehende Jahrhundert, dessen Schrecken
zu einer aus scharfen Schnitten, Überblendungen, szenischen Fragmen-
ten und literarischen Zitaten locker zusammengefügten Bildcollage
verdichtet werden. Gegenüber *Germania Tod in Berlin* weitet der Autor die
Technik der grotesken Übertreibung und des provozierenden Schocks
erheblich aus und stellt damit sein Verständnis der (Zeit-)Geschichte als
einer fortwährenden blutigen Spur von Unrecht und Gewalt diametral
gegen die nach der deutschen Vereinigung im Westen verbreitete Sieger-
perspektive.

Schon in der ersten Szene, »Nächtliche Heerschau«, wird deutlich,
dass Müller die Phasen historischer Niederlagen besonders interessieren.
Auf der Berliner Mauer erscheinen Thälmann und Ulbricht als gespens-

tische Wiedergänger, welche die misslungene Flucht eines jungen Mannes kommentieren. Thälmanns Frage »Was haben wir falsch gemacht« lässt sich als eine Leitfrage des gesamten Stücks verstehen. In die Szene zieht Müller simultan eine zweite Handlungsebene ein: die Ermordung Rosa Luxemburgs, ein Ereignis, das in der Deutung des Autors die kommenden Niederlagen der Arbeiterbewegung bereits vorwegnimmt. Die Szene »Panzerschlacht« setzt den Reigen der Gespensterauftritte fort: Im Kreml agieren Stalin, Lenin, Trockij und Hitler auf der Bühne, deformiert zu grotesken Monstern. Müllers Figuren spielen dabei nicht historische Persönlichkeiten in bestimmten Situationen und Rollen, sondern treten als Akteure eines Grusel- und Gespensterstücks auf, in dem Stalin seine eigenen Bluttaten kommentiert, Trockij, »das Beil des Macbeth noch im Schädel«, als stumme Person zu Stalins Monolog erscheint und der Kampf in Zeiten des Faschismus als Krieg feindlicher Brüder (Stalin und Hitler) gedeutet wird: »Bruder Hitler. / Verbrennst du meine Dörfer. Das ist gut. / Weil sie dich hassen, werden sie mich lieben.« In der Parallelszene »Es blies ein Jäger wohl in sein Horn« – sie spielt 1945 im Bunker der Reichskanzlei – mutiert Stalin zum »Rattenkönig«, während Goebbels und seine toten Kinder erscheinen und Hitler einen grotesken Schlussmonolog spricht, den er mit dem Ausruf »Es lebe der deutsche Schäferhund« beendet, bevor er seinen Hund erschießt und Musik aus Wagners *Götterdämmerung* erklingt.

Das dramaturgische Prinzip der Bild-»Überschwemmung« bringt in Müllers Spätwerk eine Flut von Bild- und Textanspielungen hervor, die jede Konsistenz von Handlung schon im Ansatz zunichte macht. In *Germania 3* steigert die Vielzahl literarischer Zitate aus Werken von Hölderlin, Kleist, Grillparzer, Hebbel, Kafka und Brecht zusammen mit Selbstzitaten aus den Stücken *Macbeth* und *Philoktet* die Technik abrupter Handlungs-, Ort- und Zeitwechsel; zeitweilig wird das Stück zu einem Stimmen- und Gestentheater, das aus der Kollision der einzelnen Szenenelemente, nicht aus der Geschlossenheit ihrer Gesamtkomposition verstanden werden will. Diese Auflösung aller strukturellen Einheiten macht den Text zu einer breit auslegbaren Spielpartitur und zum Paradigma des postdramatischen (d.h. nicht mehr durch dramatische Fabeln und stringente Handlungsfolgen zusammengehaltenen) Theaters. Der Selbstauflösung dramatischer Bauformen steht allerdings die Prägnanz der historischen Daten und Ereignisse entgegen, denen Müller in *Germania 3* nachspürt: faschistischer und stalinistischer Terror, Stalingrad, SS-Terror in den letzten Kriegswochen, Hitler im Führerbunker, der 17. Juni 1953, die Verhaftung Wolfgang Harichs 1956 (Aufstände in Polen und Ungarn), Nachkriegszeit und Mauerbau, Mauerfall, Ende der DDR und kapitalistische Gegenwart.

In Müllers Deutschlandstücken markieren die Geschichtsdaten und die ihnen zugeordneten Szenen markante Phasen einer Katastrophengeschichte, die als Zirkel von Gewalt, Unterdrückung und Tod sich allen Sinnstiftungsversuchen entzieht: Das Theater ist der Ort, der an das Traumatische und Unverarbeitete der deutschen Katastrophen erinnert und im blutigen Ritual seiner andrängenden Bildkaskaden Trauerarbeit leistet. HERMANN KORTE

Christa Wolf

* 18. März 1929 in Landsberg/Warthe (Gorzów Wielkopolski, Polen)
† 1. Dezember 2011 in Berlin (Deutschland)

1945–1953 Germanistikstudium in Leipzig und Jena; 1953–1959 Arbeit als Kritikerin, Lektorin und Herausgeberin im Verlag ›Neues Leben‹; 1955–1977 Vorstandsmitglied des Schriftstellerverbandes der DDR; 1959 Erscheinen der ersten Erzählung *Moskauer Novelle*; 1959–1962 Lektorin des Mitteldeutschen Verlags, Halle; ab 1962 professionelle Schriftstellerkarriere; zahlreiche nationale und internationale Auszeichnungen für ihr umfangreiches erzählerisches und essayistisches Werk.

Kindheitsmuster

Die Arbeit an dem 1976 erschienenen Roman begann 1971. Der kurze Prosatext *Fünfundzwanzig Jahre* und der Essay »Tagebuch – Arbeitsmittel und Gedächtnis«, beide aus dem Jahr 1966, können als Vorarbeiten zu *Kindheitsmuster* gelten; sie setzen sich mit der Befreiung vom Faschismus und der Möglichkeit auseinander, Zeitgeschichte als literarische Erinnerungsaufgabe zu bewältigen.

Der Roman, durchmischt von Autobiographischem und Fiktionalem, steht in einer Reihe mit Wolfs Erzählung *Der geteilte Himmel* (1963) und dem Roman *Nachdenken über Christa T.* (1968). Allen drei Texten gemeinsam ist der Versuch, die Frühgeschichte der DDR in einer kritischen Rückschau zu reflektieren. Der Roman *Kindheitsmuster* verknüpft die Rekonstruktion der ersten Jahre der DDR mit der nationalsozialistischen Vergangenheit, die nach Wolf noch stets in die zeitgenössische Gegenwart hineinwirkt.

Die Rahmenhandlung des Textes bildet die Reise der Erzählerin in ihre Heimatstadt, das ehemalige Landsberg a. d. Warthe. Begleitet wird sie von ihrem Ehemann, ihrer Tochter Lenka und ihrem Bruder. Das Eintreffen am Geburtsort, der inzwischen Teil des polnischen Staates wurde, initiiert Erinnerungen an die eigene Kindheit und führt in die Zeit des nationalsozialistischen Deutschland zurück. Die Fragen Lenkas wiederum, die um die Verhältnisse im damaligen Deutschland kreisen, aktivieren bei der Erzählerin Bilder der Erinnerung an Gräueltaten und Geschehnisse während des Faschismus.

Kindheit und Jugend werden nun anhand der Erlebnisse des Mädchens Nelly Jordan erzählt, die 1933 drei Jahre alt ist. Die Geschichte

Nellys ist zugleich die Geschichte einer deutschen Stadt, deren Alltag von einer Mixtur aus Kleinbürgerlichkeit und faschistischer Gesinnung gekennzeichnet ist. Der Roman spielt auf drei unterschiedlichen Zeit- und Textebenen, die ineinander verwoben sind: Die Kindheit Nellys ruft die Zeit zwischen 1933 und 1947 ins Gedächtnis (erste Zeitstufe); Auslöser der Erinnerung ist die Reise nach Polen im Jahr 1971 (zweite Zeitstufe); die Zeit des Erzählens ist die Zeit zwischen 1972 und 1975 (dritte Zeitstufe). Alle drei Erzählschichten stellen jeweils anders akzentuierte Annäherungen der Erzählfigur an die Zeitgeschichte und an die eigene Lebensgeschichte dar, deren autobiographisches Fundament Wolf nicht verbirgt. In den Assoziationen der Erzählerin mischen sich die Ebenen, so dass ein anspruchsvolles, mitreflektierende Leser erforderndes Roman-geflecht entsteht. Wolf partizipiert mit dieser Erzählkonzeption an genuin modernen Erzählverfahren, wobei die Komplexität des Erzählten die Schwierigkeiten und Aporien individueller Identitätsbildung sichtbar machen soll.

Erzähltechnisch folgt Wolf damit ihrem bereits in *Nachdenken über Christa T.* (1968) umgesetzten Konzept der subjektiven Authentizität. Die Autorin spielt in *Kindheitsmuster* bewusst mit der Verbindung von Fik-tion und Autobiographie. Während sie im Vorwort zum Roman betont, dass »alle Figuren in diesem Buch [...] Erfindungen der Erzählerin« seien, formuliert Wolf an anderer Stelle: »[...] ich kaschiere an keiner Stelle, daß es sich sozusagen um Autobiographisches handelt; das wird nicht verschwiegen. Wobei dieses ›sozusagen‹ wichtig ist, es ist nämlich keine Identität da«. Zugleich begibt sich der Roman auf die aus der DDR-Pers-pektive brisante Suche nach Spuren der Vergangenheit in der Gegenwart und kreist insofern um die Frage »Wie war das möglich, und wie war es wirklich?« So überrascht es nicht, dass der Roman bei seinem Erscheinen zwiespältig aufgenommen wurde: als literarische und als historisch-poli-tische Irritation. Innerhalb der Nachkriegsliteratur gehört *Kindheitsmuster* zu den bedeutenden Versuchen, die Gattung des Romans als eine Art literarische Gedächtnisgeschichte zu verstehen, in der unterschiedlichste Erinnerungsmomente und Perspektiven spannungsreich aufeinander-treffen. LIANE SCHÜLLER

Thomas Kling

* 5. Juni 1957 in Bingen (Deutschland)

† 1. April 2005 in Dormagen (Deutschland)

Kindheit und Jugend in Düsseldorf; 1967–1977 Gymnasium; 1977/78 Studium der Germanistik und Geschichte an den Universitäten Düsseldorf und Köln; ab 1978 zahlreiche Aufenthalte in Wien, 1983 erste öffentliche Auftritte und Lesungen in den Margareten-Sälen; 1984–1987 Fortsetzung des Studiums in Düsseldorf; freier Schriftsteller, Wohnsitz 1987–1995 in Köln; 1995 Umzug in das ›Kulturlabor‹ auf dem Gelände der ehemaligen NATO-Raketenstation der Insel Hombroich bei Neuss, Initiator der Reihe *Hombroich: Literatur*.

Das lyrische Werk

Thomas Kling hat trotz seines frühen Todes 2005 die deutschsprachige Lyrik des ausgehenden 20. Jh.s maßgeblich mitbestimmt. Er repräsentiert in den 1980er Jahren einen neuen Dichtertypus, der sich nicht nur gegen die Lyrik der ›Neuen Subjektivität‹ und die den Markt dominierende Betroffenheitspoesie abgrenzt, sondern im Rekurs auf sprachbewusste und sprachreflexive Gedichttraditionen der lyrischen Gattung zu hoher Resonanz verhilft.

Bekannt wurde Kling – der bereits 1977 unter dem Titel *der zustand vor dem untergang* Gedichte veröffentlichte, die er freilich später aus seinem Werk-Ensemble ausgrenzte (der Band ist daher in den *Gesammelten Gedichten* nicht enthalten) – mit den Bänden *Erprobung herzstärkender Mittel* (1986) und *geschmacksverstärker* (1988). In doppelter Hinsicht zeigt sich hier ein gegenüber dem lyrischen Mainstream völlig veränderter Ton: Klings Texte umspielen zum einen mit ihrer Spontaneität und Unbekümmertheit einen vitalistischen Aufbruch in eine sprachlich neu zu entdeckende, von prägnanten Wahrnehmungen urbanen Lebens geprägte Welt, zum anderen ist den Gedichten ein auf Vortragskunst und Sprachperformance basierender Darbietungsmodus eingeschrieben: die Wiederentdeckung des Gedichts als Sprechtext und Stimmpartitur. Vor diesem Hintergrund lässt sich leicht nachvollziehen, dass Klings erste Erfolge nicht – wie seit Jahrzehnten in der deutschsprachigen Lyrik üblich – auf Gedichtband-Kritiken beruhten, sondern auf der Resonanz der öffentlichen Auftritte des Dichters und seiner Aura als Sprecher und Stimminterpret eigener Texte.

Kling erweist sich schon in seinen ersten Gedichtbänden als ein Sprachspieler im umfassenden Sinne des Wortes. Die Spannweite reicht dabei von der Imitation und Zitation mittelalterlicher Sprachgesten bis hin zum Pidgin-Deutsch, von hochkomplexer Mythosadaption bis zur Kalauer-Technik. Sprache wird zum Material einer poetischen Arbeitsprozedur, die ihren prozessualen Charakter oft selbst reflektiert, so dass die Leser die allmähliche Verfertigung des Textes mitbeobachten können: Prozesse, die sich vorgegebenen Strophenformmustern entziehen und den Eindruck offener Texturen vermitteln. Die Progression der Arbeitsschritte wird häufig durch Suchbewegungen bestimmt, Schicht für Schicht, Vers für Vers entsteht der Gegenstand des Gedichts im Präzisieren und Assoziieren. Dabei entnimmt Kling seine Themen und Gegenstände dem kreativen Anregungsmilieu seiner Umgebung: rheinischen Künstlerzirkeln, Szene-Treffpunkten, Auftrittsorten wie dem Düsseldorfer Ratinger Hof (über den der Autor einige Gedichte schrieb), urbanen Alltagserfahrungen. Ohnehin ist der enge Kontakt zur bildenden Kunst ein unverwechselbares Attribut des Dichters, der zusammen mit seiner Frau, der Künstlerin Ute Langanky, mehrere Bücher herausbrachte (u.a. *wände machn*, 1994; GELÄNDE *camouflage*, 1998).

In der Retrospektive gelesen fällt auf, wie stark die ersten Gedichtbände bereits viele der später immer wieder aufgegriffenen und durchgearbeiteten Themen und Motive umkreisen. So erscheint in »foto photo« nicht nur die charakteristische zyklische Kompositionsstruktur, sondern auch eines der Schlüsselmotive Klings, das »polaroid«: »blitz; du / ein polaroid völlig in den / moment genommen; benommen; du / blicklicher blick«. Das Thema verweist auf Brinkmann-Traditionen, die der rheinische Autor bewusst aufgreift und weiterführt; Fotos und Familienalben bilden einen bedeutenden Quellenfundus und sind Vorlagen für Prozeduren der ›Versprachlichung‹ unterschiedlichster Bildfunde. Manche der Gedichte Klings beruhen sogar auf einer Art Polaroid-Poetik, indem sie – wie im Zyklus »deutschsprachige polaroiz« aus *geschmacksverstärker* – in ihrer nonkonformistischen Spontaneität wie Momentaufnahmen wirken und doch (dem Belichtungs- und Herstellungsvorgang entsprechend) technisch exakt durchgearbeitet sind.

In seinem Gedichtband *brennstabm* (1991) bezieht Kling Fotos, etwa Schiffsaufnahmen vom Mai 1914 (»Aufnahme Mai 1914«) ein, die er, der ›subscriptio‹ emblematischer Formen entsprechend, mit einem Vers kombiniert. Der Titel des Bandes markiert in seiner Anspielung auf

Brennstäbe das energetische, kraftvolle Strahlungsfeld der Gedichte und erinnert zugleich an die Stabtechnik frühester Verstraditionen. Allerdings experimentiert Kling nicht mit Stabreimen, sondern mit eigenwilligen Verknappungen der Phonetik, die sich in der deformierten Orthographie der Gedichte spiegelt: »finnischer februa, trockn / der minuswind, in fahren / heit für mich nich aus / drückba; / als ich di bank / betrat / was is der brei / tngrad dort (pohjola), lag / da di zeitung«. Klings Bearbeitungen orthographischer Konventionen sind keineswegs bloße Formspielerei und auch keine Revitalisierungen von Schreibweisen, wie sie beispielsweise für Arno Schmidts Prosa kennzeichnend sind. Klings Orthographie ist der Ausdruck einer Partitur-Schreibweise, die Formen der Stimmführung und der Vortragstechnik wie das Verschleifen von Endlauten, Silben, Suffixen und die Akzentuierung einzelner Wörter im Text fixieren. Nicht erst seit den *brennstabm* dominiert in Klings Gedichten die Stimme, die dem lyrischen Subjekt eine personale Kontur gibt – im ursprünglichen Sinne des Wortes ›personare‹, das Durchtönen bedeutet und jede Person als individuelle, unverwechselbare Stimme begreift.

Die Rückgewinnung der auditiven Dimension und die Reflexion auf orale Traditionen der Dichtung gehören zum Fundament Kling'scher Gedichtpoetik: Lyrik ist ›Live-Act‹ und Klang-Collage, Gedichtzyklen folgen den Bauformen einer Hör-Architektur. Seine Maxime hat Kling auf die Formel gebracht: »Sprach-Räume mit der Stimme gestalten, Sprache mit der Stimme der Schrift gestalten«. Vor diesem Hintergrund werden der Leser von Gedichten, wie Kling treffend umschrieben hat, zum »Leserhörer« und der Hörer seiner Texte zum »Hörerleser«. ›Sound‹ ist eines der Schlüsselwörter Klings, das die Rolle der performativen Praxis dichterischen Sprechens unterstreicht und gerade auch dem Leser als eine Art Lektüretechnik erscheinen soll. Damit wird die vom späten Benn ex cathedra formulierte Maxime, nach der jedes moderne Gedicht ein Lesegedicht sein müsse, bewusst konterkariert. Die seit 2000 zu beobachtende Renaissance öffentlicher Lyrik-Veranstaltungen, wie sie unter dem Label ›poetry slam‹ immer populärer wurden, ist maßgeblich von Dichtern wie Kling vorbereitet und zu großen Teilen vorweggenommen worden.

Dem Kling-›Sound‹ entspricht die Dynamisierung des Sprachmaterials, die Arbeit mit rasch wechselnden Überblendungen, Brüchen, Asymmetrien und Paradoxien. Die Technik der Textur behält oft etwas Fragmentarisches, auch wenn die Aufschichtung von Versen und Strophen rhizomartig zu großen Zyklen ausgeformt wird. Das Lesepublikum

wird entsprechend konsequent gefordert, weil das fragmentarisch ver-
knappte, sich sprunghaft entfaltende Sprechen den Assoziationsraum
der Verse und Texte stets noch erweitert, so dass jede Gedichtlektüre sich
als unabgeschlossener Prozess darstellt, Einblicke in die Prozedur der
Textkomposition zu gewinnen. In dem Maße allerdings, wie Kling seine
eigene Produktionstechnik erweitert, erhöht sich die Anstrengungs-
leistung seiner Leser und Hörer. Der Gedichtband *nacht.sicht.gerät* (1993)
zeigt dies auf anschauliche Weise. Zwar gibt es nach 1945 eine große Zahl
von Dichterinnen und Dichtern mit wissenschaftlicher Ausbildung in
unterschiedlichen Disziplinen; Kling aber gehört zu den wenigen, für
die das traditionsbestimmte Attribut ›poeta doctus‹ mehr ist als Etikett
und Kompliment. Klings Gedichte sind voller Anspielungen auf Historie
und Archäologie, Ur- und Frühgeschichte, Kunst- und Kulturgeschichte,
Sprach- und Mediengeschichte. In *nacht.sicht.gerät* verweist eine Reihe
von Zyklen (»bildpool«, »sachsnkriege oder was« und »mittel rhein«) auf
komplexe Bezugssysteme, die Einblicke in Klings Arbeitsprozess geben.

Seine Gedichtproduktion ist im Kern eine Recherche- und Quellenarbeit
in Permanenz: die in Sprache und Stimme transformierte Auswertung
von Texten, Bildern und Fotos aller Art, von Mitschriften, Reisenotizen
und Skizzen, die sich der Dichter in Museen, Ausstellungen, Gedenkstät-
ten und archäologischen Parks gemacht hat.

Der Gedichtband *morsch* (1996) zeigt bereits eine professionelle Weiterentwicklung dieser Produktionstechnik. Gleich der erste, aus zwölf
unterschiedlich langen Texten bestehende Zyklus, »Manhattan Mundraum«, der zum Kernkanon deutschsprachiger Lyrik der Jahrtausend-
wende gehört, führt in Klings poetische exzeptionelle Beobachtungskunst ein. Die New Yorker Recherche lässt die Metropole als urbane
Stadtlandschaft entstehen; bizarre Architekturen der Großstadt werden
mit der Metapher der Textur verbunden, so dass der urbane Raum im
Duktus seiner Stimmenvielfalt erfahrbar und zum »mundraum« wird,
während der Textzyklus die stimmlich begriffene Stadtphysiognomie in
immer wieder neuen, fragmentarischen Anläufen nachbildet – als »poly-/
linguales geschau«. Kling sprengt die moderne Tradition deutscher Groß-
stadtlyrik, indem er über die bloße Stadtimpression und Großstadtwahr-
nehmung hinausgeht und auf programmatische Weise die beiden Bild-
felder »stadt« und »textus« als Chiffren für die Poetologie seiner Dichtung
entfaltet: »die stadt ist der mund / raum. die zunge, textus; / stadtzunge
der granit: / geschmolzener und / wieder aufgeschmo- / lzner text.«

Dem abgehackten Stakkatostil des Manhattan-Zyklus stehen in anderen Textgruppen Langverskonstruktionen gegenüber, die durch Zeilen- und Strophenenjambements miteinander verbunden sind. Im Gedichtband *Fernhandel* (1999) gestaltet Kling diese Technik zu einem hochkomplexen System aus. Gleich der erste Zyklus, »Der Erste Weltkrieg«, wird zum Experiment-Paradigma für eine der ungewöhnlichsten und innovativsten lyrischen Formensprachen. Der Autor bündelt Dutzende von Langversen zu einem seitenlangen Terzinenstrophen-Zyklus. Grundlage des Ganzen sind genaueste Recherchen zu einer Foto- und Briefsammlung aus dem Ersten Weltkrieg, die offenbar einem Familienarchiv entstammt. Klings genealogischer Blick hat einen privaten Hintergrund, die Erinnerung an den verehrten Großvater Dr. Ernst Matthias, der – 1886 geboren, im selben Jahr wie Hugo Ball, die andere große Orientierungsfigur für den Dichter – am Ersten Weltkrieg teilgenommen und die Schlacht um Verdun miterlebt hatte. Ihm war bereits der Gedichtband *brennstabm* gewidmet. Klings Umgang mit den Quellen ist kein Ausdruck eines historistischen Interesses an einem längst vergangenen Ereignis; die Poesie der Erinnerung wird von der Gegenwart bestimmt: von der Medialität der Fotos und der Briefe, vom Unausgesprochenen und Ungesagten, von der exakten Deskription dessen, was aus der aktuellen Perspektive einer von CNN, Schlachtfeldberichterstattung und Kriegsfotopropaganda geprägten Epoche auffällt, wenn man die Bild- und Textmedien des Ersten Weltkriegs untersucht.

Innerhalb des Gesamtwerks markiert der Weltkrieg-Zyklus den endgültigen Durchbruch einer vom forschenden Interesse des Dichters geleiteten Schreibpraxis. Im *Fernhandel* zeigt sich dies auch in anderen Zyklen (wie »Archivbilder« und »Der Schwarzwald 1932«). In einer mit »Brandpfeile« überschriebenen Textgruppe führt das Gedicht »Fundangaben« eine Verfahrensweise vor, die an die archäologische Feldforschung erinnert: Der Lyriker reflektiert die Technik der Grabung, berichtet von Grabungsgeräten, Fundstellen und Exponatsammlungen. Die Basis solcher Texte ist die eingehende Auseinandersetzung mit historischen Wissenschaften und Forschungsmethoden; jedes Gedicht hat seine aus minutiösen Recherchen bestehende Entstehungsgeschichte, deren Schritte Kling häufig in den Texten selbst thematisiert. Ein analoges Vorgehen kennzeichnet auch den großen Zyklus »Spleen. Drostemonolog«, der »Findling« für »Findling« und »Daguerreotyp« für »Daguerreotyp« ein Bild der westfälischen Dichterin Annette von Droste-Hülshoff kontu-

riert, das weit über die Vielzahl der im 20. Jh. geschriebenen Widmungsgedichte hinausgeht und in manchen Details sogar als eine Art Selbst-
porträt des Autors gelesen werden kann: Das paläologische Interesse
der Verfasserin eines Gedichts wie »Die Mergelgrube« kehrt auf überra-
schende Weise in Klings Vorlieben für archäologische und historische
Feldfunde wieder und verknüpft ein Verständnis von Lyrik, das den
Dichter als (Sprach-)Archivisten und genauen Beobachter seiner unmittelbaren Umgebung erscheinen lässt.

In seinen letzten beiden Gedichtbänden, *Sondagen* (2002) und *Auswertung der Flugdaten* (2004) wird die archäologische und historische
Umtriebigkeit des Dichters zum eigentlichen Fundament seiner Schreibpraxis; ein Gedicht wie »Archäologischer Park« wird zum poetologischen Programm für die gesamte Textproduktion. Kling weiß, dass die
Rekonstruktion von Geschichte ein Akt des Sprechens aus der Perspektive der Gegenwart ist und die ›Memoria‹-Funktion der Dichtung vom
nüchternen, forschenden, von Aktualität bestimmten Blick des Dichters
abhängt, nicht aber von Vergangenheitsnostalgien. Beispielhaft dafür der
»Sondagen«-Zyklus, in dessen Mittelpunkt die Entdeckung des Nean-
dertals Mitte der 1850er Jahre steht. Das lyrische Subjekt erscheint in der
Rolle des Spurensicherers und Zeichendeuters, ob nun im Zyklus »Greek
Anthology« mythologische Figurationen oder in der »Hombroich-Elegie«
eine verlassene Raketenstation zum Gedichtgegenstand werden. Analog
bilden im Gedichtband *Auswertung der Flugdaten* Zyklen wie »Die Anacho-
retische Landschaft« und »Die Himmelsscheibe von Nebra« das Zentrum
der für Kling charakteristischen Abarbeitung an den überlieferten Fund-
stücken völlig unterschiedlicher Phasen der Menschheitsgeschichte.

Es wäre allerdings zu einseitig, Klings letzte Gedichtbände ausschließlich auf ihre historisch-archäologische Dimension festzulegen.
Die Gabe der Beobachtung gilt selbstverständlich auch dem Alltag und
dem aktuellen Geschehen. Klings sprachbewusstes Interesse lässt sich
nicht von seiner kritischen Reflexion gesellschaftlicher und politischer
Ereignisse trennen. Das von Kriegen und Feldzügen beherrschte letzte
Jahrzehnt des 20. Jh.s ist in vielen Anspielungen auf latente Weise präsent; den Attentaten auf das World Trade Center vom 11. September
2001 in New York widmet Kling einen zweiten, aus 21 Partiturelementen
bestehenden Manhattan-Zyklus in den *Sondagen*, den »Manhattan Mundraum Zwei«. Gerade hier erweist sich Kling als ein Autor, der von Celan
her die Aufgabe des Lyrikers ableitet, der Versuchung zu widerstehen,

Zeitungskommentare in Verse zu brechen. Klings »manhattan-zeugen-schrift« orientiert sich an Celans Schlüsselgedicht »Engführung«, ohne die Spur zu verwischen – bis hin zu Versen wie »... und siedelten in der luft« und zu apokryphen Zitaten wie »partikeltanz« und »lichtsure«.

Ohnehin gehört Kling zu den Lyrikern des ausgehenden 20. Jh.s, die sich intensiv mit der Geschichte der Lyrik und der Gedichtpoetik aus-einandergesetzt haben. Essaysammlungen wie *Itinerar* (1997) und *Boten-stoffe* (2001) zeigen das breite Fundament des Dichters, der zudem in einer Anthologie mit dem bezeichnenden Titel *Sprachspeicher* (2001) historische Spuren vom frühen Mittelalter bis zur Gegenwart sichert und dabei die sprachreflexive und sprachexperimentelle Dimension mit beson-derem Interesse registriert. Selbstverständlich geht es dabei nicht bloß um Aktualisierungen. Kling untersucht stets den bis in die Gegenwart reichenden Anspruch der Dichtung und zieht aus aktuellen Blickpers-pektiven Linien zur lyrischen Moderne um 1900, zu Trakl und Benn, zum Dadaismus und zu den Österreichern Jandl, Mayröcker und Priessnitz, aber auch zu spätmittelalterlichen Dichtern wie Oswald von Wolken-stein (dem er 1997 einen schmalen Gedichtband widmet, *wolkenstein. Mobi-lisierun'*) und schließlich zur Antike, zu Horaz und zu Catull, vom dem er 1997 einige Gedichte übersetzt hat (*Catull. Das Haar der Berenice*). Die his-torischen Rekurse sind stets eigene, ja eigenwillige Interpretationen. Ein Beispiel stellt die Rezeption Hugo Balls dar. So beobachtet Kling zwar eingehend dessen dadaistische Lautgedichttechnik, aber mehr noch inte-ressiert ihn dessen Vortrags- und Performance-Technik und vor allem der enge Zusammenhang zwischen avantgardistischem Selbstverständnis und mystizistischer Neigung, ein Konnex, den Kling aufdeckt und von dem er sich abgrenzt – auch wenn er sich selbst immer leidenschaftlich für magische Praktiken, Manien, Spleens, Beschwörungsformeln und Zauberstimmen begeistert hat. Wer seine Gedichte hört – dem *Fernhandel* beispielsweise liegt eine CD bei –, erfährt eine engagierte Vortragskunst, deren Aura sich niemand entziehen kann und die den Dichter wie einen Sprachmagier erscheinen lässt. In seiner prägnantesten Zusammenfas-sung dessen, was ein Gedicht leisten sollte, hat Kling die Formel vom Gedicht als »Schädelmagie« gefunden; sie umreißt das Konstruktive, rational Fassbare der dem Kopf (nicht der trügerischen Gefühlsimpres-sion) entspringenden Dichtung, die allerdings ein endgültiges Erfassen stets durchkreuzt – wie ein Medium aus der Welt der Magie.

HERMANN KORTE

THOMAS KLING

Herta Müller

* 17. August 1953 in Nitzkydorf (Rumänien)

Aus rumäniendeutscher Bauernfamilie; Germanistikstudium in Rumänien; Übersetzerin und Deutschlehrerin; 1987 Übersiedlung nach Berlin;
erste literarische Veröffentlichungen in der Bukarester Zeitschrift *Volk
und Kultur*; zunächst Prosatexte mit Impressionen und Reflexionen
von Alltagswahrnehmungen (*Niederungen*, 1982); seit den 1980er Jahren
Erzählungen und Romane, in denen Entfremdung, Unterdrückung,
Angst und Melancholie eine eigene Sprache fanden; 2009 Nobelpreis für
Literatur.

Herztier

»Wenn wir schweigen, werden wir unangenehm, wenn wir reden, werden wir lächerlich.« Diese Feststellung, geäußert in einem Gespräch
zwischen der Ich-Erzählerin und deren Freund Edgar, umklammert als
Anfangs- und Schlusssatz den 1994 erschienenen Roman. Beiden ist die
Ausreise aus Ceauşescus Rumänien geglückt, nun erinnern sie sich in
Deutschland beim Betrachten von Fotos an ihre verlorene Heimat. Das
von Edgar formulierte Dilemma, zu schweigen oder um den Preis der
Lächerlichkeit zu reden, bezeichnet die eigentliche Herausforderung des
Romans als eines Versuchs, von traumatischen Erfahrungen unter der
Diktatur Ceauşescus zu erzählen, obwohl traditionelle Darstellungsweisen solchen Erfahrungen nicht mehr gewachsen sind.

Im Zentrum des Romans steht die Erzählerin, die sich an ihre letzten
Jahre an der Universität und an ihre Arbeit als Übersetzerin in einem
Industriebetrieb erinnert. Wie die meisten ihrer Freunde gehört sie der
deutschsprachigen Minderheit in Rumänien an. Ein besonders enges
Verhältnis verbindet sie mit Edgar, Kurt und Georg sowie mit Lola, mit
der sie gemeinsam im Studentenheim wohnt. Ununterbrochen von der
Geheimpolizei beobachtet, können sie nur insgeheim deutsche Bücher
lesen, die für sie zugleich eine Welt repräsentieren, die diametral zu der
Armut Rumäniens steht. Dass sie außerdem Gedichte schreiben, steigert
das Misstrauen der Spitzel. Der Alltag wird vom Gefühl permanenter
Überwachung bestimmt; jederzeit ist mit einer Durchsuchung, mit Zensur der Post oder plötzlicher Verhaftung zu rechnen. Diese Angst schlägt
im Zusammenleben bisweilen in offene Aggressionen um, vor denen
auch enge Freundschaften nicht sicher sind. – Freundschaft zu schließen,

bedeutet unter den Verhältnissen einer Diktatur, das Risiko des Verrats einzugehen.

Als sich die Erzählerin für immer von Rumänien verabschiedet, fällt ihr der Abschied von ihrer Freundin Tereza besonders schwer. Dass Tereza nach einiger Zeit eine Besuchsreise nach Deutschland genehmigt wird, weckt allerdings ihr Misstrauen. Trotzdem nimmt sie die Freundin in ihre Wohnung auf, muss aber nach wenigen Tagen feststellen, dass die Reise nur durch Vermittlung des Geheimdienstes möglich war, für den Tereza einen Nachschlüssel zur Wohnung ihrer Gastgeberin beschaffen soll. Ob sie sich zu diesem Verrat hat hinreißen lassen, um die Freundin überhaupt sehen zu können, oder ob sie von Anfang an im Dienst der Diktatur stand, bleibt offen. Der Ich-Erzählerin jedenfalls ist es nicht möglich, sich definitiv von Tereza zu distanzieren. Sie kündigt ihr zwar die Gastfreundschaft und schickt sie wieder nach Hause, verfolgt aber deren weiteres Schicksal bis zu Terezas frühem Krebstod mit lebhafter Anteilnahme.

Kindheit und Jugend verbrachte die Erzählerin in einer ländlichen Kleinstadt. Ihre Erinnerungen an die Großeltern verbinden sich mit einem Gefühl der Geborgenheit. Von einer ihrer Großmütter lernt sie das Wort »Herztier«, dessen genaue Bedeutung freilich im Dunkeln bleibt. Aus Andeutungen lässt sich nur vermuten, dass es sich bei dieser – höchst privaten – Vorstellung um den vitalen und unverwechselbaren Teil eines jeden Lebewesens handelt. Dieser kann nur durch den Tod vernichtet werden, ist aber unter den Bedingungen einer Diktatur größter Gefahr ausgesetzt. Kompositorisch bilden diese familiären Episoden das Gegengewicht zu den Schilderungen der trostlosen Gegenwart. Die Rückblenden in die Kindheit zeigen eine Gesellschaft, deren soziale Bindungen noch nicht durch die Belastungen der Diktatur beschädigt sind. Erst später werden die Menschen auch dort keine Perspektive für ihr weiteres Leben erkennen können und die Ausreise in die Bundesrepublik beantragen.

Die Figuren dieses Romans werden allein durch ihre unterschiedlichen Beziehungen zur Erzählerin zusammengehalten. Trotzdem porträtiert *Herztier* nicht einfach eine zufällig zusammengewürfelte Gruppe. Alle Protagonisten leiden unter der von Hoffnungslosigkeit geprägten Einsicht, dass sich an ihrer Lage niemals etwas ändern werde – sinnfällig dargestellt durch eine Reihe stehengebliebener und irreparabler Uhren, die sicher nicht nur den desolaten Zustand der rumänischen

Wirtschaft illustrieren sollen. Als Ausweg sehen diese Menschen nur die Übersiedlung nach Deutschland und damit den Verzicht auf die angestammte Heimat. Wer sich zu diesem Schritt entschließt, bleibt jedoch immer noch der Willkür der Behörden ausgeliefert, die über die Genehmigung zur Ausreise entscheiden. Unter derart entwürdigenden Verhältnissen entschließen sich andere Figuren zur letzten Konsequenz, zum Selbstmord. Das Regime verfolgt derart Verzweifelte sogar noch nach ihrem Tod: Die Studentin Lola etwa wird in einem öffentlichen Aushang als »Schande für das ganze Land« beschimpft. Ihr Freitod findet eine Reihe Nachahmer, und noch in Deutschland stürzt sich ein Freund der Erzählerin aus dem Fenster, weil er sich weiterhin der Verfolgung durch den rumänischen Geheimdienst ausgesetzt sieht.

Migration und Suizid markieren das Ende einer Gesellschaft, die unter materieller Not und staatlicher Repression zusammenbricht. Ein Teil der Episoden, die in *Herztier* erzählt werden, sind autobiographisch verbürgt. Müller vermeidet aber jede zeitliche oder örtliche Festlegung. Nur einmal fällt Ceauşescus Name, die Szenerie konkretisiert sich erst im Laufe der Lektüre durch wiederkehrende, signifikante Details. Dabei steht die realistische Darstellung gegenüber der Magie der Gegenstände zurück. Ein Fenster interessiert nicht so sehr als architektonisches Detail, ein Gürtel nicht so sehr als Bestandteil der Kleidung: Vielmehr erinnern beide Gegenstände an die Möglichkeit des Selbstmords durch Springen oder Erhängen. Solche Verweisungen erzeugen eine Atmosphäre latenter Bedrohung, die vielleicht einen Weg aus dem Dilemma zwischen dem Schweigen und der unangemessenen Rede weist. TOBIAS HEYL

Elfriede Jelinek

* 20. Oktober 1946 in Mürzzuschlag/Steiermark (Österreich)

Tochter eines Chemikers jüdisch-tschechischer Herkunft, Klosterschule in Wien, ab 1960 Jungstudentin am Wiener Konservatorium (Orgel, Klavier, Komposition; Orgel-Diplom 1971); 1964–1967 Studium der Theaterwissenschaft und Kunstgeschichte an der Universität Wien; Mitte der 1960er Jahre erste schriftstellerische Arbeiten (1968 erstes Romanmanuskript), 1971 erste Hörspiele; 1974–1991 Mitglied der Kommunistischen Partei Österreichs; Mitarbeit bei der Berliner Zeitschrift *Die schwarze Botin*; Autorin von Texten aller Gattungen (v. a. Romane, Dramen, Hörspiele, Drehbücher und Essays), mehrere Skandale wegen Österreich-kritischer Werke, Kritik an gesellschaftspolitischen Macht- und Gewaltstrukturen über die Dekonstruktion alltäglicher Sprach- und Denkklischees mittels selbstreflexiver, intermedialer und intertextueller Spracharbeit; 2004 Literaturnobelpreis.

Ein Sportstück

Das 1998 erschienene und uraufgeführte Stück ist nicht in Akte oder Szenen gegliedert, sondern besteht aus verschiedenen Texten, die namenlosen Sprachträgern – z. B. »Frau«, »Mann«, »Opfer«, »Sportler« – oder Kunstfiguren – etwa »Elfi Elektra« und dem Bodybuilder »Andi« – zugeordnet sind. Während der Name Elfi Elektra eine künstliche Zusammensetzung aus Elfriede (Jelinek) und der antiken Tragödienfigur Elektra darstellt, präsentiert sich Andi als ein aus Anabolika und erbarmungslosem Drill erschaffener Kunstkörper nach dem Vorbild Arnold Schwarzeneggers. Die fanatische, durch die Medien unterstützte Zurichtung des Körpers mit dem Ziel der Erschaffung eines Körperpanzers geschieht hier durch den Sport, der sich als eine besondere massenmediale Variation von Gewalt und Krieg präsentiert. Zum einen prangert Jelinek das Massenphänomen Sport als »Organisationsform der größten Banalität« wegen ihrer immanenten »Verachtung intellektueller oder künstlerischer Tätigkeit« an, zum anderen wird auch in diesem Theaterstück die zerstörerische Künstlichkeit der nach Bildern geformten Körperkonstrukte aufgezeigt. Der Körper als vermeintlich letzter Garant einer authentischen Einheit wird wie auch in anderen Texten Jelineks verletzt, vergewaltigt, »vernutzt«. Er ist, wie die Sprache, der medialen Zurichtung hilflos ausgeliefert und wird dadurch zu einem öffentlichen Ort.

Die Figuren teilen sich in langen grotesken Monologen bzw. auch Dialogen mit, während sie ihren Rollen als Täter und Opfer nachgehen, wobei sportliche Übungen übergangslos zu mörderischen Tätigkeiten werden. Das Kernstück, ausgewiesen als »Zwischenbericht«, bilden Monologe von Andi, dem die Geschichte eines steirischen Kraftsportlers zugrunde liegt, und der »alten Frau«, seiner Mutter. Diese übernimmt in bewusster Umdefinierung ihrer Frauen- und Mutterrolle die Rolle als Täterin, indem sie im Sinne einer »Dienstleistung« ältere Herren, die sie über Zeitungsinserate kennenlernt, umbringt und beerbt. »Das Töten ist einfach meine Lieblingssportart.« Andi wiederum beschreibt sich in seinem langen Monolog als Opfer, das in der exzessiven, letztlich tödlichen Traktierung seines Körpers als Leistungssportler erfolglos Ansprüchen zu genügen versucht, die an ihn herangetragen werden. »Meine Mama wird erst zufrieden sein, wenn ich ein anderer geworden bin, eigentlich: keiner. Niemand mehr.«

Einar Schleefs legendäre Inszenierung des Theaterstücks am Wiener Burgtheater im Jahr 1998 vertraute Jelineks Sprachflächen unterschiedlichsten Chören von bis zu 40 Personen an. Diese Phalanx aus Schauspielerkörpern führt den Zusammenhang von Sport und Krieg, Macht und Disziplin eindrucksvoll vor. Die Chöre auf der Bühne sprechen, singen, turnen und bewegen sich synchron zum Rhythmus der Sprache, eine gedrillte Horde, deren nahezu militärische Disziplinierung durch die totale körperliche und auch mentale Verausgabung der Schauspieler in ihrer Brüchigkeit vorgeführt wird: »Knochen krachen, Sehnen reißen, Adern platzen, Bänder überdehnen [...].«

Die Monologe von Elfi und Andi hatte Jelinek bereits im Jahre 1997 für die kongeniale Komponistin Olga Neuwirth geschrieben, die auf dieser Grundlage im Auftrag des Westdeutschen Rundfunks ein eindrucksvolles Kammerstück, *Todesraten*, komponierte. MARION BÖNNIGHAUSEN

MIX
Papier aus verantwor-
tungsvollen Quellen
FSC® C013736

Gedruckt auf chlorfrei gebleichtem, säurefreiem und alterungs-
beständigem Papier

Bibliografische Information der Deutschen Nationalbibliothek
Die Deutsche Nationalbibliothek verzeichnet diese Publikation
in der Deutschen Nationalbibliografie; detaillierte bibliografische
Daten sind im Internet über http://dnb.d-nb.de abrufbar.

ISBN 978-3-476-04050-3

© 2015 J.B. Metzler'sche Verlagsbuchhandlung
und Carl Ernst Poeschel Verlag GmbH in Stuttgart
www.metzlerverlag.de
info@metzlerverlag.de

Gestaltung: Finken & Bumiller, Stuttgart
(Umschlagfoto: photocase.com / kallejipp)
Satz: Dörlemann Satz, Lemförde
Druck und Bindung: Kösel GmbH, Krugzell · www.koeselbuch.de

Printed in Germany
Verlag J.B. Metzler Stuttgart